Constance Cumbey

Die sanfte Verführung

Constance Cumbey

DIE SANFTE VERFÜHRUNG

Verlag Schulte + Gerth Asslar

Die amerikanische Originalausgabe
erschien im Verlag Huntington House, Inc., Shreveport, Louisiana,
unter dem Titel „The Hidden Dangers of the Rainbow".

Aus dem Amerikanischen übersetzt
von Christiane Bartning-O'Brien/das büro

Best.-Nr. 15390
ISBN 3-87739-390-X
1. Auflage April 1986
2. Auflage Juli 1986
3. Auflage November 1986
4. Auflage Januar 1987
5. Auflage April 1987
6. Auflage August 1987
Umschlaggestaltung: Herybert Kassühlke
Satz: Typostudio Rücker + Schmidt
Druck und Verarbeitung: Mohndruck, Gütersloh
Printed in Germany

Inhaltsverzeichnis

Vorwort

Der Saal im Frankfurter Senckenberg-Museum war nur spärlich besetzt. Einige aus dem Publikum harrten mit wissend-verklärtem Blick der Dinge, die da kommen sollten. Auf einem Tisch lagen Schriften über Themen aus dem Bereich des Okkulten.

Der Meister traf mit Verspätung ein. Da er des Deutschen nicht mächtig war, ließ er sich von einer etwas streng wirkenden Dame übersetzen. Beide redeten wie in Trance – kein Wunder nach der Einstimmung per Meditation zu Beginn!

An diesem Abend bestätigten sich meine Befürchtungen: Benjamin Creme meint es todernst! Hinter dem Einladungszettel, der mir auf der Frankfurter Buchmesse in die Hände gefallen war, steckte nicht irgendein billiger Scharlatan. Hier sprach der Prophet einer Bewegung, über die wir als gläubige Christen nicht im unklaren bleiben dürfen.

Constance Cumbey hat sich jahrelang eingehend und engagiert mit der New-Age-Bewegung beschäftigt. Wer ein Ohr hat, der höre ...!

Der Herausgeber

Einleitung

Am Morgen des 25. April 1982 erlebten viele Millionen Menschen eine große Überraschung. Sie schlugen ihre Zeitungen auf und bemerkten als erstes eine ganzseitige Anzeige mit der dreisten Überschrift: „Christus weilt jetzt unter uns."

Von Frankfurt bis Jerusalem, von Kuwait bis Karatschi und von New York bis Los Angeles waren Zeitungsleser verblüfft und trauten ihren Augen kaum. Am Frühstückstisch versuchten sie, diese eigenartige „Nachricht" zu verdauen.

Die ganze Anzeigenkampagne muß mehr als 500.000 Dollar gekostet haben. Der Text der wirr aufgebauten und fehlerhaften Anzeige lautete:

> UNSERE WELT HAT GENUG HUNGER, UNRECHT
> UND KRIEG GESEHEN.
> UNSER HILFERUF IST ERHÖRT WORDEN,
> ALS LEHRER DER WELT FÜR DIE GESAMTE
> MENSCHHEIT,
>
> CHRISTUS WEILT JETZT UNTER UNS.
>
> **WIE ABER WERDEN WIR IHN ERKENNEN?**
>
> Suchen Sie nach einem modernen Menschen, der sich mit unseren modernen politischen, ökonomischen und sozialen Problemen beschäftigt. Schon seit Juli 1977 hat dieser Christus in einem uns allen bekannten, modernen Land als gewöhnlicher Mensch gewirkt. Hier ist er besonders als der Fürsprecher für eine Gruppe

oder Gemeinde in den Vordergrund getreten. Er ist kein religiöses Oberhaupt, sondern ein Erzieher im weitesten Sinne des Wortes, ein wahrer Erzieher der Welt, mit dessen Hilfe wir aus der gegenwärtigen Krisenlage geführt werden können. Er kann an seinem außergewöhnlichen geistigen Einfluß, an der Universalität seiner Ansichten und an seiner Liebe für die ganze Menschheit erkannt werden.
Er kommt nicht, um zu richten, sondern um der Menschheit zu helfen und um sie zu inspirieren.

WER IST DIESER CHRISTUS?

Gleichwie alle Christen die Wiedergeburt Christi erwarten, so erwarten die Juden ihren *Messias,* die Buddhisten ihren fünften *Buddha,* die Moslems ihren *Mahdi* und die Hindus ihren *Krischna.* Tatsächlich sind dies nur verschiedene Namen für dieselbe Person, *Maitreya* Christus, unser Erzieher dieser Welt.
In der Geschichte der Menschheit beschränkte sich die Weiterentwicklung unseres Geschlechtes immer auf eine Gruppe aufgeklärter Menschen, die Meister aller Weisheit. Ihr Oberhaupt ist Maitreya, der Erzieher unseres Menschengeschlechtes, der im Abendland auch Christus genannt wird. Nun wird er sich offenbaren, um uns in ein neues Zeitalter zu führen.
Seine Gegenwart ist unsere Garantie: Es wird keinen dritten Weltkrieg geben.

WAS WIRD ER ZU BERICHTEN HABEN?

„Meine Aufgabe ist es, der Welt zu zeigen, wie alle brüderlich und in Frieden zusammenleben können. Dieses Ziel ist viel einfacher zu erreichen als wir es uns vorstellen können, meine Brüder, denn was verlangt wird, ist nur, daß wir mit unserem Nächsten teilen.“

„Wie ist es möglich, daß wir mit uns selbst in Frieden leben können, wenn Millionen Menschen an Hunger und völlig verschmutzt sterben; wenn die Reichen ihren Reichtum vor den Augen der Armen zur Schau tragen; wenn jeder seinen Nachbarn als Feind betrachtet; wenn keiner seinem Nächsten traut.“

„Ich zeige allen die Bahn – vorwärts gerichtet zu einem einfacheren Leben, wo es keinem an irgend etwas fehlen wird; wo keine zwei Tage sich gleichen werden; wo sich die Freude an Brüderlichkeit in allen Menschen zeigen wird.“

„Macht daher Eures Nächsten Bedürfnisse zum wichtigsten Maßstab für Eure eigenen Handlungen; so werdet ihr alle Probleme der Welt lösen.“

WANN WERDEN WIR IHN WAHRNEHMEN?

Bis jetzt hat er sich noch nicht zu erkennen gegeben. Jedoch **innerhalb der kommenden zwei Monate** wird er überall auf der Welt im Radio gehört und auf den Bildschirmen unserer Fernsehgeräte gesehen werden können. Ohne viel Aufsehen zu erregen, werden seine Worte in den Gedanken der ganzen Menschheit dringen. So werden wir sicher sein können, daß er wirklich unser Christus ist.
Von jenem Zeitpunkt an werden wir mit seiner Hilfe eine neue Welt aufbauen.

OHNE TEILEN
KANN ES KEINE GERECHTIGKEIT GEBEN;
OHNE GERECHTIGKEIT
KANN ES KEINEN FRIEDEN GEBEN;
UND OHNE FRIEDEN
BLEIBT UNS DIE ZUKUNFT VERWEHRT.

Am Fuß der Anzeigen wurden vier Informationszentren aufgeführt: in Amsterdam, London, New York City und in North Hollywood, Kalifornien.

Für mich kamen diese Anzeigen nicht sonderlich überraschend. Das ausgedehnte Netz von Organisationen hinter ihnen – bekannt unter dem Namen „New-Age-Bewegung“ – war im Jahr zuvor für mich fast zu einer Art fixen Idee geworden. Eigentlich hätten die Anzeigen auch die meisten anderen Christen nicht überraschen dürfen, wären die mehr als zahlreichen Hinweise beachtet worden.

Das „Zeitalter des Wassermanns“ steht endlich vor der Tür, und was die jüdisch-christliche Welt anbetrifft, verheißt das nichts Gutes. Juden und Christen haben allen Grund, beunruhigt zu sein. Statt dessen scheint Gleichgültigkeit an der Tagesordnung zu sein. Sie muß gebrochen werden, sonst wird ihr bald die von den Anhängern der New-Age-Bewegung herbeigesehnte „neue Weltordnung“ folgen!

Jener Anzeigenkampagne, die verkündete: „Christus weilt jetzt unter uns“, ging eine außerordentlich raffinierte Öffentlichkeitsarbeit voraus, die auch eine weltweite Vortragsreise eines gewissen Benjamin Creme einschloß. Er ist ein älterer englischer Esoteriker, ein Jünger verschiedener Pioniere im Bereich des Okkultismus, wie zum Beispiel Helena Petrovna Blavatsky und Alice A. Bailey.

Seit dem Beginn seiner Reise im Jahre 1975 ist es Creme gelungen, die Unterstützung einflußreicher Persönlichkeiten zu gewinnen – von Beamten der Vereinten Nationen bis zu methodistischen Pfarrern, von belgischen Nonnen bis zu Elisabeth Kübler-Ross, vom „Hunger Project“ bis zu Leitern „ganzheitlicher“ Gesundheitszentren, von Lehrern und Ausübenden der „Bewußtseinskontrolle“ bis hin zu Astrologen.

Creme steht also gewiß nicht allein, sondern kann sich auf eine breite Basis stützen. Er arbeitet mit dem „Tara Center“ zusammen, das Büros in New York, Los Angeles, Amsterdam und London unterhält. Als Nebenprodukt seiner Vortragsreisen hinterläßt er außerdem überall „Transmissionsgruppen“.

Wäre das Tara Center die einzige Organisation gewesen, die diesen sogenannten „Christus“ unterstützt hätte – allein diese Tatsache wäre für Christen schon ein berechtigter Grund zur Sorge gewesen. Aber es war nicht die einzige. Viele religiöse Führer waren beteiligt, unter anderem „Unity“[1*] und unitarische Geistliche sowie viele geistliche Lehrer. Außerdem tauchten Mitglieder zahlreicher New-Age-Gruppen bei Cremes Veranstaltungen auf und gaben sich dessen seltsamen hypnotischen Kräften hin. Zu denen, die mit Creme zusammenarbeiteten, gehörten auch Okkultisten aller Schattierungen und etliche, die in bester Absicht handelten und fälschlicherweise glaubten, Creme und die New-Age-Bewegung würden dazu beitragen, viele Probleme dieser Erde zu lösen.

Ihnen ist nicht bewußt, daß sie eine Bewegung unterstützen, die dem Nationalsozialismus[2] auch im Detail ähnelt.

Viele wissen nicht, daß diese Bewegung plant, dieselben Menschen, denen sie jetzt hilft, auszulöschen und durch eine „neue Wurzelrasse“ zu ersetzen. Sie planen sogar die Vernichtung all derer, die an traditionellen religiösen Glaubensvorstellungen festhalten. Und viele wissen mit Sicherheit nicht, daß sie aktiv an derselben Bewegung teilhaben, die vor der Mord- und Selbstmordkatastrophe in Guyana stolz darauf war, Jim Jones einen der ihren nennen zu können.

---

* Die Anmerkungen finden Sie jeweils am Ende des Kapitels.

Und bestimmt sind viele dieser aufrichtigen, aber irregeleiteten Anhänger sich nicht im klaren darüber, daß sie aktiv an einer Bewegung teilhaben, die Luzifer (Satan) als Gott verehrt und planetarische Massenweihen, sogenannte „luziferische Initiationen“ plant; jeder, der das „neue Zeitalter“ lebend erreichen möchte, muß sich ihnen unterziehen.

Doch ungeachtet ihrer Naivität sind sie Teil dieser Bewegung, die von Unwissenheit und Verzweiflung profitiert. Sie werden von ihren eigenen guten Absichten in die Falle gelockt und durch raffinierte Methoden der geistigen Manipulation gefangengehalten. Die Zuhörerschaft bei Cremes Vorträgen und Tausenden von anderen New-Age-Veranstaltungen, die die Teilnehmer auf eine Annahme des neuen „Christus“ vorbereiten sollen, sind unwissende und arglose Opfer der größten Verführung, die die Welt je gesehen hat.

Ich war nicht erst durch das Tara Center und Benjamin Creme auf die New-Age-Bewegung gestoßen. Vielmehr wurde ich auf Creme aufmerksam, als ich bereits mitten in intensiven Nachforschungen über die kompliziert aufgebaute, weitverzweigte Bewegung steckte – eine Bewegung mit vielen Tausenden von Organisationen, die die Erde netzartig umspannen und eine „neue Weltordnung“ errichten wollen. In dieser Ordnung soll für den Gott der Christen kein Platz mehr sein. An seiner Stelle soll Luzifer zum Gott erhoben werden.

Ich spreche nicht von Dingen, die ich zwischen den Zeilen meine, entdeckt zu haben, obwohl auch das gut möglich wäre. Ich spreche von Dingen, die die Führer dieser Bewegung selbst schwarz auf weiß herausgebracht haben.

Die Gefahr für Juden und Christen sollte nicht unterschätzt werden. Benjamin Cremes Ankündigung von „Maitreya Christus“ ist der Höhepunkt mehr als hundertjähriger sorgfältiger Planung und Arbeit von Menschen, die das „Zeitalter des Wassermanns“ herbeisehnen. Sie gewannen dabei die Unterstützung von einigen der mächtigsten und einflußreichsten Persönlichkeiten der Welt. Ihr voller Erfolg kann sich jedoch erst einstellen, wenn Gott die Zeit zur Erfüllung seiner letzten prophetischen Voraussagen gekommen sieht. Vielleicht ist Gott bereit – aber sind wir es?

Dieses Buch stellt einen kleinen Teil meiner Forschungsergebnisse dar. Es wird schwierig sein, das Gefühl wachsenden Entsetzens zu vermitteln, das mich überkam, als ich diese Fülle von Beweismaterial zusammentrug. Offenbar gibt es einen Plan, der alle prophetischen Aussagen der Bibel in bezug auf den Antichristen erfüllt und gleichzeitig dem Nationalsozialismus bis ins Detail ähnelt (zum Beispiel Gebrauch von Hakenkreuzen). Das Material ist beängstigend. Was wir als Gläubige jedoch im Auge behalten müssen, ist die weitaus größere Macht, die uns von unserem Gott in überreichem Maße verliehen wurde – der Spätregen wird noch stärker sein als der Frühregen!

Jesaja sagt über die Endzeit:

> „Die Wüste und Einöde wird sich freuen, und die Steppe wird frohlocken und blühen wie ein Narzissenfeld. Sie wird lieblich blühen und frohlocken, ja Frohlocken und Jubel wird sein; denn die Herrlichkeit Libanons wird ihr gegeben, die Pracht des Karmel und der Ebene Saron. Sie werden die Herrlichkeit des Herrn sehen, die Pracht unsres Gottes. Stärket die schlaffen Hände und festiget die strauchelnden Knie; saget den verzagten Herzen: Seid tapfer und fürchtet euch nicht! Sehet, da ist euer Gott! Die Rache kommt, die Vergeltung Gottes; er selbst kommt und wird euch retten“ (Jesaja 35,1-4).

Ziel dieses Buches ist, die Ahnungslosen vor Ereignissen zu warnen, die vielleicht unmittelbar bevorstehen, und auf Menschen und Organisationen hinzuweisen, die daran arbeiten, diese Ereignisse herbeizuführen.

Insbesondere hoffe ich, daß dieses Buch dazu beitragen wird, mit Gottes Hilfe „die schlaffen Hände zu stärken und die strauchelnden Knie zu festigen", damit wir „würdig erfunden werden", denjenigen Dingen zu entfliehen, die über die Erde kommen müssen, damit alles sich erfüllt, wie die Schrift sagt.

Anmerkungen

1 „Unity" ist eine religiöse Gemeinschaft, die von ihrer Entstehung und Lehre her mit der Christlichen Wissenschaft verwandt ist. In der BRD ist „Unity" seit 1951 vertreten.

2 Mit „Nationalsozialismus" sind die nationalsozialistische Bewegung und die ihr zugrundeliegende Ideologie und Philosophie gemeint, die ihrem Ursprung und Wirkungskreis nach durchaus nicht auf Deutschland beschränkt blieben.

Maitreya, der Messias des „neuen Zeitalters“

Wer ist Maitreya? Ist er der Antichrist? Lebt er heute schon auf der Erde? Ist er ein gewöhnlicher Mensch, der von Dämonen besessen ist?

Nur einige Eingeweihte in der Hierarchie der New-Age-Bewegung, der Bewegung des „neuen Zeitalters“, kennen seine wahre Identität.

Maitreya lebt irgendwo auf dieser Welt. Er ißt. Er schläft. Er geht im Zimmer auf und ab. Er beschäftigt sich mit den Lebensbedingungen der Menschen auf dieser Welt. Er weiß, daß seine Zeit bald kommen wird.

Was wissen wir über Maitreya?

Die ganzseitigen Anzeigen geben uns einige Hinweise auf ihn. Nachfolgend Aussagen des Tara Centers, das die Anzeigen in Auftrag gab:

- Er will Lehrer der ganzen Welt sein und wendet sich an die ganze Menschheit.
- Er ist ein moderner Mensch, der sich mit den politischen, wirtschaftlichen und sozialen Problemen unserer Zeit auseinandersetzt.
- Seit Juli 1977 ist er als Sprecher einer Gruppe oder Gemeinschaft in einem bekannten Land hervorgetreten.
- Er verfügt über außergewöhnliche Kräfte.
- Sein Aufenthaltsort ist nur einigen wenigen seiner Jünger bekannt.
- Er wird seine Identität bald bekanntgeben.

- Er wird durch weltweite Radio- und Fernsehübertragungen mit der ganzen Menschheit in Verbindung treten.
- Er plant die Errichtung einer neuen Weltordnung.

Was genau bedeutet der Name „Maitreya“ eigentlich? Maitreya ist angeblich die fünfte Reinkarnation Buddhas. Die Buddhisten in aller Welt warten bereits auf die Rückkehr des Herrn Maitreya auf diese Erde. Deshalb war die Wahl dieses Namens taktisch überaus geschickt.

Um auch Christen anzusprechen, behaupten die Anhänger der New-Age-Bewegung, Maitreya sei Christus. Und für Moslems ist er der Iman Mahdi, für Hindus Krishna.

Die Ausführung des Plans der Anhänger der New-Age-Bewegung, die Einnahme der ganzen Welt für Luzifer, befindet sich jetzt im letzten Stadium.

Der Konzern „Lucis Trust“ – früher bekannt als „Lucifer Trust“ – veröffentlichte Anzeigen im „Reader's Digest“ über die „Große Invokation“, die Anrufung Maitreyas. Sie bezieht sich auf „den Plan“. Es heißt dort: „Mögen Licht und Liebe und Kraft den Plan auf Erden wiederherstellen.“

Wie sieht dieser „Plan“ aus?

Der Plan beinhaltet die Einsetzung eines „Messias“ sowie die Errichtung einer Weltregierung und einer neuen Weltreligion unter Maitreya. Im einzelnen gibt es zahlreiche politische, soziale und wirtschaftliche Ziele, unter anderem:

- ein universelles Kreditkartensystem;
- eine Weltzentrale für die Nahrungsmittelverteilung, die die gesamte Nahrungsmittelversorgung der Menschheit kontrolliert;
- ein weltweit einheitliches Steuersystem;
- eine weltweite gültige Wehrdienstpflicht.

Aber der Plan enthält noch mehr: Man beabsichtigt, all jene vollständig auszurotten, die an die Wahrheit der Bibel glauben und Gott anbeten! Das Christentum soll mit all seinen Wurzeln ausgerissen werden! Ihren Aussagen zufolge planen die Anhänger, alle traditionellen religiösen Gebräuche und Symbole der heutigen Juden und Christen für illegal zu erklären. Die Bewegung arbeitet schnell und wirksam an der Durchführung ihres Plans, die ganze Welt unter die Kontrolle Maitreyas zu bringen. Anhänger der Bewegung haben mit der Anwendung von Gewalt und sogar mit der Ausrottung aller Juden, Christen und Moslems gedroht, die sich weigern, mit Maitreya und seiner neuen Religion zusammenzuarbeiten.

Die Tara-Zentren sind Teil eines internationalen Netzes, dem Zehntausende von Organisationen angehören, die die New-Age-Bewegung und ihren falschen Christus unterstützen. Creme beschreibt dieses Netz als weltweit.

In einem Interview mit Jack Kisling von der Zeitung „Denver Post" sprach Creme über Maitreya. Kisling berichtet darüber:

> „Benjamin Creme ... sagte mir ..., daß der Christus nicht nur seit Juli 1977 auf dieser Erde sei, sondern daß er sich bereits irgendwann in den nächsten acht oder neun Wochen an einem weltweiten ‚Tag der Erklärung' offenbaren werde, der dann den Beginn des Tausendjährigen Reiches einläuten solle ... Er erklärte, daß er mit ‚Christus' nicht Jesus Christus meine, sondern den ‚Meister der Weisheit'. Jesus und andere geistliche Führer – wie Mohammed, Brahma und Krishna – seien Jünger ... dieses Meisters ... Auf die Frage, was nach diesem großen, dramatischen Tag geschehen würde, meinte Creme, daß der Fortschritt langsam, aber stetig um sich greifen werde. Die weltweiten Bedürfnisse und Ressourcen würden neu eingeschätzt und neu verteilt werden; auch werde die Grundlage für eine einzige Weltreligion gelegt, die dann wahrscheinlich in den nächsten zwanzig Jahren zu voller Blüte kommen werde. ‚Wird das Auftauchen einer allge-

meingültigen Weltreligion nicht in den Hierarchien aller gegenwärtigen Religionen Ärgernis hervorrufen?' fragte ich. ‚Mehr als das', antwortete er lächelnd. ‚Sie werden schokkiert sein! Ich könnte mir denken, daß sie zu den letzten gehören werden, die die New-Age-Bewegung akzeptieren werden.'"

Kislings Bericht zufolge meinte Creme voller Zuversicht: „Es wird trotzdem kommen, weil es kommen muß. Wir werden anfangen, als potentielle Götter zu leben."

Der „Club of Rome" ist eine weitere, sehr bekannte New-Age-Organisation, die bereits Pläne für eine neue Weltordnung entworfen hat.

Wie könnte dies je geschehen? Welche Voraussetzungen müssen eintreffen, um die weltweite Machtübernahme des Antichristen, Maitreyas oder irgendeines anderen zu ermöglichen?

Interessanterweise gibt Marilyn Ferguson in ihrem Buch „Die sanfte Verschwörung" unumwunden zu, daß es Zweck der Verbreitung von LSD in den Vereinigten Staaten sei, die Menschen zu öffnen, ihre inneren Kanäle zu erschließen, damit sie eine – wie sie sagt – „religiöse Erfahrung" machen können. Aber das bedeutet in Wahrheit nichts anderes als Besessenheit.

Ein weiterer Führer in der New-Age-Bewegung ist David Spangler, ein Spitzenmann der „Planetary Citizens" (planetarische Bürger), dem Sekretariat der „Planetary Initiative" (planetarische Initiative). Spangler behauptet, daß man sich, um in das „neue Zeitalter" eingehen zu können, einer „luziferischen Initiation", also einer Einweihung, unterziehen müsse. Er meint, daß wir auf eine „planetarische Initiation" zusteuern, auf eine Massenweihe der Menschheit. In dieser luziferischen Weihezeremonie beabsichtigen sie, uns unser Zeichen oder unsere Zahl zu geben.

Gott hat uns eindeutig gesagt, daß wir, wenn wir das

Zeichen annehmen, in die Hölle kommen – da gibt es kein Wenn und Aber. Es ist buchstäblich eine Entscheidung zwischen Gott und Luzifer.

Um in dem „neuen Zeitalter“ die Erlaubnis für Handel und Geschäfte zu erhalten, muß man sich zur Loyalität gegenüber Maitreya bzw. Luzifer verpflichten.

Ein weiteres herausragendes Merkmal der New-Age-Bewegung ist die Zahl 666. Innerhalb der Bewegung wird diese Zahl sehr häufig gebraucht. Mir ist sie in verschiedenen Büchern von David Spangler aufgefallen. Ein Beispiel ist die kleine Broschüre „Love is“ von den „New Troubadours“, die von der „Findhorn Foundation“ herausgegeben wird. In den Illustrationen des Buches kommt die dreifache Sechserzahl häufig vor. Die Anhänger der New-Age-Bewegung betrachten die Zahl 666 als heilige Zahl.

Diejenigen, die die Ziffer 666 so oft gebrauchen, sind wirklich überzeugt, Signale in den Weltraum oder zu Wesen mit einer uns überlegenen Intelligenz zu senden, die ihrer Meinung nach unseren Planeten bevölkern. Sie bitten diese Wesen, zu uns zu kommen und uns eine neue, fortgeschrittene Zivilisation zu bringen. Sie glauben, daß diese Zivilisation schneller kommen wird, wenn die Zahl 666 häufig und in möglichst großer Verbreitung benutzt wird.

Die Bibel lehrt uns, daß Satan versuchen wird, selbst die Auserwählten Gottes zu verführen (Markus 13,22).

Wenn Maitreya ans Licht der Öffentlichkeit tritt, wird er nicht auftreten und sagen: „Ich bin Jesus Christus“, sondern: „Ich bin Meister Jesus.“ Dieser „Meister Jesus“ wird verlangen: „All ihr Christen und Kirchenmitglieder, kommt und betet Maitreya an!“

Die New-Age-Bewegung versucht sogar, viele ihrer Ziele mit biblischer Prophetie in Verbindung zu bringen. Ein Brief einer Organisation mit dem Namen „Mission von Maitreya“ aus Albuquerque in New Mexico enthält die folgende Aussage:

„Das Wort Maitreya ist immer mit dem Messias in Verbindung gebracht worden, der kommen wird, um die Welt zu vereinen und alle Religionen unter einem Banner zu versammeln. Diese Erwartung hat sich jetzt erfüllt. Den Christen und Juden ist er als Messias bekannt, den Buddhisten und Hindus als Maitreya und den Moslems als Mahdi oder Mohammed. Maitreya besitzt all diese Namen; er wird Maitreya, Messias und Mohammed genannt. Er selbst hat sich nicht so genannt, und so wird neben anderem auch die Prophetie ‚Viele werden in meinem Namen kommen' erfüllt werden.“

Angeblich sind alle Prophezeiungen Jesu in bezug auf jene, die in seinem Namen kommen werden, jetzt erfüllt. Jesus sagt: „Denn es werden viele unter meinem Namen kommen und sagen: Ich bin Christus, und werden viele irreführen“ (Matthäus 24,5).

Obwohl in der erwähnten ganzseitigen Zeitungsanzeige behauptet wurde, Maitreya werde bald erscheinen, ist das bisher nicht geschehen. Das bereitet mir Sorge, denn es könnte viele Christen dazu verleiten, sich fälschlicherweise in Sicherheit zu wiegen.

Normalerweise ist ein falscher Christus – und davon hat es viele gegeben – nicht sonderlich zurückhaltend. Er tritt an die Öffentlichkeit, schart seine Anhänger um sich, erhält begeisterte Zustimmung und in erster Linie Geld. Dann lebt er wie ein König.

Der wirkliche Antichrist kann nicht erscheinen, solange der Herr es nicht zuläßt. Und ich glaube, der Herr wird es erst zulassen, wenn sein Volk deutlich gewarnt ist.

Jedermann wird es merken, wenn Jesus wieder auf diese Erde kommt. Es wird so klar und eindeutig sein wie ein Blitz am Himmel. Vermutlich werden die Anhänger der New-Age-Bewegung versuchen, bei Christen den

Eindruck zu erwecken, als sei das Erscheinen Maitreyas in Wahrheit die Wiederkunft Christi.

In Offenbarung 13,13-15 lesen wir eine interessante Prophezeiung:

> „Und es tut große Zeichen, so daß es sogar Feuer vom Himmel auf die Erde herabfallen läßt vor den Menschen. Und es verführt die Bewohner der Erde durch die Zeichen, die vor dem Tiere zu tun ihm gegeben sind, und es sagt den Bewohnern der Erde, daß sie ein Bild machen sollen dem Tier, welches die Wunde vom Schwert hat und am Leben geblieben ist. Und es wurde ihm verliehen, dem Bilde des Tieres einen Geist zu geben, so daß das Bild des Tieres auch redete und bewirkte, daß alle getötet wurden, die das Bild des Tieres nicht anbeteten."

Diese Prophezeiung gab mir Rätsel auf, bis ich anfing, mich intensiv mit der New-Age-Bewegung zu befassen. Ich erfuhr nämlich, daß die Bewegung die Erzeugung von holographischen Bildern mit großem Aufwand erforscht und ihr hohe Bedeutung beimißt. Holographische Bilder sind dreidimensional und werden u.a. im Weltraum durch Laserstrahlen erzeugt.

Am 1. Februar 1982 erklärte Dr. Spangler in Southfield, Michigan, daß Geräte zur Erzeugung von Laserstrahlen auf der Episkopal-Kathedrale St. John the Divine[1] in New York angebracht worden seien.

Ich habe mit Experten auf diesem Gebiet gesprochen, um herauszufinden, was mit den Strahlern möglich ist; ich erfuhr, daß ihre Strahlen auf Nachrichtensatelliten gelenkt werden können. Den Anhängern der New-Age-Bewegung stehen einige dieser Satelliten zur Verfügung. Wenn die Laserstrahlen von den Satelliten zur Erde zurückgeworfen werden, können die Lichtstrahlen so gekrümmt werden, daß es beispielsweise aussieht, als fielen Flammen vom Himmel. Die Satelliten können auch dazu benutzt werden, dreidimensionale (holographische) Bilder zu projizieren, die *von einem Drittel der Erdbevölkerung gleichzeitig* gesehen werden können.

Es ist technisch sogar möglich, das Bild in den Sprachen der Länder sprechen zu lassen, in die es ausgestrahlt wird. Natürlich ist auch bekannt, daß Laserstrahlen als Waffen benutzt werden können.

Christen sollten im Auge behalten, daß die Antriebskraft hinter der New-Age-Bewegung Luzifers Wunsch ist, als Gott angebetet zu werden.

Wenn Maitreya in der Tat der Antichrist ist, wird er als Gott angebetet werden. Da Satan von Maitreya vollständig Besitz ergriffen hat, wird er in ihm endlich die Anbetung erhalten, die er seit seinem Fall beständig angestrebt hat.

Anmerkung

[1] vgl. S. 93, 148, 164

Die Warnsignale erkennen

Obwohl meine Kindheit sehr stark von der Bibel geprägt war, muß ich gestehen, daß ich – wie viele meiner Freunde – den Endzeitprophezeiungen auch als Erwachsener zunächst wenig Aufmerksamkeit schenkte. Das änderte sich, als mir plötzlich in religiösen und weltlichen Buchhandlungen eine Fülle von Materialien mit ähnlichem Vokabular und einem scheinbar politischen Programm auffiel.

Viele der Bücher enthielten Postkarten, mit denen der Leser Zusatzinformationen anfordern konnte – ein alter Trick politischer Organisationen, mit dessen Hilfe eine Adressenliste von Interessenten zusammengestellt werden kann. Mir schienen die programmatischen Vorschläge – selbst die in den Büchern christlicher Buchhandlungen – der Beschreibung aus Offenbarung 13,16-17 verdächtig nahe zu kommen.

> „Und es bewirkt, daß allen, den Kleinen und den Großen, den Reichen und den Armen, den Freien und den Knechten, ein Malzeichen gegeben wird auf ihre rechte Hand oder auf ihre Stirn, und daß niemand kaufen oder verkaufen kann als nur der, welcher das Malzeichen hat, den Namen des Tieres oder die Zahl seines Namens."

In den Büchern – selbst in den christlichen – wurde zur Errichtung einer neuen Weltordnung in Verbindung mit einem globalen System der Nahrungsmittelverteilung aufgerufen. Natürlich sollte das mit Hilfe moderner Technologie, also mit Computern, geschehen. Ich erschrak, denn schon während meiner „Jahre in der Wüste" war ich der Ansicht gewesen, daß für die Durchsetzung eines Systems, wie es im Buch der Offenbarung beschrieben ist, mit Sicherheit Computer benötigt würden. Selbst als Kind war mir klar, daß Christen diesem System mit ganzer Kraft widerstehen müssen. Daher war ich besonders entsetzt, als ich ein Buch von einem baptistischen Autoren entdeckte, in dem die Christen aufgefordert wurden, sich für diese neue Weltordnung einzusetzen – selbst wenn sie dafür Gefängnisstrafen auf sich nehmen müßten!

Viele dieser Bücher verteidigten entweder offen östliche Religionen oder behaupteten, zwischen dem Christentum und anderen Religionen bestünden im Grunde viele Gemeinsamkeiten.

Im Wortschatz fanden sich New-Age-„Signalwörter" wie „holistisch" (ganzheitlich), „Raumschiff Erde", „globales Dorf", „Transformation" (Umwandlung), „überfüllter Planet", „Paradigma" (Muster), „rechte Gehirnhälfte/linke Gehirnhälfte", „ganzheitliches Denken", „Matrix", „lineares Denken", „dualistisch", „mechanistisch", „globaler Faden", „neue Vision", „Initiation" (Einweihung), „interdependent" (voneinander abhängig), „neues Zeitalter" usw.

Seit meiner Kindheit bin ich mit den Prophezeiungen vertraut, die der Apostel Paulus im zweiten Thessalonicherbrief in bezug auf die Geschehnisse der Endzeit gibt:

> „Wir bitten euch aber, Brüder, betreffs der Wiederkunft unsres Herrn Jesus Christus und unsrer Vereinigung mit ihm: Lasset euch nicht so schnell aus der Fassung bringen oder gar in Schrecken jagen, weder durch einen Geist, noch durch eine Rede, noch durch einen angeblich von uns stammenden Brief, als wäre der Tag des Herrn schon da. Niemand soll euch irreführen in irgendeiner Weise, denn es muß unbedingt zuerst der Abfall kommen und der Mensch der Sünde, der Sohn des Verderbens, geoffenbart werden …" (2. Thessalonicher 2,1-3).

Bei nochmaliger Durchsicht dieser New-Age-Schriften kam ich mehr und mehr zu der beunruhigenden Gewißheit, daß das, was mir dort begegnete, *Abfall vom Glauben* im wahrsten Sinne des Wortes darstellte. Meine Auffassung wurde noch dadurch bekräftigt, daß ich entsprechende Überzeugungen selbst in Veröffentlichungen gläubiger Kreise entdeckte.

Was bedeutet „Abfall vom Glauben"? Die Bibel sagt ganz klar:

> „Wer ist der Lügner, wenn nicht der, welcher leugnet, daß Jesus der Christus sei? Das ist der Antichrist, der den Vater und den Sohn leugnet!" (1. Johannes 2,22).
> „... und jeder Geist, der Jesus nicht bekennt, der ist nicht von Gott. Und das ist der Geist des Antichrists, von welchem ihr gehört habt, daß er kommt; und jetzt schon ist er in der Welt" (1. Johannes 4,3).

Viele der Autoren – besonders die aus protestantischem Umfeld – behaupteten, daß wir Gott als Buddha, Tao, Shiva und unter einer Vielzahl von anderen heidnischen Gottesnamen anrufen und anbeten könnten. Das ist natürlich eine klare Übertretung von Jesaja 42,8:

> „Ich bin der Herr, das ist mein Name; und ich will meine Ehre keinem andern geben, noch meinen Ruhm den Götzen!"

Wir werden in der Schrift außerdem ermahnt, daß jene, die Götzen anbeten, in Wirklichkeit Dämonen anbeten – eine Warnung, die offensichtlich von sehr vielen „modernen" Theologen gern außer acht gelassen wird:

> „Was sage ich nun? Daß das Götzenopfer etwas sei, oder daß ein Götze etwas sei? Nein, aber daß sie das, was sie opfern, den Dämonen opfern und nicht Gott! Ich will aber nicht, daß ihr in Gemeinschaft der Dämonen geratet. Ihr könnet nicht des Herrn Kelch trinken und der Dämonen Kelch; ihr könnet nicht am Tische des Herrn teilhaben und am Tische der Dämonen" (1. Korinther 10,19-21).

Ich sah mich einer Situation gegenüber, in der uns von anerkannten Theologen gesagt wurde, wir könnten an beiden Tischen teilhaben. War dies ein Beispiel „weiterentwickelter Theologie"? Oder war es ein Zeichen des Abfalls vom Glauben? Ich hatte den starken Verdacht, daß es um letzteres ging. Zwar bin ich keine Theologin, aber der Herr hat mich mit einer guten Portion gesundem Menschenverstand und mit einer Ausbildung in Rechtswissenschaften gesegnet. Von beiden Gesichtspunkten aus schien es sich um Abfall vom Glauben im wahrsten Sinne des Wortes zu handeln.

Außerdem fiel mir auf, daß das Vokabular der New-Age-Bücher, die diese ausgefallene Theologie vertraten, dem Vokabular jener Schriften auffallend ähnelte, dessen Autoren nach einer neuen Weltordnung rufen. Ich vermutete einen Zusammenhang.

Ich war immer noch dabei, die Teile dieses Puzzles zu ordnen, als ich zufällig auf das Buch „Die sanfte Verschwörung" von Marilyn Ferguson stieß. Es enthält dasselbe eigentümliche Vokabular wie die anderen Bücher. Die Autorin selbst weiß sehr viel über diese Bewegung und vermittelt ihren Lesern die Botschaft, daß uns allen radikale Veränderungen bevorstehen. Sie meint:

> „Ein führerloses, aber dennoch kraftvolles Netzwerk arbeitet, um in dieser Welt eine radikale Veränderung herbeizuführen. Seine Mitglieder haben sich von gewissen Grundkonzeptionen westlichen Denkens losgesagt und dabei möglicherweise sogar die Kontinuität der Geschichte unterbrochen."[1]

Sie hatten sich also „von gewissen Grundkonzeptionen westlichen Denkens losgesagt"! Ich fragte mich, von welchen. Im nächsten Absatz tauchte ein Hinweis auf:

> „... ihre Perspektiven klingen jedoch so mystisch, daß sie sich darüber zu diskutieren scheuen."

Ich schlug das Kapitel „Spirituelles Abenteuer ..." auf und erfuhr, daß es sich genauso verhielt, wie aufgrund meiner Kenntnis der eigenartigen Schriften aus den Buchhandlungen mit religiöser Literatur zu vermuten war: Mit den „Grundkonzeptionen", von denen die Mitglieder sich „losgesagt" hatten, sind die überlieferten Religionen gemeint! An ihre Stelle treten jetzt angeblich „mystische Erfahrungen" und die „Religion der Erfahrung".

Die Autorin stellt fest, daß religiöse Gruppen dieser neuen spirituellen Mentalität mit großer Besorgnis begegnen:

> „Wie zu erwarten war, empfinden einige religiöse Gruppen die erwachende spirituelle Tradition als eine gefährliche Bedrohung des jüdisch-christlichen Brauchtums."[2]

Ich war erleichert festzustellen, daß jemand mit Besorgnis reagiert hatte. Die Kirchen haben auch allen Grund, besorgt zu sein!

Wie groß ist die Bewegung? Auch darauf gibt das Buch einige Hinweise:

> „In jeder Stadt und in jeder Institution haben sie sich zu kleinen Gruppen vereinigt. Sie haben das gebildet, was man als ‚atypische Organisationen' bezeichnet. Einige Verschwörer sind sich des nationalen, ja sogar internationalen Ausmaßes dieser Bewegung sehr bewußt, und sie befassen sich damit, Verbindungen – Netzwerke – herzustellen."[3]

Die Bewegung verfügt über gewaltigen Einfluß! Die Autorin stellt selbst fest:

> „Es gibt unzählige Verschwörer. Sie befinden sich in Firmen, Universitäten und Krankenhäusern, in Lehrerkollegien, in Fabriken und Arztpraxen, in Bundes- und Staatsämtern, in Stadträten und an Regierungssitzen, bei gesetzgebenden Organen, bei gemeinnützigen Organisationen; im Grunde genommen in allen Bereichen des Landes, wo Politik gemacht wird."[4]

„In den Behörden, in jeder Ecke der Regierung, verschwören sich Menschen mit dem Ziel der Veränderung. Ein Mitglied der Verschwörung im Zeichen des Wassermanns, das auf Kabinettsebene in der Regierung der Vereinigten Staaten tätig ist, half bei der Förderung der Veränderung in den einzelnen Ministerien, indem er für das Personal Workshops über menschliche Entwicklung organisierte."[5]

Das Buch prahlt geradezu mit der Unterwanderung jeder Gesellschaftsschicht durch die Bewegung. Ich bekam beim Lesen Zweifel, ob diese Verschwörung so „sanft" ist, wie Frau Ferguson sie darstellt.

Einen weiteren bedeutenden Hinweis auf das Wesen dieser Verschwörung fand ich im gleichen Kapitel des Buches, und zwar zitiert die Autorin aus einem Buch mit dem Titel „The Aquarian Gospel of Jesus the Christ" (Das Wassermann-Evangelium von Jesus, dem Christus). Ich beschloß, dieses Quellenmaterial ausfindig zu machen, und erstand am nächsten Tag ein Exemplar in einem Laden mit religiöser Literatur. Mir sollten weitere Schocks bevorstehen!

Auf Seite 16 las ich: „In dem Unendlichen finden wir die Eigenschaften Kraft, Intelligenz und Liebe manifestiert, und ein Mensch kann völlig übereinstimmen mit einer dieser Eigenschaften, ohne die anderen zu besitzen. Man kann völlig in den Geist des Gottes der Kraft (engl.: God of force, d. Übers.) eingehen."

Bei diesem Abschnitt hörte ich geradezu eine Glocke läuten! Ich öffnete meine King-James-Bibel bei Daniel 11,38;

„Statt dessen wird er den Gott der Festungen (King-James-Bibel: God of forces, d. Übers.) verehren; diesen Gott, den seine Väter nicht kannten, wird er verehren mit Gold, Silber, Edelsteinen und Kleinodien."

Auf Seite 14 las ich in der Einleitung des „Aquarian Gospel":

„Jesus war nicht immer Christus. Jesus erwarb seine Christusschaft durch ein Leben voller Anstrengungen, und in Kapitel 55 finden wir eine Aufzählung der Begebenheiten, die zu seiner Christuswerdung bzw. zum Erhalt seines Christusranges beitrugen ... Wir erkennen, daß Jesus Mensch war und Christus Gott ...“

Wieder nahm ich meine Bibel zur Hand:

„Wer ist der Lügner, wenn nicht der, welcher leugnet, daß Jesus der Christus sei? Das ist der Antichrist, der den Vater und den Sohn leugnet“ (1. Johannes 2,22).
„... und jeder Geist, der Jesus nicht bekennt, der ist nicht von Gott. Und das ist der Geist des Antichrists, von welchem ihr gehört habt, daß er kommt; und jetzt schon ist er in der Welt“ (1. Johannes 4,3).

Ich traute meinen Augen kaum! Schon in der Einleitung des „Aquarian Gospel“ hatte ich zwei entscheidende Wesenszüge des Antichristen entdeckt. Ich las weiter bis zum Kapitel 14, wo ich auf einen angeblichen Dialog zwischen Johannes dem Täufer und seinem heidnischen „Meister“ stieß. Johannes fragte, warum es neue heilige Schriften geben müsse. In der Antwort hieß es unter anderem:

„Und so haben es die Heiligen beschlossen: Wenn die Menschen zusätzliches Licht brauchen, kommt eine Meisterseele auf diese Erde, um dieses Licht zu bringen. Vor den Tagen der Veda hatte die Welt viele heilige Bücher, die den Weg erleuchteten; und als die Menschheit größeres Licht brauchte, erschienen die Veda, die Avesta und die Bücher des großen Tao, um den Weg zu größeren Höhen zu zeigen. Und zum richtigen Zeitpunkt erschien die hebräische Bibel mit dem Gesetz, den Propheten und den Psalmen, um die Menschheit zu erleuchten. Aber die Jahre vergingen, und die Menschheit bedurfte eines größeren Lichts. Und jetzt beginnt der Stern aus der Höhe zu leuchten, und Jesus ist der fleischgewordene Botschafter, der den Menschen dieses Licht zeigen soll ... Aber in Zeiten, die noch vor uns liegen, wird die Menschheit zu noch größeren Höhen gelangen, und Lichter, die noch stärker leuchten, werden kommen. Und dann wird endlich die mächtige Meisterseele zur Erde kommen, die den Weg hinauf zum Thron des perfekten Menschen erleuchtet."[6]

Jetzt war ich sicher, daß ich es mit einer Prophezeiung Satans über seinen „auserwählten Boten" für die Menschen, den Antichristen, zu tun hatte. Ich wollte unbedingt mehr über dieses sogenannte „Zeitalter des Wassermanns" oder die „Verschwörung im Zeichen des Wassermanns" in Erfahrung bringen – und das so schnell wie möglich!

Das Fehlen von Quellenmaterial legte meine Arbeit eine Zeitlang lahm. Dann bot sich mir plötzlich eine günstige Gelegenheit: Auf einer politischen Versammlung für einen Kandidaten unseres Kreises hörte ich die Ansprache einer Frau, die mir schon seit 14 Jahren bekannt war. Sie erklärte darin, schon seit 20 Jahren beschäftige sie sich mit dem Studium der „Wissenschaft des Geistes".

Marilyn Ferguson hatte in ihrem Buch berichtet, daß sich die „Verschwörer" durch Codewörter und Signale verständigen. Bereits durch das wenige Material, das ich gelesen hatte, war mir klar, daß „Wissenschaft des Geistes" einer dieser Begriffe war.

Ich kam mit der Frau ins Gespräch und erwähnte, daß ich seit der Lektüre des Buches „Psychocybernetics" vor einigen Jahren Interesse an der „Wissenschaft des Geistes" habe. Als ich ihr vorschlug, beim Mittagessen näher auf dieses Thema einzugehen, war sie einverstanden. Wir gingen in ein nahegelegenes Restaurant.

Dort eröffnete sie mir, daß die „Wissenschaft des Geistes" Teil der New-Age-Bewegung sei. Diese sei auch bekannt unter den Namen „Zeitalter des Wassermanns", „Verschwörung im Zeichen des Wassermanns", „Human-Potential-Bewegung", „Holistische Bewegung", „Humanistische Psychologie" sowie unter einigen anderen, aber weniger bedeutenden Namen.

Sie sagte, sie glaube, der Geist arbeite – genau wie der

Körper – nach bestimmten Prinzipien. Es sei notwendig, diese Prinzipien zu kennen, um ein leistungsfähiges Funktionieren des Geistes zu ermöglichen.

Sie nannte einige dieser „Prinzipien“, aber nur eines erregte meine Aufmerksamkeit: Karma. Sie bezeichnete es als das wichtigste Prinzip. Zwar gab sie zu, daß es etwas mit östlichen Religionen zu tun hat, behauptete aber gleichzeitig, es sei viel bedeutender als diese.

Ich sagte ihr, ich hätte das Buch „Die sanfte Verschwörung“ gelesen. Daraufhin wurde sie vorsichtig und meinte, das Buch stelle die New-Age-Bewegung nicht ganz richtig dar. Ich wollte meine Vorbehalte gegen die Bewegung noch nicht offenbaren und behauptete deshalb, das Buch habe mir gefallen; mich würde interessieren, was daran nicht in Ordnung sei. Zu meiner Bestürzung antwortete sie, die New-Age-Bewegung sei sehr viel größer als in dem Buch dargestellt. Ich erschrak, denn Frau Ferguson hatte die Bewegung als so gewaltig beschrieben, daß mir die Sorge darüber einige schlaflose Nächte bereitet hatte.

Ich hatte genug gehört! Jetzt war es an der Zeit, ihr meine wahre Einstellung zu offenbaren. Ich erklärte ihr, meine Nachforschungen in Verbindung mit meinem Bibelstudium hätten mich zu der Überzeugung gebracht, daß diese Bewegung dem Antichristen in die Hände arbeite. Zu meiner Überraschung stimmte sie zu! Ich zeigte ihr die Bibelstelle Daniel 11,38 mit dem Ausdruck „God of forces“ und die Parallelstelle in „The Aquarian Gospel“.

Sie beglückwünschte mich zu meiner guten Beobachtungsgabe und meinte, ich solle daran denken, daß sowohl in der New-Age-Bewegung als auch bei „Unity“, einem Teil der Bewegung, Jesus und Christus als zwei unterschiedliche Personen angesehen werden. Als Antwort zeigte ich ihr die Stelle in 1. Johannes 2,22, in der diese

Lehre als ein Erkennungsmerkmal des Geistes des Antichristen bezeichnet wird.

Sie erkannte blitzschnell, daß ich gar nicht der Bewegung beitreten wollte und sie mir schon viel zuviel anvertraut hatte. Daher sagte sie, es sei schwierig, sich mit mir zu unterhalten; sie habe nun einmal eine „Lichtvision" gehabt – ein Phänomen, das bei vielen Mitgliedern der New-Age-Bewegung auftritt. Sie schlug vor, ich solle um Weisheit beten, damit ich die „verborgene Bedeutung" dieser Bibelverse erkennen könne.

Ich wies sie auf eine Regel hin, die Rechtsanwälte bei der Auslegung von Gesetzestexten verwenden, aber meiner Auffassung nach genauso gut auf das Bibelstudium anwendbar ist: Die einfachste und offensichtlichste Erklärung für die Fakten ist in der Regel die zutreffende.

Daraufhin schlug sie vor, ich solle mich mit der Entstehungsgeschichte der Bibel vertraut machen und mit der „Tatsache", daß die Bibel sich selbst in vielen Punkten widerspreche. Ich antwortete ihr, daß ich nichts Widersprüchliches oder Unlogisches habe entdecken können, und fragte sie, ob sie die Bibel denn ganz durchgelesen habe. Sie verneinte die Frage mit der Begründung, die Bibel könnte sie verwirren. Ich entgegnete ihr, es sei doch logisch, daß man erst den Inhalt eines Buches kennen müsse, um es kritisieren zu können. Der Ober kam, und wir konzentrierten uns einige Minuten auf unsere Mahlzeit.

Dann hörte ich sie zu meiner Überraschung sagen: „Es ist nicht recht – nein, wirklich nicht! Das Buch sollte gar nicht erlaubt sein! Es ist zu irreführend!"

Ich traute meinen Ohren kaum und hakte nach, welches Buch sie meine. Antwort: „Die Bibel!"

Ich fragte sie nach dem Grund für diese Ansicht. Sie erwiderte: „Der Antichrist ist gar nicht so negativ, wie die Bibel ihn darstellt!"

Diese Aussage hat buchstäblich mein Leben verändert: Ich gab meine Tätigkeit als Anwältin auf und konzentrierte mich auf die Erforschung und Entlarvung der New-Age-Bewegung. Wenn tatsächlich eine Bewegung auf dem Vormarsch ist, die größer ist als die östlichen Religionen und auch größer als die gewaltige Organisation aus dem Buch „Die sanfte Verschwörung", dann müssen wir sie als das entlarven, was sie ist!

Die Christenheit – ich bilde keine Ausnahme – hat viel zu lange in süßem Schlummer geruht. Es wird Zeit, daß jemand die Alarmglocke läutet, die Christen auf diese Bewegung aufmerksam macht und Unwissende, die in sie verstrickt sind, aufruft, sie zu verlassen. Der Prophet Daniel sagte voraus, daß es in den letzten Tagen solche Warner geben werde:

> „Und er wird die, welche gegen den Bund freveln, durch Schmeicheleien zum Abfall verleiten; die Leute aber, die ihren Gott kennen, bleiben fest. Und die Verständigen im Volke werden viele unterweisen ..." (Daniel 11,32-33).

Dieses Buch stellt meinen Versuch dar, zum Verbreiten einer Warnung beizutragen, nämlich der Aufforderung, „aus ihr herauszugehen", bevor es zu spät ist für uns und unsere Kinder.

Anmerkungen:

1 Marilyn Ferguson: „Die sanfte Verschwörung", München 1985, S. 25
2 ebenda, S. 427
3 ebenda, S. 26
4 ebenda, S. 26
5 ebenda, S. 275
6 s. Anhang

Wassermann oder Antichrist?

„Wir bitten euch aber, Brüder, betreffs der Wiederkunft unsres Herrn Jesus Christus und unsrer Vereinigung mit ihm: Lasset euch nicht so schnell aus der Fassung bringen oder gar in Schrecken jagen, weder durch einen Geist, noch durch eine Rede, noch durch einen angeblich von uns stammenden Brief, als wäre der Tag des Herrn schon da. Niemand soll euch irreführen in irgendeiner Weise, denn es muß unbedingt zuerst der Abfall kommen und der Mensch der Sünde, der Sohn des Verderbens, geoffenbart werden" (2. Thessalonicher 2,1-3).

Fast zweitausend Jahre lang haben Christen an dem Gedanken der bevorstehenden Wiederkunft des Herrn Jesus Christus festgehalten. In jeder Generation hegten Gläubige in ihrem Herzen die Hoffnung, Christus werde vielleicht gerade zu ihren Lebzeiten erscheinen.

Die Generation des Apostels Paulus bildete darin keine Ausnahme. Paulus hielt es in seinem zweiten Brief an die Thessalonicher für notwendig, dieser Gemeinde die Geschehnisse der Endzeit zu erklären. Er wollte sie ermutigen, gewissenhaft weiterzuarbeiten und geduldig auf die Wiederkunft Jesu zu warten.

Auch das Amerika des 19. Jahrhunderts bildete keine Ausnahme. Die von William Miller gegründete frühe Adventistenbewegung erlebte die „großen Enttäuschungen" der Jahre 1843 und 1844. Diese Bewegung gründete auf der Annahme, der „große Abfall vom Glauben" – die „Apostasie", von der im 2. Thessalonicherbrief die Rede ist – habe bereits stattgefunden, und zwar in dem Zeitraum von ungefähr 1260 Jahren zwischen der Ära Konstantins des Großen und der Reformation. Als „Sohn des

Verderbens“, den der Abfall ja offenbaren sollte, hatte man den Papst identifiziert. Daher lebten die Milleriten und ähnliche religiöse Bewegungen in dem Glauben, die Wiederkunft des Herrn stehe unmittelbar bevor. Viele andere protestantische Strömungen waren ebenfalls überzeugt, diese Prophezeiungen bezögen sich auf den Papst in Rom. Aber offensichtlich waren die alttestamentlichen Voraussagen über Israel und das Heilige Land noch nicht erfüllt.

Die Adventisten interpretierten die Prophezeiungen aber als Voraussagen für ein *geistliches,* nicht ein *politisches* Israel. Sie waren überzeugt, nur dem Sendungsbefehl – dem Gebot, allen Nationen das Evangelium zu predigen – müsse noch Folge geleistet werden. Also machten sie es sich zur Aufgabe, ihr Evangelium von der Erlösung in der Hoffnung zu verbreiten, dies werde die Wiederkunft des Herrn herbeiführen – an sich kein schlechtes Ziel!

Nach der Entstehung des Staates Israel im Heiligen Land im Jahre 1948 und den Landgewinnen der Jahre 1967 und 1973 griff die freudige Erwartung auf andere protestantische Kirchen über und erfaßte auch an Endzeitthemen interessierte Katholiken.

Unterschiedliche eschatologische Auffassungen und Dogmen trennten jedoch die christlichen Denominationen auch weiterhin und führten gar zu gegenseitigen Beschimpfungen.

Dabei übersahen fast alle diese „Christen“, die aneinander kein gutes Haar ließen, die einfachen, klaren Angaben der Bibel in bezug auf den Geist des Antichristen. Sie bemerkten nicht, daß vor ihren Augen eine Bewegung wuchs und sogar ihre Gemeinden beeinflußte, auf die alle diese Angaben zutrafen.

Der Apostel Johannes sagt:

„Geliebte, glaubet nicht jedem Geist, sondern prüfet die Geister, ob sie von Gott sind! Denn es sind viele falsche Propheten hinausgegangen in die Welt. Daran erkennt ihr den Geist Gottes: Jeder Geist, der bekennt: ‚Jesus ist der im Fleisch gekommene Christus', der ist von Gott; und jeder Geist, der Jesus nicht bekennt, der ist nicht von Gott. Und das ist der Geist des Antichrists, von welchem ihr gehört habt, daß er kommt; und jetzt schon ist er in der Welt" (1. Johannes 4,1-3).

Wir müssen also damit rechnen, daß der wirkliche Antichrist leugnen wird, daß Jesus Christus im Fleisch gekommen ist. Er könnte zum Beispiel behaupten, Jesus sei ein gewöhnlicher Mensch gewesen, der lediglich vom „Christus-Bewußtsein" erfüllt gewesen sei. Johannes weist solche Gedanken in einem späteren Brief zurück:

„Denn viele Irrlehrer sind hinausgegangen in die Welt, die nicht bekennen, daß Jesus der im Fleisch gekommene Christus ist; – das ist der Irrlehrer und der Widerchrist" (2. Johannes 7).

Außerdem wird der Antichrist offen leugnen, daß Jesus der Christus ist:

„Wer ist der Lügner, wenn nicht der, welcher leugnet, daß Jesus der Christus sei? Das ist der Antichrist, der den Vater und den Sohn leugnet" (1. Johannes 2,22).

Wenn wir den „Geist des Antichristen" und den Antichristen selbst bei seinem Kommen erkennen wollen, müssen wir uns ganz strikt an die biblischen Angaben halten, sonst stehen uns die schrecklichen Strafen bevor, die derselbe Johannes im Buch der Offenbarung beschreibt:

„Ich bezeuge jedem, der die Worte der Weissagung dieses Buches hört: Wenn jemand etwas hinzufügt, so wird Gott ihm die Plagen zufügen, von denen in diesem Buch geschrieben ist; und wenn jemand etwas hinwegnimmt von den Worten des Buches dieser Weissagung, so wird Gott wegnehmen seinen Anteil am Baume des Lebens und an der Heiligen Stadt, von denen in diesem Buche geschrieben steht" (Offenbarung 22,18-19).

In unserem Jahrhundert gibt es überall Zeichen dieses „Geistes des Antichristen" – wahrscheinlich sogar in größerer Anzahl als zur Entstehungszeit der Briefe des Johannes. Aber es ist nicht nur dieser „Geist", sondern vermutlich sogar der Antichrist selbst, der beharrlich unter uns am Werk ist.

Die Verfasserin ist fest überzeugt, daß zum ersten Mal, seit Johannes die zitierten Worte schrieb, eine starke Bewegung – die New-Age-Bewegung – alle biblischen Voraussagen in bezug auf den Antichristen und seine politischen Wegbereiter erfüllt. Außerdem vertritt die Verfasserin die Meinung, daß hier sehr wahrscheinlich der große Abfall vom Glauben stattfindet, von dem der Apostel Paulus spricht, und daß der Antichrist sich in naher Zukunft zu erkennen geben könnte.

Weiterhin behauptet die Verfasserin, daß die New-Age-Bewegung die gesamte Christenheit und das Judentum unterwandert und sich durch die Hintertür in unsere Institutionen eingeschlichen hat. Die Bewegung trägt östliches Gedankengut in unsere Gemeinden und dringt damit selbst in evangelikale Denominationen ein. Bei Katholiken geschieht das ebenso deutlich und unverhohlen wie bei protestantischen Denominationen – besonders bei Episkopalen und Methodisten.

Während Christen eifrig damit beschäftigt waren, sich gegenseitig als „antichristlich" oder „satanisch" zu bezeichnen, gelang es dem Erzbetrüger, durch diese Ablenkungsmanöver hinter der Maske der „wahren Ökumene" in unsere Gemeinden einzudringen. Er fördert zunächst das Einsickern von östlichem religiösen Gedankengut in unsere gesamte Kultur und dann in unsere Priesterseminare und Lehranstalten. Die 2000 Jahre alte jüdisch-christliche Lehrtradition wird untergraben; gelehrt werden „Pluralismus“ und Angriffe auf Gottes Wort. Christlichen Studenten wird jetzt nicht selten gelehrt, um Gott wahrhaft anbeten zu können, müsse man „Theologie betreiben“, anstatt „wie ein Papagei alte Glaubenssätze nachzuplappern, die für ein anderes Zeitalter, einen anderen Kontinent und eine andere Kultur geschrieben wurden“. Ihnen wird gesagt, daß man Christus durch solche „Theologie“ auch in der Bhagavad Gita, dem Koran, den Veden, den Upanischaden und einer Vielzahl anderer Hindu-Schriften finden könne. Außerdem könne man unseren Herrn verehren, indem man ihn als „Buddha“, „Shiva“, „Tao“, „den Großen Geist“ und unter anderen heidnischen Gottesnamen anrufe.

Diese Bewegung hat unsere Gesellschaft und unsere Gemeinden unterwandert. Dazu gebraucht sie als Vehikel zum Beispiel holistische (ganzheitliche) Gesundheitszentren, Montessori-Schulen, Waldorf-Schulen, Transzendentale Meditation (TM), Bewußtseinskontrolle (eine Form des Psychotrainings), Hungerprojekte, Dokumentationen zum Umweltschutz, viele Gesundheits- und Bioläden und vegetarische Restaurants, Abrüstungskampagnen und viele wohltätige Zwecke, auch den Tierschutz. Lassen wir uns nicht täuschen! Die New-Age-Bewegung ist in Wahrheit eine Religion. Sie verfügt über eigene Bibeln, Gebete und Mantras, ihren eigenen Vatikan-Jerusalem-Ersatz, Priester und Gurus, wiedergeburtsähnliche Erlebnisse („rebirthing“), geistliche Gesetze und Gebote, Menschen mit übersinnlichen Kräften, „Propheten“ und beinahe jedes andere Merkmal einer Religion.

Ihre Version der Zehn Gebote ist geradezu faszinierend. Die Anhänger behaupten, so etwas wie Mord oder Ehebruch gebe es gar nicht. Wenn jemand ermordet wird, geschieht das entweder, weil er es selbst so wollte, oder weil sein schlechtes „Karma“ sich so auswirkt.

Die „Theologie“ der Bewegung wirkt durch viel leeres Gewäsch zunächst verwirrend, ist aber eigentlich nicht besonders kompliziert. Christen können die wichtigsten Glaubenssätze im dritten Kapitel von 1. Mose finden. Die „Theologie“ beinhaltet in erster Linie

- einen Angriff auf die Autorität des Wortes Gottes;
- das Leugnen der Tatsache, daß der Mensch sterben muß (Reinkarnationstheorie);
- die Behauptung, der Mensch könne selbst wie Gott sein;
- die Vergötterung Luzifers und anderer dämonischer Wesen (die Theorie von den „Meistern der Weisheit“).

Die Bewegung verkündet weltweit, der Mensch sei Gott und habe „Gott nach seinem eigenen Bilde erschaffen“. Ihre Anhänger beten heidnische Gottheiten wie Pan, Buddha und Shiva, ja sogar Luzifer selbst an.

Die New-Age-Bewegung ist nicht neu. Sie ist auch keine Modeerscheinung. Wie traurig, daß die meisten ihrer Mitglieder gar nicht wissen, worauf sie sich eingelassen haben! Viele stehen unter dem Einfluß raffinierter Methoden geistiger Manipulation.

Die zahlreichen programmatischen Kampfschriften der Bewegung verkünden immer offener ihre eigentlichen Absichten. Anhänger bekennen stolz, sie hätten eine „Lichtvision“ erfahren. Viele sprechen freimütig über ihre Absicht, den Antichristen oder „New-Age-Christus“ freudig willkommen zu heißen. Wie bereits erwähnt, ist die Bewegung sogar dreist genug, ganzseitige Anzeigen mit der Überschrift „Christus weilt jetzt unter uns“ zu veröffentlichen. Diese Menschen leugnen öffentlich, daß Jesus der Christus ist; sie verkünden, „Maitreya Christus“ sei Gott und Jesus dessen Jünger! Sie verfügen über gemeinsame mystische Erfahrungen; viele von ihnen besitzen psychische Kräfte, die es ihnen ermöglichen,

„große Zeichen und Wunder" zu tun – von „Astralreisen" bis zur Hellseherei.

Viele unterstützen auch die innere Unterwanderung von Staaten und betonen stolz den „subversiven Charakter" ihrer Bewegung, als wäre eine solche Bezeichnung eine Art Ehrenabzeichen. Während sie einerseits für die Aufteilung großer Bundesstaaten (etwa Kanada und die Vereinigten Staaten) plädieren, fordern sie andererseits Institutionen wie zum Beispiel ein „planetarisches Leitsystem" oder andere Ausprägungen einer Weltregierung. Sie befürworten die Rückkehr zu einem einfachen Lebensstil und treten gleichzeitig für die totale Vernetzung der ganzen Welt durch unglaublich raffinierte Computersysteme ein, deren Überwachungsmöglichkeiten an Orwells „1984" erinnern.

Die Bewegung erfüllt alle entsprechenden Voraussagen der Bibel und ähnelt gleichzeitig Hitlers NS-Bewegung. Sie täuscht und verführt viele – eingeschlossen eigene Mitglieder, die sich mit den besten Motiven beteiligen.

Auf diese Bewegung treffen die biblischen Angaben über das Wirken des Antichristen zu, während sich zur selben Zeit andere Endzeitvoraussagen, etwa die Wiederherstellung des Staates Israel, erfüllen. Daher sollten Christen – und nicht nur sie, sondern alle, die die Wahrheit suchen und um unsere Zukunft besorgt sind – die New-Age-Bewegung sehr aufmerksam beobachten!

Die nachfolgenden Kapitel enthalten Informationen, die Sie, Ihre Familie und Ihre Freunde davor bewahren sollen, unwissentlich auf Satans Meisterplan hereinzufallen. Wegen des begrenzten Umfangs dieser ersten Ausgabe können jedoch nicht alle wichtigen Informationen über die Bewegung berücksichtigt werden.

Ich möchte Sie vor allem auf die Worte Jesu in Lukas 21,29-36 hinweisen:

„Und er sagte ihnen ein Gleichnis: Sehet den Feigenbaum und alle Bäume! Wenn ihr sie schon ausschlagen sehet, so merket ihr von selbst, daß der Sommer jetzt nahe ist. Also auch, wenn ihr sehet, daß dieses geschieht, so merket ihr, daß das Reich Gottes nahe ist. Wahrlich, ich sage euch, dieses Geschlecht wird nicht vergehen, bis alles geschehen sein wird. Himmel und Erde werden vergehen, aber meine Worte werden nicht vergehen. Habt aber acht auf euch selbst, daß eure Herzen nicht beschwert werden durch Rausch und Trunkenheit und Nahrungssorgen und jener Tag unversehens über euch komme! Denn wie ein Fallstrick wird er über alle kommen, die auf dem ganzen Erdboden wohnen. Darum wachet jederzeit und bittet, daß ihr gewürdigt werdet, zu entfliehen diesem allem, was geschehen soll, und zu stehen vor des Menschen Sohn!"

Geschichte der New-Age-Bewegung

Das weitverbreitete Netz von Organisationen, das wir heute „New-Age-Bewegung“ nennen, entstand zur Zeit der Gründung der „Theosophischen Gesellschaft“ durch Helena Petrovna Blavatsky im Jahre 1875. Eine Grundlehre dieser Organisation besagte, alle Weltreligionen enthielten „gemeinsame Wahrheiten“, die alle Unterschiede überbrückten.

Die Anhänger dieser Organisation waren entschiedene Verfechter der Evolutionstheorie und glaubten an die Existenz von „Meistern“; angeblich waren das entweder Geistwesen oder besonders vom Schicksal begünstigte Menschen, die sich weiter „entwickelt“ hatten als die breite Masse. Diese Lehre sollte einige Jahrzehnte später bei der Entstehung der nationalsozialistischen Bewegung von wesentlicher Bedeutung sein.

Madame Blavatsky arbeitete durch „telepathische Kommunikation“ mit den Meistern zusammen und diente ihnen von 1867 an bis zu ihrem Tod im Jahre 1891 als „Angelpunkt“. Eines der Ziele der Theosophen bestand darin, „erleuchtet“ zu werden (Illumination = Erleuchtung). Für eines ihrer berühmten Mitglieder bezog sich das nicht nur auf Glühbirnen – gemeint ist Thomas Alva Edison, der im Jahre 1878 der Organisation beitrat und eine Verpflichtung zur Verschwiegenheit unterschrieb.

Die aufstrebende Bewegung trat dem Christentum von Anfang an feindselig entgegen. Im Jahre 1875 schrieb Helena Blavatsky in ihr Album:

„Die Christen und Wissenschaftler müssen dazu gebracht werden, die ihnen überlegenen Inder zu respektieren. Die Weisheit Indiens, seine Philosophie und seine Errungenschaften *müssen* in Europa und Amerika bekanntgemacht werden; die Engländer müssen dazu gebracht werden, die Einwohner Indiens und Tibets mehr zu respektieren als bisher."[1]

Der buddhistische Hohepriester Mohottiwatte Gunanana und Prinz Emil von Wittgenstein, General Abner Doubleday (der Erfinder des Baseball-Spiels) und Swami Saraswati – berühmte Persönlichkeiten aus Ost und West vereinten sich, um gemeinsam das überlieferte Christentum zu vernichten. Viele Theosophen beabsichtigten, das *gesamte* Christentum auszulöschen – sowohl das orthodoxe als auch andere Formen. Zwei Theosophen versuchten, einen Zweig der Theosophie als Wiederbelebung gnostisch-christlicher Lehren nach Art der Kabbala einzurichten. Obwohl diese Form christlichen Glaubens nur dem Namen nach etwas mit Christentum zu tun hat, stießen die beiden sehr bald auf den Widerstand der übrigen Mitglieder der Gesellschaft. Schließlich wurde der Versuch unternommen, durch Errichtung eines gesonderten Zweiges – der sogenannten „Hermetischen Loge" – den Streit zu schlichten.

Der Haß der Theosophen auf das Christentum war jedoch so stark, daß sich nicht einmal eine so verwässerte, lästerliche Form des christlichen Glaubens halten konnte. Eine Broschüre der Theosophischen Gesellschaft verdeutlicht deren antichristliche Ziele:

„... sich dem Materialismus der Wissenschaft und jeder Form dogmatischer Theologie zu widersetzen, besonders der christlichen, die die Leiter der Gesellschaft für besonders schädlich halten; in westlichen Nationen die lange unterdrückten Tatsachen über religiöse Lehren des Orients und deren Ethik, Entstehung, Esoterik und Symbole bekanntzumachen; so weit wie möglich den Anstrengungen der Missionare entgegenzuwirken, die die sogenannten ‚Heiden' hinsichtlich des wahren Ursprungs und der wahren Lehre des Christentums irreführen, sowie dessen praktische Auswirkungen auf die Öffentlichkeit und auf Einzelne in den sogenannten christlichen Ländern zu bekämpfen."

Tatsächlich glaubte die theosophische Bewegung an die „Einheit" aller Religionen – mit Ausnahme der monotheistischen, die den Herrn der Heerscharen anbeten:

„Die esoterische Philosophie versöhnt alle Staaten miteinander, entkleidet sie ihrer äußeren menschlichen Gewänder und zeigt, daß alle großen Religionen auf die gleichen Wurzeln zurückgehen. Sie beweist die Notwendigkeit eines göttlichen, absoluten Prinzips in der Natur. Sie verleugnet die Gottheit ebensowenig, wie sie die Sonne verleugnet. Die esoterische Philosophie hat nie Gott in der Natur abgelehnt, noch die Gottheit als das absolute und abstrakte Sein. *Sie lehnt es lediglich ab, irgendeine der Gottheiten der sogenannten monotheistischen Religionen anzuerkennen – Gottheiten, die der Mensch nach seinem eigenen Bilde geschaffen hat; eine lästerliche und bedauernswerte Karikatur des ewig Unbekannten.*"[2]

Diese Ansicht herrscht bis heute in der New-Age-Bewegung vor. Alles wird gutgeheißen mit Ausnahme der überlieferten monotheistischen Religionen: Judentum, Christentum und Islam.

Die Leiter der Gesellschaft waren stolz darauf, ihre Inspirationen von „Geistwesen" oder „Elementen" zu erhalten; sie glaubten, direkt den „Adepten" oder „Eingeweihten" aus einem Zweig der „Großen Weißen Bruderschaft" zu unterstehen. Als Folge eines schriftlichen Befehls dieser Geistwesen wurde das Hauptquartier im Jahre 1875 von New York nach Indien verlegt.

Ein anderer Befehl dieser dämonischen Botschafter lautete, die Bewegung und ihre Lehren seien – wenigstens vorläufig – geheimzuhalten. Diese Entscheidung wurde 100 Jahre lang aufrechterhalten – bis es im Jahre

1975 den Eingeweihten endlich erlaubt wurde, die Geheimlehren zu veröffentlichen.

Aufgrund des Befehls zur Geheimhaltung verständigten sich die Mitglieder der Gesellschaft durch Geheimzeichen und Signalwörter, eine Praxis, die auch in der heutigen New-Age-Bewegung aufrechterhalten wird. Dadurch sollen Informationen vor dem Zugriff von Schnüfflern aus dem feindlichen Lager geschützt werden. Die Organisation bekannte sich offen zu ihren dämonischen Ursprüngen, indem sie eine ihrer periodischen Veröffentlichungen viele Jahre lang „Lucifer" nannte.

Ungeachtet ihres Eifers, das Christentum im Namen religiöser „Freiheit" zu vernichten, hatte die frühe theosophische Bewegung keine Skrupel, der ahnungslosen indischen Bevölkerung ihr eigenes Brandzeichen religiöser Beeinflussung aufzudrücken:

> „Denn sowohl H.P. Blavatsky als auch Colonel Olcott erkannten, daß die Theosophie eine Macht werden könnte, die das Leben Indiens wieder nach nationalen Gesichtspunkten gestalten könnte, wenn nur die Inder die Theosophie als ein praktisches System von Lebensregeln in ihrer Ganzheit anerkennen würden ..."[3]

Auch psychische Phänomene und scheinbare Wunderzeichen bestimmten die Anfänge der Gesellschaft: Materialisation von Gegenständen und Hervorrufen merkwürdiger Geräusche. Diese Phänomene wurden von Gegnern der Bewegung als Betrug bezeichnet. Ihre Urheber sollten sich angeblich in Tibet aufhalten, während die Phänomene selbst in Indien und Europa auftraten.

Die Gesellschaft erhielt ein bedeutendes neues Mitglied, als Helena Petrovna Blavatsky einen englischen Geistlichen namens C.W. Leadbeater traf. Zu seiner Überraschung erhielt er zwei Briefe mit der Unterschrift „Meister K.H." (Koot Hoomi), in denen er aufgefordert wurde, sofort nach Indien aufzubrechen und dort den

Theosophen zu helfen. Diese Briefe erreichten ihn am selben Tag, an dem Madame Blavatsky von England zu einer Reise nach Indien aufbrach. Er mißachtete die biblischen Warnungen über Menschen, die in den letzten Tagen die Wahrheit verlassen, um den Lehren verführerischer Geister und Teufel zu folgen. Leadbeater sagte augenblicklich dem Glauben seiner Väter ab und machte sich auf, den „Meistern" zu dienen.

Um die gleiche Zeit verfaßte Madame Blavatsky unter der Führung der „Meister" die Bücher „Die entschleierte Isis" und „Die Geheimlehre". Obwohl diese Bücher einen wissenschaftlichen Eindruck vermitteln, sind sie in Wirklichkeit gänzlich das Produkt automatischen (dämonisch gesteuerten) Schreibens.

Nach Helena Blavatskys Tod breitete sich die Bewegung unter der Leitung von Annie Besant weiter aus, bis sie den zum Scheitern verurteilten Versuch unternahm, den Antichristen ins Leben zu rufen: Krishnamurti, ihr Kandidat, den sie sorgfältig auf diese Aufgabe vorbereitet hatten, ließ sie im Stich. Im Jahre 1929 löste er die Teilorganisation „Orden des Sterns" auf, in der sich seine weltweite Anhängerschaft versammelt hatte. Sein Rückzug mag zum Teil seinem Vater zu verdanken sein, der Annie Besant und die Theosophische Gesellschaft bis aufs Blut bekämpfte. Allerdings scheiterte der Vater bei dem Versuch, sein Kind, das er durch die Verführungskünste der Theosophen verloren hatte, wiederzugewinnen.

Krishnamurtis Weigerung war ein großer Rückschlag für die Theosophische Gesellschaft, denn sie hatte keine Kosten gescheut, ihn für seine Aufgabe auszurüsten. Er hatte an der Sorbonne studiert und besaß ein vornehmes Auftreten. Eine Persönlichkeit mit seiner Ausstrahlung hätte weltweit die erwünschte Wirkung erzielt.

Die Meister waren verstimmt und beschlossen, die Fackel an jemanden weiterzureichen, der weniger voreilig handelte als Annie Besant – an Alice Ann Bailey, eine ehemalige christliche Lehrerin und frühere Frau eines Pfarrers der Episkopal-Kirche. Sie stammte aus einer angesehenen englischen Familie und war eine hübsche Person. Einen Teil ihrer Kindheit verbrachte sie in Montreal, wo ihr Vater als Ingenieur angestellt war. Beide Eltern starben, als Alice und ihre Schwester noch Kinder waren. Die Mädchen wurden von anderen Verwandten aufgezogen, die sie freundlich behandelten und es ihnen in ihrer Jugend an nichts fehlen ließen.

Offensichtlich fühlte sich Alice ihrer Schwester, einer sehr attraktiven Frau und brillanten Ärztin, unterlegen. Wenn man ihrer Autobiographie Glauben schenken darf, hatte sie schon in ihrer Jugendzeit Kontakt mit einem „Meister", eine Erfahrung, die sie erst viel später verstand. Eine Zeitlang strebte sie einen christlichen Dienst an und hielt sich zu diesem Zweck in Indien auf.

Sie heiratete einen Mann aus einer anderen sozialen Schicht. Dieser gesellschaftliche Unterschied wurde jedoch auf eine damals übliche Weise wettgemacht: Der Status des zukünftigen Ehemannes wurde angehoben. Er ging nach Amerika, um dort auf ein Pfarramt in der Episkopalkirche hin zu studieren. Alice ging mit ihm. Da Episkopale und Anglikaner in den Augen der Gesellschaft sozial und religiös gleichwertig waren, war die Heirat für Alices Gesellschaftsschicht annehmbar geworden.

Es wurde keine glückliche Ehe. Ihr Mann hatte einen schweren Charakterfehler – er pflegte seine Frau zu schlagen. Sie bekam mehrere Kinder und wurde jahrelang von ihrem Mann immer wieder verprügelt, was Alice jedoch zunächst aus Rücksicht auf seinen Dienst zu verbergen suchte. Aber schließlich wurde die gegenseitige Entfremdung zum Dauerzustand.

Nach ihrer Trennung lebte sie in Kalifornien und verdiente den Lebensunterhalt für ihre Familie als Arbeiterin in einer Fischfabrik. Als sie von zwei Frauen hörte, die ebenfalls Engländerinnen waren und der gleichen sozialen Schicht entstammten, versuchte sie, die beiden kennenzulernen. Sie waren Theosophinnen und ermutigten Alice, ihrer Gesellschaft beizutreten. Alice sehnte sich nach Gemeinschaft und begann deshalb, an den Versammlungen teilzunehmen. Die ausgefallenen Lehren müssen ihrem eintönigen Leben als Arbeiterin in der Fischfabrik ein wenig Farbe verliehen haben.

Als sie dann monatliche Unterhaltszahlungen von ihrem Mann Walter erhielt, war sie finanziell unabhängig, verließ die Fischfabrik und konnte sich völlig ihren Kindern und der Esoterik (Lehre der Eingeweihten) widmen.

Die „Meister" hatten ein weiteres auserwähltes Instrument gefunden, mit dessen Hilfe sie ihre Lehren bewahren und ihre Arbeit vorantreiben konnten. Gewöhnlich suchten sie sich neue Gefolgschaft unter den Verwirrten, Einsamen und Verzweifelten; jetzt hatten sie eine Frau gefunden, auf die alle diese Symptome zutrafen und die bereit schien, ihren Befehlen zu folgen. Alices Schwester, die erfolgreiche Ärztin und gläubige Christin, brach daraufhin jeglichen Kontakt mit ihr ab und sprach nie wieder ein Wort mit ihr.

Da die „Meister" Alice von der Möglichkeit der Reinkarnation überzeugt hatten, verkraftete sie den Bruch mit ihrer Schwester leicht, indem sie annahm, sie könnte ja in einem späteren Leben den Kontakt mit ihr wieder aufnehmen.

Alice heiratete später Foster Bailey. Die Baileys trugen mehr als irgend jemand – außer vielleicht Helena Petrovna Blavatsky – dazu bei, die Fundamente für das „neue Zeitalter" zu legen. *Alice schrieb annähernd zwei Dutzend Bücher mit präzisen Anweisungen für die Jünger der „Meister" in der zweiten Hälfte des 20. Jahrhunderts – unserer heutigen Zeit!*

Seit dieser Zeit zeigte Alice wie Helena Petrovna Blavatsky einen tiefsitzenden Haß auf das überlieferte Christentum und eine entschlossene Ergebenheit an die Sache des Okkultismus und der östlichen Mystik.

Obwohl sie sich auch weiterhin als „Christ“ bezeichnete, geht aus ihren Schriften hervor, daß sie diesem Begriff eine völlig andere Bedeutung beimaß als orthodoxe Gläubige. Sie lehrte die Göttlichkeit des Menschen und die Reinkarnation und griff Gottes Wort an – die altbekannten Lügen der Schlange aus der Zeit des Gartens Eden!

Ihre Arbeitsleistung war gewaltig. Sie organisierte die „Arkanschule“, die „Gruppe der neuen Weltdiener“, „Triangles“, „World Goodwill“ (Weltweiter guter Wille) und trug zu einer Fülle von anderen Gründungsaktivitäten bei, um den Bau des „neuen Zeitalters“ voranzutreiben.

Im Jahre 1922 wurde die „Lucifer Publishing Company“ (Lucifer-Verlagsgesellschaft) gegründet, um Alice Baileys Schriften besser verbreiten zu können. Ein Jahr später wurde der Name aus unbekannten Gründen in „Lucis Publishing Company“ umgeändert.

Alice Baileys Arbeit war sehr viel zurückhaltender und vorsichtiger als die von Annie Besant, die dazu beigetragen hatte, den „Meistern“ die peinliche Krishnamurti-Affäre zu bescheren. Sie beschränkte sich in erster Linie darauf, den Jüngern Anweisungen zu geben, wie sie organisatorische Netze knüpfen und Unterwanderungsarbeit leisten konnten. Die „Meister“ stellten einen Zeitplan auf: Bis zum Jahre 1975 sollte die Arbeit weitgehend im Untergrund stattfinden – dann sollten die bis dahin geheimen Lehren über den „New-Age-Christus“ und die „Geistige Hierarchie“ durch alle zur Verfügung stehenden Medien verbreitet werden.

Diese Lehren lassen wenig bis gar nichts aus. Sie reichen von der Meinung der „Hierarchie" über Juden (negativ) bis zu Ernährungsregeln. Schritt für Schritt zur Errichtung des „neuen Zeitalters" ist geplant. Die Anweisungen erstrecken sich von der Notwendigkeit der *Errichtung einer neuen Weltordnung* bis zum *Gebrauch des Regenbogens* als Erkennungssignal. Pläne für *Religionskriege, zwangsweise, weltweite Verteilung der Güter, luziferische Einweihungen* (sogenannte „Initiationen"), *planetarische Massenweihen,* die *Theologie der neuen Weltreligion, Abrüstungskampagnen,* die *Vernichtung oder Lahmlegung überlieferter Religionen,* die nicht zur Zusammenarbeit bereit sind – *all diese Pläne sind nicht etwa erst in den letzten Jahren entstanden, sondern werden schon in Alice Baileys Schriften ausgiebig behandelt!* (Sie lebte von 1880 bis 1949). Selbst die angebliche „Heiligkeit" der „Zahl des Tieres" – 666 – wird an wenigstens zwei Stellen erwähnt!

Alice ließ die Möglichkeit unberücksichtigt, daß die Bewegung bloßgestellt werden könnte, sollten ihre Bücher in die falschen Hände geraten. Sie vertraute darauf, daß die Bücher für jeden Nichteingeweihten unverständlich sein würden. Wäre sie besser mit der Schrift vertraut gewesen, hätte sie die Einfältigkeit dieser Haltung erkannt:

> „Viele sollen gesichtet, gereinigt und geläutert werden; und die Gottlosen werden gottlos bleiben, und kein Gottloser wird es merken; aber die Verständigen werden es merken" (Daniel 12,10).

Der Vergleich von Baileys Lehren mit der heutigen Bewegung und ihren Organisationen macht deutlich, *daß ihre Anweisungen bis ins kleinste Detail befolgt wurden.* Ihre Jünger befinden sich jetzt in den letzten Phasen des New-Age-Planes, die Welt für Luzifer einzunehmen.

Im Jahre 1962 war mit der Gründung der schottischen

Findhorn Community – einer Art Vatikan der New-Age-Bewegung – ein weiterer Meilenstein erreicht. Findhorn ist das Lebenswerk von Peter und Eileen Caddy und der mit ihnen befreundeten Dorothy McLean. Sein Auftrag besteht darin, den „Plan“ auf Erden zu verwirklichen. Wiederum hatten die Mitglieder Baileys Schriften genauestens befolgt und auf die „Weisungen“ geachtet, die Eileen von geistlichen Wesen und angeblich von der „Stimme Gottes“ erhalten hatte.

Im Jahre 1970 stieß ein wichtiges neues Mitglied zur Findhorn Community – David Spangler. Obwohl täglich viele junge Leute in Findhorn auftauchten, wurde keiner so fürstlich empfangen wie Spangler. Eileen hatte die „Weisung“ bekommen, Spangler verfüge über „Christus-Energien“.

Als er mit seiner „geistlichen Ratgeberin“, der ehemaligen Mormonin Myrtle Glines, in Findhorn ankam, wurde er sofort als zweiter Direktor der Findhorn Foundation eingesetzt; dort sollte er für die nächsten drei Jahre bleiben.

Spangler nahm regelmäßigen Kontakt mit dämonischen Wesen auf, zu „Maitreya“, „Rakoczi“ und vielen anderen. Esoterische Überlieferungen – vom tibetanischen Buddismus bis hin zur Ufologie – wurden von den Eingeweihten und angehenden Mitgliedern erforscht und in die Praxis umgesetzt. Geistliche kamen nach Findhorn und stellten der Bewegung ihre Arbeitskraft und ihren Rat zur Verfügung. Spangler erklärte den Mitgliedern und Besuchern von Findhorn und später der gesamten Öffentlichkeit, das wahre Licht Findhorns sei das Licht Luzifers!

Findhorn blühte und gedieh; zur selben Zeit begannen überall in der Welt esoterische Gruppen, ihre Netzwerke zu knüpfen. Findhorn selbst diente als Angelpunkt für den „Plan“ und zog Dauergäste und Besucher aus aller

Welt an. Die Menschen, die dort lebten, studierten und befolgten sorgfältig die Werke von Alice A. Bailey, Helena Petrovna Blavatsky und einer Vielzahl anderer esoterischer „Heiliger“ und Gesellschaften.

David Spangler verfaßte ein Buch, das angeblich eine Botschaft von außerirdischen Quellen bzw. von seinem „höheren Selbst“ darstellt: „New Age – die Geburt eines Neuen Zeitalters“. Es wurde bald, zusammen mit den Werken von Blavatsky und Bailey, in Findhorn zur Pflichtlektüre.

Die geknüpften Netzwerke reichten von Amnesty International bis zu Expertengruppen des Lucis Trust und des Stanford Research Institute (SRI) in Palo Alto, Kalifornien. Das SRI stellte auf den Wänden seiner Empfangshalle sogar die heilige Unantastbarkeit von „geistlichen Mächten“ dar.

Auch zum „International Cooperation Council“ wurden Beziehungen geknüpft. Dieses aus mehr als 200 Organisationen bestehende Netzwerk ist der raschen Durchführung des „Plans“ gewidmet, zu dem die Machtübernahme eines „New-Age-Christus“ gehört.

Im Jahre 1973 brachen David Spangler und andere Mitglieder Findhorns in die Vereinigten Staaten auf, um dort die „Lorian Association“ zu gründen, ein weiteres „planetarisches Netzwerk“ zur Verbreitung der „geistlichen“ Ziele des „neuen Zeitalters“. Das Hauptquartier der „Lorian Association“ befindet sich zur Zeit in Madison im Bundesstaat Wisconsin. Spangler betrachtet jedoch auch weiterhin Findhorn als seine Heimat.

Gleich vielen engagierten Anhängern der New-Age-Bewegung stammt Spangler aus einer Familie, in der es überzeugte Christen gibt. Jesus hat diese Spaltung der irdischen Familien vorhergesehen.

> „Ihr sollt nicht wähnen, daß ich gekommen sei, Frieden auf die Erde zu bringen. Ich bin nicht gekommen, Frieden zu

bringen, sondern das Schwert. Denn ich bin gekommen, den Menschen zu entzweien mit seinem Vater und die Tochter mit ihrer Mutter und die Schwiegertochter mit ihrer Schwiegermutter; und des Menschen Feinde werden seine eigenen Hausgenossen sein. Wer Vater oder Mutter mehr liebt als mich, der ist meiner nicht wert; und wer Sohn oder Tochter mehr liebt als mich, der ist meiner nicht wert. Und wer nicht sein Kreuz nimmt und mir nachfolgt, der ist meiner nicht wert" (Matthäus 10,34-38).

Das Jahr 1975 war ein bedeutendes Jahr für die New-Age-Bewegung, denn die Jünger der Bewegung hatten für dieses Jahr von der verstorbenen Alice Bailey die Erlaubnis erhalten, „ihre verborgene Kammer zu verlassen" und die Botschaft vom „neuen Zeitalter" in der ganzen Welt zu verkünden. Voller Freude und Tatendrang wandten sie sich an die Öffentlichkeit. Spangler, Mark Satin und eine Vielzahl anderer Persönlichkeiten der New-Age-Bewegung starteten mit ihrer Öffentlichkeitsarbeit. (In diesem Zusammenhang ist es interessant anzumerken, daß Merilyn Ferguson ebenfalls im Jahre 1975 begann, ihr „Brain Mind Bulletin" zu veröffentlichen.)

Von 1975 bis heute ging die Ausbreitung des Propaganda-Netzwerkes mit anderen organisatorischen und planerischen Bemühungen Hand in Hand.

Im Zusammenhang mit der New-Age-Bewegung entstand eine wichtige paramilitärische Organisation – die „Guardian Angels", die „Schutzengel"!

Noch verhängnisvoller sind die Entwicklungen unter der Schirmherrschaft der Armee der Vereinigten Staaten: Ein „First Earth Battalion" steht unter der Leitung des kürzlich in den Ruhestand getretenen Oberstleutnants James Channon, der stolz erklärte, er führe seine „Mönchskrieger" mit Hilfe der „Kraft".

Die wichtigsten New-Age-Organisationen haben sich zur „Planetary Initiative for the World We Choose" (Planetarische Initiative für die Welt, die wir uns wünschen) zusammengeschlossen. Diese Organisation hat wiederum den „World Council of Wise Persons“, den „Weltrat der Weisen“, ins Leben gerufen.

Wir als Christen müssen erkennen, *daß Gottes Zeitplan vor den Plänen der New-Age-Bewegung Vorrang hat. Der Zeitablauf liegt in Gottes Hand!* Allen Bemühungen der New-Age-Bewegung zum Trotz kann nichts geschehen, solange Gott nicht bereit ist. Nun, vielleicht *ist* Gott bereit, aber sind wir es? Es wird Zeit, daß sich alle Christen einer ernsten Gewissensprüfung unterziehen.

Anmerkungen

1 Golden Book of the Theosophical Society (Goldenes Buch der Theosophischen Gesellschaft), 1925, S. 28 und 29
2 ebenda, S. 63 und 64
3 ebenda, S. 42

Die New-Age-Bewegung: eine Übersicht

Die New-Age-Bewegung stellt sich selbst als ein weltweites Netz von Zehntausenden von kooperierenden Organisationen dar. Ihr wichtigstes Ziel und das Geheimnis ihrer „Einheit in der Vielfalt“ ist die Errichtung einer neuen Weltordnung. Normalerweise arbeitet die Bewegung auf der Basis eines Systems von wohlformulierten esoterischen bzw. okkulten Lehren.

Die Bewegung stützt sich stark auf östliche und westliche Mystik in ihren verschiedenartigen Ausprägungen und wirkt auf den Nichteingeweihten eher wie ein loser Zusammenschluß von Organisationen. Die Leiter stimmen jedoch politisch weitgehend überein; ihre Aktionen sind miteinander abgesprochen.

Der Aufbau der Bewegung entspricht genau den Richtlinien in den Schriften Alice Baileys. Zur Bewegung gehören Organisationen, die Psychotechniken, „holistische“ Gesundheit und Esoterik lehren, Mitarbeiter im wissenschaftlichen und politischen Bereich sowie Organisationen, die sich dem Frieden und der internationalen Verständigung verschrieben haben. Hinzu kommen noch viele Verbraucherschutzorganisationen, Gruppen aus dem Bereich des Umweltschutzes und der Nahrungsmittelversorgung und religiöse Sekten aller Schattierungen.

Es ist der New-Age-Bewegung gelungen, nahezu jeden Teil unseres privaten, religiösen und beruflichen Lebens zu unterwandern. Was die meisten Anhänger zusammenhält, sind gemeinsame mystische Erfahrungen. „Religion der Erfahrung" wird innerhalb der Bewegung großgeschrieben. Ein bedeutender Teil der Mitglieder glaubt fest an übernatürliche Phänomene, und zwar nach eigener Aussage aufgrund „direkter Erfahrungen". Man wird ermutigt, Meditation, LSD oder einige von den zahlreichen „Psychotechniken" auszuprobieren, die „Transformation" bewirken sollen – in Wirklichkeit das Bestreben nach dämonischem Einfluß auf zunehmend tiefere Bewußtseinsschichten.

Zur New-Age-Bewegung, von Marilyn Ferguson „Verschwörung im Zeitalter des Wassermanns" genannt, gehört außerdem eine Vielzahl von Untergruppen und -strömungen, zum Beispiel die holistische Bewegung, die humanistische Psychologie, die transpersonale Psychologie, „New Thought" (Neugeist), „Dritte Welle", „Dritte Kraft", die „Neue Spiritualität" und die „Human Potential"-Bewegung.

Entgegen den Beteuerungen der New-Age-Bewegung, ihre Verschwörung sei völlig undogmatisch, gibt es ein erkennbares System von Lehren, das für die Bewegung maßgebend ist. Zwar kennen sie viele Wege, den von ihnen propagierten trance-ähnlichen Zustand zu erreichen; sind die Anhänger jedoch erst einmal an diesen Punkt gelangt, ist der weitere Verlauf in allen Fällen nahezu identisch. Schon Alice Bailey sagte: „Der Schwerpunkt aller esoterischen Schulen liegt notgedrungen und zu Recht auf der Meditation."[1]

Neben den Schriften von Helena Petrovna Blavatsky und Alice Bailey beruht der größte Teil der New-Age-Doktrin auf den Werken von George Gurdjieff, Pierre Teilhard de Chardin, P.D. Ouspensky, H.G. Wells, Nicholas Roerich und David Spangler. Die Stoßkraft der Bewegung in puncto Esoterik und die Ziele ihrer Gruppen basieren größtenteils auf den Schriften Alice Baileys. Die allgemeine Zielsetzung und die Strategie finden sich in dem Buch „Die offene Verschwörung – Aufruf zur Weltrevolution“ von H.G. Wells. Die „neue Offenbarung“ fand ihren Ausdruck in der umfangreichen Prosa und Lyrik von Spangler.

Marilyn Fergusons Buch „Die sanfte Verschwörung“, ein wichtiges New-Age-Manifest, verkündet, was die New-Age-Bewegung in der Öffentlichkeit bekanntmachen und durchsetzen möchte. Das Buch preist die Freuden „veränderter Bewußtseinszustände“ in den höchsten Tönen, beschreibt das gelobte „neue Zeitalter“ aber mehr anhand beschönigender Umschreibungen als durch Nennung handfester Tatsachen.

Millionen von Menschen beteiligen sich an den unterschiedlichsten Stellen und auf unterschiedlichsten Ebenen aktiv am Wirken der New-Age-Bewegung. Es ist den Leitern in der Hierarchie der New-Age-Bewegung gelungen, zur Verwirklichung ihrer Ziele Menschen aus allen Gesellschaftsschichten heranzuziehen. Dennoch werden die angestrebten „Wohltaten“ nur einem sehr geringen Prozentsatz der Menschheit zugute kommen – falls überhaupt irgend jemandem. Millionen Menschen wurden getäuscht und dazu gebracht, Projekte zu unterstützen, die letztlich das Ziel haben, auch sie selbst ihrer bürgerlichen Freiheiten, eines Großteils ihres Vermögens, ihrer Religion und vielleicht sogar ihres Lebens zu berauben.

Die Bewegung bekennt sich öffentlich mit schönen Worten zu Frieden und Liebe und hat sogar viele ihrer eigenen überzeugten Anhänger hinsichtlich ihrer wahren Ziele blindgemacht. In trance-ähnlicher Verzückung applaudieren sie, wenn ihnen „Ariertum“, „planetarische Massenweihen“ und „Säuberungsaktionen“ als erstrebenswerte Standpunkte und Ziele verkauft werden. Dieselben Leute, die mit Recht demonstrieren würden, um eine Nazi-Veranstaltung zu verhindern, erkennen nicht, wie sehr das Programm der New-Age-Bewegung mit Hitlers Plänen übereinstimmt.

Die Anhänger von Projekten gegen den Hunger in der Welt werden aufgefordert, sich auch für Abtreibung, künstliche Befruchtung, zwangsweise Begrenzung der Kinderzahl, genetische Manipulation und sogar für Sterbehilfe einzusetzen.

Abrüstungskampagnen gehören zu den Hauptzielen der New-Age-Bewegung. Viele der Mitarbeiter an der Basis beteiligen sich aus aufrichtigen, anerkennenswerten Motiven. Die meisten würden jedoch ihren Enthusiasmus sehr schnell verlieren, wenn sie alle geplanten Vorhaben im Zusammenhang erkennen würden. Denn in denselben Büchern, in denen die „Freeze“ (Einfrieren)-Kampagne als ein notwendiger Schritt zur Errichtung der Weltregierung und der neuen Weltordnung dargestellt wird, steht gleichzeitig zu lesen, daß die Bomben, wenn sie sich erst einmal nicht mehr in den Händen einzelner Staaten befinden, dazu verwendet werden sollen, religiöse Gruppen in Schach zu halten.[2]

Obwohl die Bewegung offiziell die Taten Hitlers verurteilt, hat wenigstens einer ihrer wichtigen Führer die New-Age-Jünger ziemlich unverblümt darüber aufgeklärt, daß Hitler einer der ihren war.[3]

Obwohl die Bewegung öffentlich für Gleichheit eintritt, postulieren ihre grundlegenden Schriften in aller Offenheit den Triumph des Ariertums und die Herrschaft der Kaukasier über andere „Wurzelrassen“. Das „neue Zeitalter“ ist nach den Aussagen des „Tibeters“ ein Zeitalter des Triumphes der abendländischen Rasse.[4] Natürlich werden wir im „neuen Zeitalter“ alle als gleichwertig angesehen – aber wir befinden uns angeblich auf verschiedenen Entwicklungsstufen![5]

Obwohl Religionsfreiheit in den New-Age-Veröffentlichungen befürwortet wird, fordert Alice Bailey in ihren

Büchern, deren Anweisungen von der Bewegung genauestens befolgt werden, die völlige Einschränkung eben dieser Freiheit. Offen und mit aller Entschiedenheit schmieden die Anhänger Pläne für die zwangsweise Einführung einer neuen Weltreligion – einer Religion, die sich ganz und gar von der Vorstellung von Jesus, dem Christus, und Gott, dem Vater, abwendet. Als Mittel gegen Juden, katholische und protestantische Christen und Moslems, die nicht zur Zusammenarbeit bereit sind, werden freimütig Verfolgung und sogar eine „Säuberungsaktion" vorgeschlagen.[6]

Den Juden erginge es in der Tat bei der New-Age-Bewegung nicht besser als unter deren Vorgängern, den Nazis. Die Mitglieder der New-Age-Bewegung halten sogar an der traditionellen okkulten Lehre fest, das Blut aller Menschen jüdischer Herkunft sei mit einem Makel belastet.[7]

Esoterische Führer der New-Age-Bewegung, wie etwa Benjamin Creme, haben offen versucht, Luzifer zum Gott zu erheben.[8] Gleichzeitig haben sie Jesus auf raffinierte Art herabgesetzt; indem sie ihn auf den Rang eines relativ niedrigen „Meisters der Weisheit" herabstuften, soll er mehr und mehr an Bedeutung verlieren.

Wenn man sich vor Augen hält, daß diese Bewegung alle biblischen Voraussagen in bezug auf den Antichristen erfüllt und außerdem die vom Nationalsozialismus bekannten Merkmale aufweist, ist es kaum zu glauben, daß sie ein solches Maß an Macht und Einfluß gewinnen konnte. Eine kurz bevorstehende Machtübernahme durch eine New-Age-Intrige liegt durchaus im Rahmen des Möglichen.

So unterschiedliche Organisationen wie Amnesty International, Greenpeace, der Sierra Club, die Kinder Gottes und Zero Population Growth (Nullwachstum der Bevölkerungsrate) zählen sich stolz zur New-Age-Bewegung. Dasselbe gilt für ungefähr 10000 andere Organisationen allein in den Vereinigten Staaten und Kanada – ohne die Unterorganisationen! –, von denen viele in jeder größeren Stadt vertreten sind.[9]

Diese Organisationen haben „Synergie" (Zusammenwirken von Kräften) erreicht und durch das Knüpfen von „Netzwerken" enorm an Stärke zugenommen. Diese Struktur ist durch ein gewöhnliches Organisationsschema kaum darzustellen. In der Soziologie spricht man von „Segmentierten, Polyzentrischen, Integrierten Netzwerken" (SPIN). Marilyn Ferguson zufolge „sähe die graphische Darstellung der Organisationsform eines SPIN wie ‚ein lose geknüpftes Fischernetz aus, mit einer Vielzahl von Knoten unterschiedlicher Größe, von denen jeder mit allen anderen direkt oder indirekt verbunden ist'".[10]

Für das Funktionieren dieses „Netzwerks aus Netzwerken" der New-Age-Bewegung ist kein Leiter und keine Organisation unentbehrlich:

> „Jeder Teil eines SPIN ist autark. Man kann das Netzwerk nicht zerstören, indem man eine einzelne Führungspersönlichkeit oder irgendein wichtiges Teilstück vernichtet. Das Zentrum – das Herz – des Netzwerkes ist überall. Eine bürokratische Organisation ist so schwach wie ihr schwächstes Glied. In einem Netzwerk können viele Menschen die Funktionen anderer übernehmen."
>
> „Während eine bürokratische Organisation weniger darstellt als die Summe ihrer Teile, ist ein Netzwerk um vieles größer als die Summe seiner Teile. Dies ist eine Quelle der Macht, die in der Geschichte noch nie angezapft worden ist: vielfältige autarke gesellschaftliche Bewegungen, die sich für die verschiedensten Ziele zusammentun, deren Erfüllung alle Aspekte des heutigen Lebens transformieren würde."[11]

Jim Jones war hierfür ein ausgezeichnetes Beispiel. Vor der Mord- und Selbstmordkatastrophe in Guayana zählte ihn die New-Age-Bewegung voller Stolz zu den ihren und bezeichnete seine Organisationen sogar als ein „geistliches" New-Age-Zentrum.[12]

Der „Spiritual Community Guide" (ein Handbuch der New-Age-Bewegung) führte die Volkstempel-Sekte in seinen Ausgaben von 1972 und möglicherweise noch später als „Zentrum" auf. Es hieß dort, Jones' Aufgabe bestehe darin, „christlichen Sozialismus als Vorbereitung auf das neue Zeitalter zu lehren".[13]

Als Jim Jones jedoch seinen Verstand und damit sein öffentliches Ansehen verlor, wurde er natürlich von anderen Mitgliedern der New-Age-Bewegung nie mehr erwähnt, es sei denn, um ihn als Beispiel für die „Gefahren des religiösen Fundamentalismus" anzuführen. Sowohl das „New Age Magazine" als auch andere Publikationen der Bewegung starteten rasch und entschieden eine Kampagne, um ein mögliches Desaster ihrer Öffentlichkeitsarbeit in einen Propagandasieg zu verwandeln.

Die New-Age-Bewegung ist in der Tat anders als andere Bewegungen. Aufgrund dieser Unterschiede neigt man dazu, die wirklichen Gefahren dieser Bewegung nicht zu erkennen. Marilyn Ferguson zitiert die Anthropologin Virginia Hine und schreibt begeistert:

> „Weil die SPINs sich qualitativ – hinsichtlich ihres Aufbaus und ihrer Wirkung – dermaßen von bürokratischen Organisationen unterscheiden, werden sie von den meisten Menschen gar nicht wahrgenommen – oder für Verschwörungen gehalten. Oft handeln die Netzwerke ähnlich, ohne sich vorher gegenseitig abzustimmen, ganz einfach, weil sie so viele Überzeugungen teilen."[14]

Das Prinzip des Netzwerkes ist keine Modeerscheinung; für die „Verschwörung im Zeichen des Wassermanns" ist es der Schlüssel zum Erfolg:

> „Die Verschwörung im Zeichen des Wassermanns ist eigentlich ein SPIN aus SPINs, ein Netzwerk aus vielen Netz-

werken, das auf eine gesellschaftliche Transformation abzielt." „Ihr Zentrum befindet sich überall. Obwohl viele gesellschaftliche Bewegungen und sich gegenseitig unterstützende Gruppen an ihren Bündnissen teilhaben, hängt ihre Existenz von keiner einzelnen Gruppierung ab."[15]

Marilyn Ferguson und andere beteuern zwar, die Bewegung sei führerlos und besitze keinen festen Aufbau, aber ihre Behauptungen werden durch die Fülle von zentral herausgegebenen Organisationsgraphiken, Registern, Absichtserklärungen und Adressenverzeichnissen widerlegt. All diese Dinge weisen klar auf ein hohes Maß an Planung und Führerschaft hin.

„Netzwerk" und „Synergie" gehören zu den Zauberformeln der New-Age-Bewegung. Durch Knüpfen von Netzwerken haben sie in der Tat eine Wirkung erzielt, die ihren Erfolg beinahe unaufhaltsam erscheinen läßt. Durch die Netzwerke haben sie erreicht, daß keine Gruppe und kein Leiter unersetzlich ist.

Sie ließen sich durch die Jim-Jones-Affäre nicht erschüttern, und wahrscheinlich können und werden sie auch unbeschadet weiterarbeiten, wenn ein anderer aus ihren Reihen in den Augen der Öffentlichkeit einen ähnlichen Fehltritt begeht. Vielleicht werden sie sogar ein solches Desaster für ihre Zwecke nutzen, indem sie Bücher und Artikel veröffentlichen, die solche unglückseligen Vorfälle als ein Resultat der Gefahr des „religiösen Fundamentalismus" darstellen.

Es ist traurig genug, daß die meisten Beteiligten ihre Verstrickung in New-Age-Netzwerke gar nicht recht erkennen. Entweder wissen sie nicht um die wahren Ziele und Absichten ihrer Führer, oder sie stehen – was häufiger der Fall ist – unter dem Einfluß von überaus raffinierten Methoden der Bewußtseinsbeeinflussung.[16]

TM (Transzendentale Meditation), Mind Control, EST (Erhard-Seminar-Training) und Dutzende anderer

„Psychotechniken“ helfen den Kursleitern, die zukünftigen Eingeweihten in den gewünschten trance-ähnlichen Zustand zu versetzen.

Glücklicherweise verlassen viele die New-Age-Bewegung, wenn man sie unaufdringlich mit den Tatsachen konfrontiert.

Der Geist der Verschwörung hinter der New-Age-Bewegung und vielen ihrer Theoretiker, Leiter und okkulten Vorläufer hat sich erfolgreich das Prinzip „teile und herrsche“ zunutze gemacht. Es ist gelungen, die Christen dazu zu bringen, daß sie sich gegenseitig bekämpfen. Und während die Christen auf diese Weise miteinander beschäftigt waren, wurden beinahe alle Kirchen von der New-Age-Philosophie und den sozialen und politischen New-Age-Programmen unterwandert. Entsprechendes gilt für das Judentum.

Die New-Age-Lehren basieren auf denselben alten Lügen, mit denen die Schlange schon im Garten Eden Eva verführt hatte: „Ihr werdet nicht sterben ... ihr werdet sein wie Gott.“ Wenn man diese Lehren und die Angriffe auf Gottes Wort versteht und weiß, warum Luzifer ursprünglich aus dem Paradies vertrieben wurde, kennt man auch die Philosophie und die Ziele der New-Age-Bewegung.

Das politische Ziel der Bewegung ist Weltherrschaft. Obwohl niemand je zuvor dieses Ziel erreicht hat, glauben die Anhänger, die Zeit dafür sei reif – und sie könnten sehr gut recht haben:

> „Globale Kommunikationsmittel haben unsere Welt eingekreist: das Rad kann nicht mehr zurückgedreht werden. Unser gesamter Planet wimmelt nun von unmittelbaren Kontakten; von Menschenhand geschaffene Netzwerke, die das Gleichgewicht zwischen Kommunikation und Kooperation aufrechterhalten.“[17]

Marilyn Ferguson stellt weiter fest, die Grundlage dazu sei durch jahrelange Arbeit geschaffen worden:

> „Die kulturelle Transformation kündigt sich durch plötzliches, stoßweises Aufflackern, durch winzige Vorfälle hier und dort an – durch neue Ideen, die möglicherweise schon jahrzehntelang schwelen. An vielen verschiedenen Orten, zu verschiedenen Zeiten, ist der Zunder für den wirklichen, den großen Brand gelegt, der die alten Wahrzeichen verzehren und die Landschaft für immer verwandeln wird."[18]

Obwohl ihre Schriften wahrscheinlich mit voller Absicht verstreut publiziert werden, ist ein politisches Programm der New-Age-Mitglieder durchaus erkennbar. Sie plädieren für die Einrichtung von gigantischen, globalen Verwaltungszentren, wie zum Beispiel einer Weltzentrale für Ernährung, einer Weltzentrale für Wasserversorgung und eines Amtes, das eine weltweite Wehrpflicht und Besteuerung regelt.[19] Die „New-Ager" beabsichtigen außerdem, uns eine „universelle Kreditkarte" zu geben – und natürlich eine neue Weltreligion![20]

Die von der New-Age-Bewegung angestrebten politischen Strukturen haben hinsichtlich ihrer Reichweite, ihrer Organisation und ihrer Möglichkeiten apokalyptische Ausmaße und ähneln der Welt aus Orwells „1984". Die Sprecher der New-Age-Bewegung propagieren die Auflösung und/oder Zerstörung einzelner Nationalstaaten im Interesse des Friedens und der Erhaltung der Menschheit und diskutieren öffentlich über deren Ersetzung durch ein „bioregionales Parlament" und ein „planetarisches Leitsystem".[21]

Wie bereits erwähnt, ist das Vehikel dieser Offensive die Organisation „Planetary Initiative for the World We Choose". Die Mitgliederliste des von ihr organisierten „World Council of Wise Persons" liest sich wie ein Who's Who der New-Age-Bewegung.[22]

Obwohl die Mitglieder der Bewegung immer wieder

Christen, besonders die streng Gläubigen unter ihnen, als „fanatisch und naiv“ verspotten, sind ihre eigenen Glaubensinhalte mehr als bizarr. In aller Seelenruhe diskutieren sie über Dinge wie „luziferische Einweihungen“, „das Wecken der Kundalini“ (Kundalini = Schlangenkraft) und „Maitreya, den Christus“.

Sie versuchen, Einweihungen und Geheimritualen einen Anstrich von Vernunft zu geben, indem sie behaupten, die „Genies“ unter uns benötigten ihre eigene Sprache und ihren eigenen Verständigungscode. So ist es der Bewegung gelungen, durch Schmeicheleien viele hervorragende Persönlichkeiten aus den Reihen der intellektuellen Elite zu gewinnen. „Ihr werdet sein wie Gott“ – dieselbe Schmeichelei hatte schon die Schlange im Garten Eden bei Eva angewendet.

> „Und er wird die, welche gegen den Bund freveln, durch Schmeicheleien zum Abfall verleiten; die Leute aber, die ihren Gott kennen, bleiben fest“ (Daniel 11,32).

Die Mitglieder der New-Age-Bewegung behaupten sogar, sie stellten eine „neue Spezies“ dar. Sie hätten sich nämlich zum „homo noeticus“ weiterentwickelt. Diese „Evolutionsstufe“ hätten sie durch Anwendung „bewußtseinserweiternder“ Techniken wie Meditation und durch „andere Disziplinen“ erreicht.[23]

Solche Aussagen lassen einen unwillkürlich an Hitlers Theorien von der „Herrenrasse“ denken. Und das zu recht, denn die Theorien sind in der Tat identisch. Sowohl die Nazi- als auch die New-Age-Ideologie gründen auf der Legende vom „Ariertum“, auf der Überzeugung, aus dem Nebel von Atlantis sei der arische Mensch erstanden. Andere „Unterrassen“ überlebten danach ebenfalls die Zerstörung von Atlantis, die Arier waren jedoch am weitesten „entwickelt“.

In Übereinstimmung mit der Nazi-Doktrin glauben die

Mitglieder der New-Age-Bewegung auch, eine Höherentwicklung des arischen Menschen könne sich nur durch „Bewußtseinserweiterung“ vollziehen. Man könnte über einen solchen Unsinn nur lächeln, gäbe es nicht die allzu schmerzlichen Erinnerungen an die Massen, die Hitler vergötterten und ihm blindlings folgten.

Auch die weitreichenden organisatorischen Anstrengungen von entschiedenen Vertretern der New-Age-Bewegung geben zu denken. Die Planetary Initiative und der von ihr organisierte World Council of Wise Persons werden durch gleichgerichtete Unternehmungen von Netzwerk-Organisationen wie „New World Alliance“, „Club of Rome“, „World Goodwill“, „Lucis Trust“ und Tausende anderer unterstützt.

Das New-Age-Kommunikationsnetz bedient sich eines hochspezialisierten Vokabulars von solchem Umfang, daß ein besonderes New-Age-Wörterbuch benötigt wird; es soll den Mitgliedern der Bewegung in aller Welt helfen, einander zu verstehen.[24]

Die Bewegung lehrt das Gesetz der Reinkarnation. Diese Lehre besagt vor allem, daß der Mensch nicht wirklich stirbt, sondern statt dessen immer wieder in neue Lebenszyklen hineingeboren wird, bis er sich schließlich so zur Vollendung entwickelt hat, daß er in die ewige Ruhe (Nirwana) eingehen kann. Diese Vorstellung stimmt genau mit der Lüge der Schlange im Garten Eden überein, die zu Eva sagte: „Ihr werdet gewiß nicht sterben.“

Die Bewegung lehrt, daß die Dreieinigkeit einem Wesen mit dem Namen „Sonnen-Logos“ untergeordnet ist. Die Schriften Alice Baileys enthalten sogar an mehreren Stellen ausführliche Ranglisten der „Götter“ und „Meister“. Der „Sonnen-Logos“ steht genau einen Rang höher als die Dreieinigkeit – eine falsche Dreieinigkeit, weil sie statt aus einer personhaften Gottheit aus einer „Solaren Dreieinigkeit oder Logoi“ besteht:

– Vater = Wille
– Sohn = Liebe/Weisheit
– Heiliger Geist = aktive Intelligenz

Nach der „Solaren Dreieinigkeit“ kommen die „Sieben Strahlen“, und danach folgt „Sanat Kumara“ (eine verdrehte Form des Namens „Satan“). Nach Benjamin Creme, David Spangler und den Schriften von Alice Bailey und Helena Petrovna Blavatsky ist dieser sogenannte Sanat Kumara unser „Gott“, der „Alte an Tagen“ und der „eine Initiator“. Wahrscheinlich gibt uns die Verbindung zu „Venus“ im Okkultismus einen wahrheitsgemäßen Hinweis darauf, wer Sanat Kumara wirklich ist. Denn Sanat Kumara soll angeblich „die ewige Jugend vom Planeten Venus“ sein. Im Bereich des Okkulten ist Satan aber auch als „Venus“ bekannt. Daraus kann man schließen, daß „Sanat Kumara“ lediglich ein anderer Name für Satan oder Luzifer ist.

Die gleiche Rangliste enhält auch mehrere niedere Ränge für verschiedene „Kumaras“, „Oberhäupter“, „Manus“, „Bodhisattvas“ und „Maha-Chohans“ und noch weiter unten für viele „Meister“.

Und nun raten Sie einmal, wer ganz unten auf dieser Liste steht! Niemand anders als „der Meister Jesus“. Sie haben unseren Herrn und Heiland auf die niedrigste Stufe ihrer „Hierarchie der Meister“ gesetzt. Als wenn das nicht genug wäre, wird noch behauptet, er stehe unter dem direkten Befehl eines Wesens mit dem Namen „Venezianischer Meister“.

Das ist mit Sicherheit die Lehre von einem „anderen Jesus“, vor der in 2. Korinther 11,3-4 gewarnt wird:

> „Ich fürchte aber, es könnten, wie die Schlange mit ihrer List Eva verführte, so auch eure Sinne verdorben und von der Einfalt gegen Christus abgelenkt werden. Denn wenn der, welcher zu euch kommt, einen andern Jesus predigt, den wir nicht gepredigt haben, oder wenn ihr einen andern Geist

empfanget, den ihr nicht empfangen habt, oder ein anderes Evangelium, das ihr nicht angenommen habt, so ertraget ihr es wohl."

Dieselbe Liste trennt Jesus von Christus und weist ihnen verschiedene Ränge zu – ein klares Zeichen für den Geist des Antichristen:

„Wer ist der Lügner, wenn nicht der, welcher leugnet, daß Jesus der Christus sei? Das ist der Antichrist, der den Vater und den Sohn leugnet" (1. Johannes 2,22).

Ein weiteres entscheidendes Wesensmerkmal der Bewegung und ein zentrales Moment ihrer „Theologie" ist ihr uneingeschränkter Glaube an die Evolution. Die Bewegung behauptet, daß wir uns zwar alle entwickelt haben, daß aber einige bereits weiter entwickelt sind als andere – genauso wie einige „ihre Göttlichkeit deutlicher herausstellen" als andere.

Es ist interessant, daß einige der Unterzeichner des „Humanistischen Manifests" von 1973 auch in der Planetary Initiative aktiv sind – jenem wichtigen, im modischen Trend liegenden politischen Instrument, das der zukünftigen Macht von „Maitreya Christus" zum Durchbruch verhelfen soll.

Zu den esoterischen, auf östlicher Mystik gegründeten Lehren der Bewegung gehört auch der Glaube an das „Avatara-Gesetz". Diese Lehre besagt, daß der „Sonnen-Logos" zu Beginn jedes neuen Zeitalters „den Christus" oder einen niedrigeren „Avatar" sendet, um ein menschliches Wesen zu überschatten. Durch diese Person wirkt er dann und übermittelt der Welt jene Lehren, die den Erdenbürgern helfen, auf dem Weg in das neue Zeitalter voranzuschreiten.

Als Benjamin Creme, der Sprecher für „Maitreya Christus", am 4. November 1981 in Detroit auftrat, wurde er gefragt, ob er dem Christus je begegnet sei.

Seine Antwort war überaus aufschlußreich. Er sagte: „Nein, ich bin dem Christus nie begegnet, aber einige Male dem menschlichen Körper, den er bewohnt – aber als den Christus habe ich ihn nie getroffen."

Das deckt die wahre Natur des Antichristen und der Macht hinter der gesamten New-Age-Bewegung auf. Hier manifestiert sich nichts anderes als die bekannte dämonische Besessenheit. Die Person, die schließlich als Antichrist und damit als Sprecher Satans auftritt, wird jemand sein, der sich freiwillig und mit vollem Bewußtsein dazu entscheidet, den Geist Satans in sich aufzunehmen.

Die Bewegung lehrt, daß man durch Initiationen (Einweihungen) und Werke gerettet wird und nicht durch Gnade und den Glauben an das Sühneopfer Jesu Christi. New-Age-Mitglieder betrachten die Initation als das Herz und das Kernstück ihrer geplanten Weltreligion. In den Schriften von Helena Petrovna Blavatsky, Alice Bailey und David Spangler wird diese Initiation ganz offen als „luziferisch" bezeichnet. Leider hat die New-Age-Bewegung sogar viele unserer christlichen Denominationen mit diesen heidnischen Vorstellungen unterwandert.

Eine weitere herausragende Lehre der Bewegung besagt, daß alle Dinge „miteinander verbunden" oder „interdependent" seien. In der New-Age-Bewegung wird diese Vorstellung als die Lehre von der Ganzheit (Holistik) bezeichnet.

Außerdem gehört zum theologischen System der Bewegung ein starker Glaube an eine „innere Regierung" unseres Planeten durch eine Hierarchie von Geistwesen oder angebliche „Meister der Weisheit". Man braucht nur „Der Speer des Schicksals" von Trevor Ravenscroft, „The Occult and the Third Reich" von Jean-Michel Angebert, „Hitler, the Occult Messiah" von Gerald Suster oder „Gods and Beasts, the Nazis and the Occult" von Dusty Sklar zu lesen, um sehr rasch zu der furchtbaren

Erkenntnis zu gelangen, daß die grundlegenden Lehren der New-Age-Bewegung schon das Weltbild des Nationalsozialismus formten.

Die Gefahr, die Juden, Christen und selbst orthodoxen Moslems von dieser Bewegung droht, sollte nicht unterschätzt werden. Diese Menschen arbeiten schnell und wirksam, um ihr Ziel, die Welt für „Maitreya" einzunehmen, zu erreichen. Sie sprechen ganz offen von ihrem „Plan".

Viele der Leiter haben sich bereits öffentlich auf die Seite von „Maitreya Christus" gestellt. In ihren Schriften haben sie freimütig erklärt, daß sie beabsichtigen, alle überlieferten religiösen Praktiken und Symbole von Juden und Christen für ungesetzlich zu erklären und zu verbieten. Sie behaupten, „Meister-Messiasse" würden den Anhängern aller großen Weltreligionen der Gegenwart erscheinen, um sie von den „Wahrheiten" der neuen Weltreligion und deren „neuer Offenbarung" zu überzeugen. Diese „Kontinuität der Offenbarung" wird auch ein Kernstück der „neuen Weltreligion" sein. Es ist sogar behauptet worden, zusammen mit „Maitreya" würden Engel erscheinen, wenn die Zeit seines öffentlichen Auftretens gekommen ist und er versuchen wird, die neue Weltreligion verbindlich einzuführen.

Christen sollten sich von solchen Geschehnissen nicht täuschen lassen, denn die Bibel spricht ganz klare Warnungen aus. Satan kann als Engel des Lichts erscheinen; er hat auch die Macht, seine ihm untergebenen Diener in demselben Licht erscheinen zu lassen.

Die Bewegung hat den Juden, Christen und Moslems, die nicht zur Zusammenarbeit mit „Maitreya" und der neuen Weltreligion bereit sind, Gewalt und sogar Vernichtung angedroht. Die Drohung erscheint an mehreren Stellen in Alice Baileys Schriften und wird bei David Spangler wiederholt. Spangler verkündet, diejenigen von uns, die sich weigern, den „Christus“ anzunehmen, würden in eine andere Dimension außerhalb jedes körperlichen Daseins geschickt, auf eine andere „Schwingungsebene“ versetzt, wo wir dann glücklicher sein würden!

Die Bewegung ist bis in ihre esoterischen Wurzeln hinein zutiefst antisemitisch. Viele Eingeweihte auf den unteren Organisationsebenen sind sich dieser Tatsache nicht bewußt. Die Theoretiker der Bewegung, unter ihnen Spangler, reden offen von der Notwendigkeit, die Reinheit der arischen Rasse zu erhalten – Hitlers Rechtfertigung für die Vernichtung der Juden!

Zwar sprechen die Anhänger von der Notwendigkeit „religiöser Freiheit“ trotz der „Verfolgungen seitens der Moral Majority“, der christlich-konservativen Bewegung in den USA. In Wahrheit vertritt die Bewegung genau den entgegengesetzten Standpunkt und läßt das auch regelmäßig von ihren Sprechern wie Gregory Bateson, David Spangler und Foster Bailey wiederholen (Bateson und Bailey sind mittlerweile verstorben): Religiöse Freiheit und die Trennung von Kirche und Staat müssen im „neuen Zeitalter“ aufhören!

Buckminster Fuller[25] hat solche Lehren ebenfalls in seine Vorschläge für das „neue Zeitalter“ eingebracht.

Die New-Age-Bewegung hat sich lange und mit großer Einsatzbereitschaft für die Abrüstung stark gemacht. Sie wird als ein entscheidender Schritt zur Errichtung der langersehnten neuen Weltordnung angesehen und geht auf Alice Bailey zurück:

> „In der Vorbereitungsphase zur neuen Weltordnung wird eine anhaltende und kontrollierte Abrüstung stattfinden, und zwar für alle verpflichtend. Keinem Staat wird es gestattet sein, irgendwelches Material zu destruktiven Zwecken herzustellen oder zu kaufen oder die Sicherheit irgendeines anderen Staates zu gefährden. Eine der ersten Aufgaben jeder zukünftigen Friedenskonferenz wird darin bestehen,

diese Frage zu regeln und Schritt für Schritt die Abrüstung der Staaten einzuleiten."[26]

Wie ernst es ihnen mit einer atomwaffenfreien Welt tatsächlich ist, wird allerdings nur zu gut durch folgende Passagen aus demselben Buch von Alice Bailey dokumentiert:

„Die Atombombe (obwohl bisher nur zweimal in zerstörerischer Weise eingesetzt) beendete den Widerstand der Kräfte des Bösen, da ihre Stärke in erster Linie ätherischer Art ist. Gegenwärtig wird sie auf zweifache Weise gebraucht:
a) Als Vorläufer jener freigesetzten Energie, die die Lebensweise der Menschen ändern und das neue Zeitalter einleiten wird, in dem es keine Zivilisationen und die aus ihnen hervorgehenden Kulturen geben wird, sondern eine Weltkultur und die aus ihr hervorgehende Zivilisation. So wird der wahre Zusammenschluß der Menschheit dargestellt. Die Atombombe entstammt einem Ashram des ersten Strahles (Wille zum Guten, Shamballa-Energien), in Zusammenarbeit mit einer Gruppe des fünften Strahles (wissenschaftliche Mitarbeiter); auf lange Sicht gesehen, war und ist ihre Zielsetzung rein wohltätiger Natur.
b) Als Mittel in der Hand der Vereinten Nationen, den äußeren Frieden zu erzwingen und so für einen Zeitraum zu sorgen, in dem die Lehre vom Frieden und das Wachstum des guten Willens wirksam werden können. Die Atombombe ist nicht Eigentum der Vereinigten Staaten, Großbritanniens und Kanadas, also der drei Nationen, die sie entwickelt haben und gegenwärtig über ihr Geheimnis verfügen. Sie ist Eigentum der Vereinten Nationen und dient dem Einsatz (oder, wie zu hoffen ist, lediglich dem angedrohten Einsatz, wenn aggressive Handlungen von seiten irgendeiner Nation zum Durchbruch kommen). Es ist dabei nicht von Bedeutung, ob die Aggression von einer bestimmten Nation oder Gruppe von Nationen ausgeht, oder ob sie durch politische Gruppen irgendeiner mächtigen religiösen Organisation – wie zum Beispiel der römisch-katholischen Kirche – entsteht, die es bis jetzt nicht fertiggebracht haben, ihre Finger von der Politik zu lassen und den Aufgaben nachzukommen, denen sich alle Religionen widmen sollten – die Menschen dem Gott der Liebe näherzubringen."[27]

[1] Bailey, Alice: The Externalisation of the Hierarchy (dt.: Die geistige Hierarchie tritt in Erscheinung), New York (Lucis Publishing Company), S. 17

[2] ebenda. Die Abrüstungsbewegung wird dort als neunter Schritt zur Verwirklichung der „neuen Weltordnung" genannt (S. 190-191). Auf Seite 548 wird die Atombombe als Produkt der okkulten „Hierarchie" gepriesen. Das Ziel besteht in dem tatsächlichen oder angedrohten Einsatz der Atombombe gegen starrsinnige religiöse Gruppen, die ihr Recht, zu politischen und sozialen Fragen Stellung zu nehmen, nicht aufgeben wollen.

[3] Bailey, Foster: Running God's Plan, New York (Lucis Trust), S. 14-15. Foster Bailey war Anwalt, einer der Leiter der Theosophischen Gesellschaft unter der Präsidentschaft von Annie Besant und, was am wichtigsten ist, der Ehemann von Alice Bailey. Die Baileys verließen die Theosophische Gesellschaft, als die Botschaften der „Meister" an Alice begannen. Zur Verwaltung von Alice Baileys Schriften gründete das Paar Lucis Trust, die wichtigste Einzelorganisation der Bewegung. Obwohl Bailey Hitler in der genannten Passage nicht direkt erwähnt, braucht man keinen Doktortitel in Geschichtswissenschaft, um seine Aussagen einordnen zu können: Ein früherer Versuch, Europa zu vereinen, habe stattgefunden, „indem man die Völker im Gebiet des Rheintals zu vereinigen trachtete und den Fluß als verbindenden Faktor benutzte. Es war ein Versuch eines Jüngers, aber er schlug fehl. Jetzt ist ein anderer Versuch in vollem Gange..." Diese Passage schrieb Foster Bailey im Jahre 1972. Er starb 1977; die Arbeit von Lucis Trust wurde unter der Leitung seiner Witwe Mary Bailey weitergeführt. (Nach dem Tod von Alice Bailey im Jahre 1949 hatte Foster schließlich Mary Bailey , eine andere überzeugte Esoterikerin, geheiratet).

[4] Bailey, Alice: Initiation, Human and Solar (dt.: Initiation. Menschliche und solare Einweihung), angeblich telepathisch vom „Tibeter" übermittelt. Danach ist das „neue Zeitalter" charakterisiert als ein Zeitalter, „das vor allem den abendländischen Rassen neue Möglichkeiten eröffnet; und durch das Medium dieser Lebenskraft der verwaltenden Organisation, der Regierung durch Regeln und Ordnung, durch Rhythmus und Ritual wird die Zeit kommen, in der die abendländischen

Rassen mit ihrem aktiven, konkreten Denken und ihrem gewaltigen Geschäftsgeist sich der Einweihung unterziehen können."

5 Bailey, Alice: The Externalisation ..., S. 190, Absatz 4. Dort heißt es: „Die neue Weltordnung wird auf der Erkenntnis gegründet sein, daß alle Menschen in ihrem Ursprung und Ziel gleich sind, aber daß sie sich alle auf unterschiedlichen Entwicklungsstufen befinden."

6 Bailey, Alice: The Rays and the Initiations, New York (Lucis Publishing Company) S. 754-755. Hier wird eine oberflächlich harmlos erscheinende Forderung aus der „Großen Invokation" (Anrufung) näher definiert: „... und versiegle die Tür zum Übel" beinhaltet demnach die Vernichtung der religiösen Festungen des Judentums, des Christentums und des Islam.

7 siehe zum Beispiel „The Rays ..." von Alice A. Bailey, S. 705-706. Hier wird behauptet, der neue „Christus" werde kein Jude sein, da die Juden dieses Privileg verloren hätten und „durch Feuer der Reinigung hindurchgehen" müßten. Diese Passagen wurden im Jahre 1949 geschrieben, als das Schicksal der europäischen Juden in der ganzen Welt bestens bekannt war.

8 vgl. „The Externalisation ...", S. 107, wo behauptet wird, Luzifer sei der Herrscher der Menschheit. Am 9. November 1982 stellte Benjamin Creme in einem Radiointerview über den WLAC-Sender in Nashville vor dem gesamten bibelgläubigen Teil der Vereinigten Staaten folgende Behauptung auf: Luzifer sei vor achtzehneinhalb Millionen Jahren vom Planeten Venus auf diese Erde gekommen und habe für uns das höchste Opfer gebracht! In seinem Buch „Reflections on the Christ" überschreibt David Spangler ein ganzes Kapitel mit „Luzifer, Christus und Gott". Auf den Seiten 44 und 45 sagt er, die für das Eintreten in das „neue Zeitalter" erforderliche Einweihung sei eine luziferische. „Reflections ..." wird von der Findhorn Foundation herausgegeben. Findhorn kann als „Vatikan" der New-Age-Bewegung bezeichnet werden.

9 Nach Aussage des „Spiritual Community Guide" Nr. 4/1979 kann man ein NAM (New Age Media) „International New Consciousness Directory" anfordern. In einer Anzeige heißt es: „Die erste Ausgabe des diesjährigen Verzeichnisses enthält die Namen und Adressen von (nur) ungefähr 10000 New-Age-Organisationen und ihren Zweigstellen in den gesamten Vereinigten Staaten und Kanada und einigen in Übersee."

10 Ferguson, Marilyn: Die sanfte ..., S. 252. Ferguson zitiert

hier ihrerseits die Anthropologen Luther Gerlach und Virginia Hine.

[11] ebenda, S. 216-217

[12] Aufgabe der Zentren ist es, „den Plan“ auf Erden zu verwirklichen. David Spangler meinte einmal: „Der Wert der New-Age-Zentren liegt darin, daß sie um sich herum Menschen und Plätze schaffen, die relativ unverseucht sind von Gedankenkräften, Energien und Gewohnheiten der Vergangenheit. Sie sind nicht Teil des alten Netzes von Kraftlinien und Einflüssen, und so brauchen diese neuen Zentren auch nicht die Trägheit und die unklaren Energien aus vergangenen Denk- und Verhaltensweisen zu überwinden. So wird eine neue Welt geboren...“ (zitiert nach Hawken, Paul: Der Zauber von Findhorn, München 1980, S. 210).

[13] Spiritual Community Guide, S. 25 (herausgegeben 1972 von „The Spiritual Community“, Box 1080, San Rafael, California 94902).

[14] Ferguson, Marilyn: Die sanfte ..., S. 253

[15] ebenda, S. 253

[16] In vielen New-Age-Sitzungen, besonders bei den New-Age-Sekten, werden die Teilnehmer in immer tiefere Hypnosezustände versetzt und nicht wieder daraus zurückgebracht! Auf einer solchen Sitzung in Oklahoma City, bei der ich persönlich anwesend war, wurde die Zuhörerschaft von einem „Guru“ auf verschiedene Hypnoseebenen gebracht, indem er sie in einen Zustand der „Entspannung“ versetzte. Während die Zuhörer politischer und religiöser Propaganda ausgesetzt waren, wurden gleichzeitig verschiedene Techniken der Hellseherei gelehrt. Aus diesem Bewußtseinszustand wurden sie nicht wieder herausgeholt!

[17] Ferguson, Marilyn: Die sanfte ..., S. 40

[18] ebenda, S. 43

[19] Am 1. Februar 1982 sprach David Spangler in Southfield, Michigan. Damals sagte er den Anwesenden, die neue Weltordnung werde aus großen, global arbeitenden Verwaltungszentren bestehen. Wir müßten in einem großen Rahmen operieren. Er sagte, die Vereinten Nationen und die multinationalen Konzerne seien ein gutes Übungsterrain für die kommende Einbeziehung der ganzen Welt.

[20] siehe zum Beispiel Buckminster Fullers Buch „The Critical Path“, St. Martins Press, 1981. Der Gebrauch von Computern und dessen in böser Absicht geplante zerstörerische Wirkung

auf die Religion werden auf den Seiten XXVII, XXVIII, 215, 217, und 218 besprochen.

21 siehe zum Beispiel Mark Satins Buch „New Age Politics“, Kapitel 17: „Planetization: Celebration of Unity“. Satin zitiert den „Club of Rome“, Richard Falk vom „Institute for World Order“, Donald Keys von den „Planetary Citizens“ sowie Barbara Ward und Gerald und Patricia Mische und nennt sie als Befürworter solcher globalen Strukturen. Alle besitzen ein gehöriges Maß an Einfluß auf die New-Age-Bewegung.

22 Unglaublich, aber wahr! Nach Aussagen der 2. Ausgabe des Magazins „The Initiator“ hat Norman Cousins (Schriftsteller und Journalist) den Vorsitz des Einladungskommitees inne. Buckminster Fuller (Philosoph und Buchautor) und Dr. Carlos Romulo von den Philippinen hatten für Ende Winter/Anfang Frühjahr 1982 ihr Kommen zugesagt. Sie planten ein Treffen des „World Council of Wise Persons“ in zeitlicher Übereinstimmung mit dem „globalen Gipfelkongress“ der „Planetary Initiative“ in Toronto.

23 Diese erstaunliche Behauptung findet sich in John Whites Einleitung zum „International Cooperation Council Directory“ des Jahres 1979. Zur Zeit nennt er sich „Unity-in-Diversity-Council“ und wird von Leland Steward geleitet. Diese Organisation bewegt sich aktiv und ganz offen auf dem „Pfad Maitreyas“ (vgl. S. 279 ff.).

24 Jawohl, es gibt wirklich ein New-Age-Wörterbuch! „The New Age Dictionary“ wurde zusammengestellt von Alex Jack, dem Mitherausgeber des „East West Journal“, einem anderen einflußreichen New-Age-Magazin. Es wird von Kanthaka Press in Brookline Village, Massachusetts, herausgegeben und erschien erstmals im Jahre 1976 (dem „Jahr des Drachens“). Auf 224 Seiten enthält es Tausende von Eintragungen. Natürlich ist es eine unschätzbare Quelle für solche, die die New-Age-Bewegung erforschen wollen. Der Herder-Verlag, Freiburg, hat für September 1986 ebenfalls ein New-Age-Wörterbuch angekündigt. Die Autoren sind Elmar Giruber und Susan Fassberg.

25 vgl. Anm. 22

26 Bailey, Alice: The Externalisation ..., S. 191

27 ebenda, S. 548

Das „neue Zeitalter“ im Licht biblischer Prophetie

Wenn man die grundlegende Literatur der New-Age-Bewegung studiert, wird bald deutlich, daß die Leiter der Bewegung danach trachten, all jene Teilsysteme des Antichristen einzuführen, vor denen in der Bibel – insbesondere im 13. Kapitel der Offenbarung – gewarnt wird.

Die New-Age-Bewegung hat öffentlich ihre Absicht bekundet, jegliche Geldwährung abzuschaffen. Statt dessen wollen sie „ein rationaleres Tauschsystem“ einführen, wie zum Beispiel einen computergestützten Tauschhandel. In Büchern von Buckminster Fuller ist unverblümt von der Absicht die Rede, jedem Erdbewohner eine Nummer zuzuteilen; deren Gebrauch soll bei jeder finanziellen Transaktion – auch bei kleineren Käufen – mit Hilfe einer universellen „Kreditkarte“ zwingend vorgeschrieben sein. Ich erwähnte bereits, daß die Bewegung außerdem die Einrichtung von gigantischen, global arbeitenden Verwaltungszentren vorschlägt, die die Verteilung von Nahrungsmitteln und anderen wichtigen Ressourcen kontrollieren sollen. Die Absicht, die hinter diesen Vorschlägen steckt, kann man ebenfalls den Schriften Fullers entnehmen: Um die Welt beherrschen zu können, muß man ihre Versorgungswege kontrollieren.

Die New-Age-Bewegung hat erklärt, daß wir bald in den Genuß einer neuen Weltordnung kommen werden. Sie soll eine Synthese verschiedener Gesellschaftssysteme darstellen, jeweils ein bißchen von dem Commonwealth-System Großbritanniens, dem Sozialismus der

Sowjetunion und dem heterogenen Völkergemisch der Vereinigten Staaten.

Ein weiteres Ziel der „Hierarchie" im Hinblick auf die neue Weltordnung ist ein vereinigtes Europa.

Den Aussagen der Offenbarung zufolge wird das Reich des Antichristen von dem Tier geführt, das zu Tode verwundet war und dessen Todeswunde geheilt wurde. Nach umfangreichem Studium kann ich mit einiger Gewißheit sagen, daß die New-Age-Bewegung in bezug auf ihr Glaubenssystem und ihre Sicht von der Welt Hitlers Nationalsozialismus gleicht. Ich halte den Nationalsozialismus für das Tier, das wie zu Tode verwundet war und dessen Todeswunde wieder geheilt wurde. Es ist in diesem Zusammenhang auch interessant, daß Hitler nach Trevor Ravenscrofts Buch „Der Speer des Schicksals" wissentlich versuchte, den Geist des „Tieres aus der Grube" anzurufen. Ebenso versuchen viele Mitglieder der New-Age-Bewegung heutzutage bewußt, das Kommen eines Wesens heraufzubeschwören, indem sie „Maitreya Christus" anrufen.

Im Jahre 1982 enthielt die US-Oktoberausgabe von „Reader's Digest" einen ganzseitigen, farbigen Abdruck der „Großen Invokation" (Anrufung), dem New-Age-Gebet zu „Maitreya"; darin wird er gebeten, auf der Erde in Erscheinung zu treten (s. Anhang).

Benjamin Creme hat – ebenso wie Alice Bailey in ihren Schriften – klargemacht, daß die „Große Invokation" nach der Ankunft „Maitreyas" zum Gebet der ganzen Welt gemacht werden soll. Und ähnlich wie der Nationalsozialismus plant die New-Age-Bewegung – jedenfalls die New-Age-Esoteriker auf höchster Ebene – einen zukünftigen Krieg. Welcher Art dieser geplante Konflikt sein soll, kann man in Alice Baileys Schriften nachlesen:

> „Vor Jahren sagte ich, daß der Krieg, der diesem folgen würde, im Bereich der Weltreligionen geführt würde. Solch

ein Krieg kann jedoch nicht durch eine ähnliche Zeit äußerlichen Gemetzels und Blutvergießens gelingen; er wird größtenteils mit geistigen Waffen und in der Welt der Gedanken geführt werden; er wird auch den Gefühlsbereich einbeziehen, und zwar in bezug auf den Standpunkt des idealistischen Fanatismus. Dieser eingewurzelte Fanatismus (der immer in reaktionären Gruppen anzutreffen ist) wird das Erscheinen der kommenden Weltreligion und die Verbreitung der Esoterik bekämpfen. Für diesen mit Sicherheit bevorstehenden Kampf rüsten sich die gut organisierten Kirchen durch ihre konservativen Elemente (ihre stärksten Elemente) bereits jetzt schon ... Fanatismus, festgefahrene theologische Standpunkte und materialistische Selbstsucht finden sich in den Kirchen aller Kontinente und aller Denominationen aktiv organisiert. Es ist zu erwarten, daß sie für ihre etablierte kirchliche Ordnung, ihren materiellen Gewinn und ihre weltliche Herrschaft kämpfen werden. Dazu treffen sie bereits jetzt die nötigen Vorbereitungen.

Der kommende Kampf wird auch innerhalb der Kirchen selbst ausbrechen; er wird außerdem durch die aufgeklärten Elemente herbeigeführt, die es bereits in großer Zahl gibt und die aufgrund des tiefgreifenden Bedürfnisses der Menschheit rapide anwachsen. Der Kampf wird sich dann auf denkfähige Männer und Frauen überall in der Welt ausdehnen, die in Protest und Aufstand bereits orthodoxes Kirchentum und orthodoxe Theologie zurückgewiesen haben.“[1]

Der Grund, weshalb Alice Bailey Ärger mit den Kirchen erwartet, kann von Seite 544 desselben Buches abgeleitet werden. Dort zählt sie auf, was der „New-Age-Christus“ vor allem tun wird:

„1. Die Neugestaltung der Weltreligionen – wenn irgend möglich –, damit ihre veralteten Theologien, ihre engstirnige Entschiedenheit und ihre lächerliche Überzeugung, sie hätten Erkenntnis des Sinnes Gottes, ausgeglichen werden und sie endlich geistliche Inspiration empfangen können.

2. Die allmähliche Auflösung – wiederum wenn irgend möglich – des orthodoxen jüdischen Glaubens mit seinen veralteten Lehren, seiner Betonung des trennenden Elementes, seinem Haß auf die Heiden und seiner Weigerung, den Christus anzuerkennen. Trotz dieser Aussagen bin ich mir bewußt,

> daß es überall auf der Welt Juden gibt, die solche negativen Einflüsse erkennen und in ihrem Denken nicht orthodox sind…
> 3. Vorbereitung einer Offenbarung, die die neue Ära einleiten und den Weg für die neue Weltreligion bereiten wird."

Ein weiterer Grund, weshalb sie Widerstand der überlieferten Religionen erwartet, liegt in dem Wirtschaftssystem, daß die „Hierarchie" ihren Aussagen zufolge errichten wird:

> „Wenn der ‚Verwalter der Finanzen' (wie ein höherer Jünger dieses Ashrams in der Hierarchie genannt wird) erscheint, wird er Bedingungen vorfinden, die sich von den jetzigen grundlegend unterscheiden, und zwar folgendermaßen:
> 1. Es herrscht das Prinzip des Tauschhandels (zum Besten aller Beteiligten).
> 2. Aufgrund der Entwicklung der Atomenergie zugunsten des menschlichen Gemeinwohls sind die nationalen Währungen größtenteils überholt und werden nicht nur durch das Tauschsystem ersetzt, sondern auch durch ein universelles Währungssystem für kleinere und eher unbedeutende Güter. Außerdem tritt eine Aufstellung von aufeinander bezogenen Werten an die Stelle der nationalen Währungen. Die nationalen Vermögenswerte und die benötigten Waren werden alle nach einem völlig neuen System verteilt.
> 3. Privates Unternehmertum existiert noch, es unterliegt jedoch der Regulation; die großen öffentlichen Einrichtungen, die wichtigen materiellen Ressourcen und die Quellen planetarischen Wohlstands – zum Beispiel Eisen, Stahl, Öl und Weizen – gehören in erster Linie einer internationalen Gruppe, die sie verwaltet und kontrolliert. Sie werden jedoch von nationalen Gruppen, die von den einzelnen Völkern gewählt worden sind und die unter internationaler Leitung stehen, für den internationalen Konsum vorbereitet."

Diese Aussagen lassen jeden, der sich mit biblischer Prophetie beschäftigt hat, mit Schaudern an die Aussagen in Offenbarung 13, 16-17 denken:

> „Und es bewirkt, daß allen, den Kleinen und den Großen, den Reichen und den Armen, den Freien und den Knechten,

ein Malzeichen gegeben wird auf ihre rechte Hand oder auf ihre Stirn, und daß niemand kaufen oder verkaufen kann als nur der, welcher das Malzeichen hat, den Namen des Tieres oder die Zahl seines Namens."

Die New-Age-Bewegung hat sogar eine Vorstellung vom zukünftigen Krieg von Harmagedon. Ihre Version des Handlungsablaufs unterscheidet sich jedoch wesentlich von den Berichten der Bibel. Beim Lesen des folgenden Zitats sollten Sie daran denken, daß mit „Schwarzer Loge" oder „Schwarzen Kräften" die traditionellen religiösen Kräfte gemeint sind, während die Mitglieder der New-Age-Bewegung sich selbst als „Weiße Loge" oder „Weiße Kräfte" bezeichnen. Der Ausdruck „Schwarzer Magier" bezieht sich im Zusammenhang dieses Textes ebenfalls auf traditionelle Glaubensvorstellungen:

„Man könnte hier sehr gut sagen: Uns ist auch gelehrt worden, daß es solche gibt, die in den vier Äthern wirken und die ohne Zweifel magische Handlungen vollzichen, aber nicht die erforderliche Reinheit und Güte besitzen, auf die bereits Bezug genommen wurde. Das ist sicherlich wahr. Sie gehören zu einer Gruppe von Arbeitern in der Materie, die wir Schwarze Magier nennen. Sie sind intellektuell hoch entwikkelt und können Geistessubstanz oder Stoff des Verstandes auf eine solche Weise motivieren, daß sie sich auf der körperlichen Ebene verstofflichen; so verwirklichen sie ihre eigentlichen Absichten. Über diese Gruppe herrschen viele Mißverständnisse und viel Unwissenheit. Das ist vielleicht auch gut so, denn ihr Schicksal ist mit der zukünftigen sechsten Rasse verbunden; ihr Ende und somit auch das ihrer Aktivitäten werden sie in jenem weit entfernten Äon finden, den wir die ‚sechste Runde' nennen. Der schließliche Bruch, die Teilung zwischen den sogenannten schwarzen und weißen Mächten wird in diesem Weltzyklus in der Periode der sechsten Wurzelrasse in der gegenwärtigen Runde kommen. Gegen Ende der sechsten Wurzelrasse, vor dem Durchbruch der siebten, werden wir das wahre Harmagedon erleben, über das so viel gelehrt worden ist. Ein kleiner Zyklus, der dem endgültigen Kampf und der endgültigen Spaltung entspricht, wird zur Zeit der sechsten Unterrasse erscheinen, die sich gerade zu formieren beginnt. Der Weltkrieg, der gerade stattgefunden hat, und unser gegenwärtiger Zyklus von Teilung und Aufruhr stellen nicht das wahre Harmagedon dar. Der Krieg, von dem uns in der Mahabharata berichtet wird, und der gegenwärtige Krieg sowie der Same des Elends, der aus ihnen hervorging, hatten jeweils eine Wurzel in der niederen und eine in der höheren Astralwelt."[2]

Hier wird ganz richtig festgestellt, daß dieser Krieg sich von jedem vorhergehenden unterscheiden wird. In der Offenbarung jedoch heißt es, daß er mit der Vernichtung Luzifers und seiner Anhänger durch Gott selbst enden wird:

„Es sind nämlich Geister von Dämonen, welche Zeichen tun und zu den Königen des ganzen Erdkreises ausziehen, um sie zum Kampf an jenem großen Tage Gottes, des Allmächtigen, zu versammeln."
„Und er versammelte sie an den Ort, der auf hebräisch Harmagedon heißt."
„Und ich sah das Tier und die Könige der Erde und ihre Heere versammelt, um Krieg zu führen mit dem, der auf dem Pferd sitzt, und mit seinem Heer" (Offenbarung 16,14.16; 19,19).

Nachfolgend finden Sie eine Liste, die die Beziehung zwischen biblischer Prophetie und der New-Age-Bewegung verdeutlicht und ergänzende Informationen einschließt. Geschehnissen der Endzeit sind charakteristische Wesenszüge der New-Age-Bewegung gegenübergestellt.

PROPHETIE:	ERFÜLLUNG DURCH NEW-AGE-BEWEGUNG:
„Wer Verstand hat, der berechne die Zahl des Tieres, denn es ist eines Menschen Zahl, und seine Zahl ist 666" (Offenbarung 13,18).	Auf den Seiten 79 und 80 von „The Rays and the Initiations" nennt Alice Bailey 666 eine heilige Zahl und zeigt auf, wie diese Zahl in der okkulten Zahlenlehre berechnet wird. Auf Seite 306 von „A

Treatise on Cosmic Fire“ behauptet sie, 666 beinhalte „das Geheimnis, das von einem der drei himmlischen Menschen verborgen wurde.“ „The Keys of Enoch“, eine weitere New-Age-„Bibel“, fordert den Leser auf, die Zahlenfolge 6-6-6 so häufig wie möglich zu gebrauchen. Der Gebrauch dieser Zahl soll „höhere Intelligenzen“ aus einer anderen Dimension bzw. aus dem Weltraum auf unseren Planeten ziehen.

„Denn die Erde ist unter ihren Bewohnern entweiht worden; sie haben die Gesetze übertreten, die Satzung abgeändert, den ewigen Bund gebrochen“ (Jesaja 24,5).

Die New-Age-Bewegung gebraucht das Zeichen des Regenbogens (nach 1. Mose 9,15-17 das Zeichen des Bundes) als Symbol der angestrebten Errichtung der Regenbogenbrücke (antahkarana), die eine Brücke zwischen der Persönlichkeit (dem Menschen) und der Seele (Luzifer) darstellen soll.

„Wenn sie sagen werden: ‚Friede und Sicherheit‘, dann wird sie das Verderben plötzlich überfallen wie die Wehen eine schwangere Frau, und sie werden nicht entfliehen“ (1. Thessalonicher 5,3).

Die neue Weltordnung mitsamt dem geplanten Einfrieren aller Atomwaffen bzw. den Abrüstungskampagnen wird auf den Seiten 190-191 von Alice Baileys „The Externalisation of the Hierarchy“ (dt.: Die geistige Hierarchie tritt in Erscheinung) behandelt. Auf Seite 548 desselben Buches behauptet sie, die Atombombe sei ein großer Fortschritt für die Menschheit. Die „Hierarchie“ habe durch den „fünften Strahl“, durch Wissenschaftler, dazu beigetragen, sie zu entwikkeln. Weiterhin meint sie, wenn die Bombe in der Hand der Vereinten Nationen sei, könnten diese sie einsetzen oder mit ihrem Einsatz drohen, „wenn Aggressionen zum Durchbruch kommen“. Dabei sei es nicht von Bedeutung, ob diese „Aggressionen“ von Staaten ausgingen oder von mächtigen religiösen Gruppen wie etwa „der römisch-katholischen Kirche ..., die es bis jetzt nicht fertiggebracht haben, ihre Finger von der Politik zu lassen und den Aufgaben nachzukommen, denen sich religiöse Gruppen widmen sollten“. Creme ist ebenso wie David Spangler ein Jünger von Alice Bailey. Diese eben zitierten Aussagen finden sich in dem Buch, das Creme in seiner Bibliographie denjenigen empfohlen hat, die mehr über den neuen „Christus“ erfahren wollen. Über den Einsatz von Atomwaffen gibt es umfassende New-Age-Literatur.

„Wer ist der Lügner, wenn nicht der, welcher leugnet, daß Jesus der Christus sei? Das ist der Antichrist, der den Vater und den Sohn leugnet“ (1. Johannes 2,22).

Benjamin Creme und die gesamte New-Age-Bewegung mit Ausnahme derer, die noch keinen entsprechenden Grad der Einweihung erlangt haben, bestreiten beharrlich, daß Jesus der Christus ist. Sie bestehen darauf, Maitreya sei der Christus und Jesus dessen Jünger. Ein zentraler Punkt der Geheimlehre und eine zentrale Lehre von New-Age-Kirchen – beispielsweise von Unity – lautet: Das Christusbewußtsein wohnt in jedem einzelnen von uns (die Lehre vom innewohnenden Gott); außer Jesus gibt es noch andere Christusse – Buddha war ein Christus, Krishna war ein Christus usw.

„... und jeder Geist, der Jesus nicht bekennt, der ist nicht von Gott. Und das ist der Geist des Antichrists, von welchem ihr gehört habt, daß er kommt; und jetzt schon ist er in der Welt" (1. Johannes 4,3).

Die Mitglieder der New-Age-Bewegung – unter ihnen Benjamin Creme und David Spangler, die Unity-Kirche und viele Theologen, die andere Denominationen unterwandert haben – behaupten, Jesus Christus *sei nicht im Fleisch gekommen.* Vielmehr sei das Christusbewußtsein bei seiner Taufe auf ihn herabgekommen und sei bis zu seiner Kreuzigung in ihm gewesen. Noch verabscheuungswürdiger ist Cremes Behauptung, Jesus habe sich nicht das Recht verdient, seinen Auferstehungsleib zu behalten, und lebe gegenwärtig in dem Körper eines 640 Jahre alten Syrers im Himalaya.

„Aber die übrigen der Menschen, die durch diese Plagen nicht getötet wurden, taten nicht Buße von den Werken ihrer Hände, so daß sie nicht mehr die Dämonen und die

Die New-Age-Bewegung gründet theologisch auf dem Pantheismus (alles ist göttlich) und auf dem Animismus (Verehrung von unbelebten Objekten, Seelen- und Geistes-

Götzen von Gold und Silber und Erz und Stein und Holz angebetet hätten, die weder sehen, noch hören, noch gehen können. Und sie taten nicht Buße, weder von ihren Mordtaten, noch von ihren Zaubereien, noch von ihrer Unzucht, noch von ihren Diebereien“ (Offenbarung 9,20-21).

wesen in der Natur). Die Bewegung verehrt Luzifer als Gott; David Spangler hat sogar erklärt, daß wir uns einer luziferischen Initiation unterziehen *müssen,* wenn wir das neue Zeitalter lebend erreichen wollen. Sie haben jeden heidnischen Gott wieder hervorgeholt, der jemals verehrt wurde, und sich außerdem eine Anzahl von neuen Göttern geschaffen. Was die Hexerei betrifft, so muß sie geradezu als eine Säule der New-Age-Bewegung bezeichnet werden; auch psychischen Phänomenen und „Bewußtseinserweiterung“ wird große Bedeutung beigemessen.

„Und der König wird tun, was ihm beliebt, und wird sich erheben und großtun wider jeglichen Gott, und er wird gegen den Gott aller Götter unerhörte Worte ausstoßen, und es wird ihm gelingen, bis der Zorn vorüber ist; denn was beschlossen ist, wird ausgeführt werden“ (Daniel 11,36).

Maitreya hat durch Botschaften Benjamin Cremes die Behauptung aufgestellt, Jesus sei einer seiner Jünger; er selbst, Maitreya, sei das Oberhaupt einer Hierarchie von „Göttern“ oder „Meistern“.

„Statt dessen wird er den Gott der Festungen (englische King-James-Version: God of forces) verehren; diesen Gott, den seine Väter nicht kannten, wird er verehren mit Gold, Silber, Edelsteinen und Kleinodien“ (Daniel 11,38).

„The Aquarian Gospel of Jesus the Christ“, angeblich nach der „Akasha-Chronik“ von „Levi“ (Leo Dowling) verfaßt, behauptet auf Seite 16 der Einführung von Eva Dowling, daß man völlig eingehen könne in den Geist des Gottes der „Kraft“ bzw. „Macht“ (englisch: force).

Das Hauptinteresse des Okkultismus, des Luzifer-Kults und der Sekten innerhalb der New-Age-Bewegung besteht darin zu lernen, wie man die „Kraft“ bzw. die „Macht“ beeinflussen kann. Mitglieder der New-Age-Bewegung glauben nicht an einen persönlichen, die Erfahrung überschreitenden Gott, vor dem wir uns alle verantworten müssen. Sie glauben, Gott sei eine neutrale Kraft, die entweder zum Guten oder zum Bösen manipuliert werden kann.

„Und er wird freche Reden gegen den Höchsten führen und die Heiligen des Allerhöchsten bedrücken und wird sich unterstehen, Festzeiten und Gesetz zu ändern, und sie werden in seine Gewalt gegeben sein eine Zeit, zwei Zeiten und eine halbe Zeit“ (Daniel 7,25).

Den Aussagen Benjamin Cremes zufolge erwartet das „Schwert der Spaltung“ all diejenigen, die sich weigern, Maitreya als den „Christus“ anzunehmen. Alice Bailey stellt in ihren Büchern die Behauptung auf, der nächste große Krieg werde im Bereich der Weltreligionen stattfinden. Die drei Ziele des sogenannten neuen Christus beinhalten ihren Aussagen zufolge die Neugestaltung des Christentums und die Abschaffung des orthodoxen Judentums.
Mitglieder der New-Age-Bewegung – unter ihnen Bailey, Creme und David Spangler – beabsichtigen in Übereinstimmung mit dem sogenannten „Plan“ die Abschaffung traditioneller religiöser Festtage und deren Ersetzung durch

heidnische Feste. Sie haben zum Beispiel angekündigt, daß Weihnachten und Karfreitag abgeschafft werden sollen (vgl. S. 278 unten).

Anmerkungen:

1 Bailey, Alice: The Externalisation..., S. 453-454.
2 Bailey, Alice: A Treatise on White Magic (Abhandlung über weiße Magie), S. 543-544.

Aufbau und Organisationen der Bewegung

Eine große Anzahl von Mitgliedern der New-Age-Bewegung ist wirklich überzeugt, für das Wohl der Menschheit und für ihr eigenes Wohl zu arbeiten.

Es gibt zwar Tausende von unterschiedlichen Organisationen, die sich gegenseitig nach dem Prinzip des Netzwerks dabei unterstützen, das „neue Zeitalter" ins Leben zu rufen; die eigentliche Macht innerhalb der Bewegung scheint jedoch gegenwärtig in den Händen der Verantwortlichen der „Planetary Initiative for the World we Choose" zu liegen.

Am 8.2.1982 stellte sich diese Organisation bei einem Empfang mit Cocktailparty in der Episkopal-Kathedrale St. John the Divine (New York) in großem Stil der Öffentlichkeit vor. Als Förderer dieses Ereignisses tauchten einige der einflußreichsten Persönlichkeiten der Welt auf, die die Organisation „Planetary Initiative" und ihre Vorstellungen unterstützten.

Der Arbeit der Planetary Initiative (PI) waren jahrelange Vorbereitungen der 1925 von Alice Bailey gegründeten „World Servers" (Weltdiener) vorausgegangen. Deren Aufgabe bestand darin, „als Vorhut der Wiederkunft des Christus" aufzutreten. Als Organisation hinter PI koordinieren die „Planetary Citizens" (planetarische Bürger) die verschiedenen Netzwerke. Eines der offiziellen Ziele der „Planetary Citizens" besteht darin, die „Weltdiener" überall zu unterstützen.

Wie bei den meisten Unternehmungen, die die Weltherrschaft anstreben, vermutet man auch hier eine Art polizeiähnliche, paramilitärische Truppe. Bis jetzt sind mir zwei solche Gruppen bekannt: die „Guardian Angels" (Schutzengel) und das „First Earth Battalion". Beide Gruppen genießen die finanzielle und sonstige Unterstützung der New-Age-Bewegung und vertreten deren Anschauungen. Hier wie da fällt auch die Überlappung der Mitgliedschaft mit der New-Age-Bewegung auf.

Die „Guardian Angels" haben sich inzwischen auf etwa vierzig amerikanische sowie einige kanadische Großstädte ausgedehnt. Ihr Leiter, Curtis Sliwa, hat öffentlich erklärt, er beabsichtige, mit 100000 „Guardian Angels" auf weltweiter Basis zu operieren.

Das „First Earth Battalion" wird vom Militär der Vereinigten Staaten gefördert und von der Militärakademie in Virginia wohlwollend beurteilt. Durch seinen Leiter, Jim Channon, bezeichnet sich diese Gruppe ganz offen als Organisation von „New-Age-Samurais".

Eine weitere Parallele zum Nationalsozialismus ist noch auffälliger: der Versuch, eigene Reihen mit Gefängnisinsassen, insbesondere mit verurteilten Schwerverbrechern, zu verstärken. Es gibt tatsächlich in der New-Age-Bewegung Dutzende von Projekten der Mitgliederwerbung speziell unter Gefangenen, zum Beispiel Gefängniskurse für Bewußtseinserweiterung wie EST, Silva Mind Control und Transzendentale Meditation (TM). Diese Programme sind angeblich darauf zugeschnitten, die Rückfallquote gering zu halten. In Wirklichkeit dienen sie jedoch dazu, ehemalige Gefangene mit mystischen Erfahrungen bekannt zu machen, die das erwünschte Solidaritätsgefühl gegenüber anderen Mitgliedern der New-Age-Bewegung verstärken sollen.

Persönliche Gefangenenbetreuung und Ashram-Projekte im Gefängnis werden ebenfalls häufig eingesetzt, um Gefängnisinsassen zu erreichen. Leider haben Christen dieses Gebiet viel zu oft denen überlassen, deren Absichten in bezug auf das ewige Heil der Gefangenen weniger ehrenhaft sind.

Seit 1975 zieht die Bewegung Nutzen aus einem gut organisierten und bestens koordinierten Propagandafeldzug. Verschiedene Aspekte dieser Kampagne waren zuvor viele Jahre lang mit Feingefühl und großer Vorsicht gehandhabt worden. Die okkulten Hintergründe der Bewegung waren der Öffentlichkeit größtenteils verborgen geblieben. Seit 1975 jedoch wird in der New-Age-Bewegung ganz offen über das Ziel gesprochen, eine „Säuberungsaktion“ durchzuführen als Mittel gegen die „negativen Elemente“ der Religion und gegen andere Gruppen, die sich dem globalen Herrschaftsanspruch der Bewegung widersetzen.

Im Verlauf des Propagandafeldzugs sind *für die Verfolgung von Christen und Juden in naher Zukunft raffinierte, geschickt verschleierte Gründe lanciert worden.* Große Teile der New-Age-Bewegung sind mittlerweile überzeugt, der christliche Glaube sei schädlich, denn er fördere „Grausamkeit den Tieren gegenüber“, er habe „negative Auswirkungen auf die geistige Anpassung“, er sei „auf Trennung angelegt“, und alles Trennende sei schädlich usw.

Zu den weiteren Themenbereichen des Propagandavorstoßes, der die Welt auf den neuen „Christus“ vorbereiten soll, gehören Lehren über:
- die Evolution (Entwicklung) des Bewußtseins;
- die Verbundenheit der Einzelseele mit allen Seelen;
- das „Königreich Gottes“ als das Erscheinen von seelenbeherrschten Menschen im Alltag („Wir sind alle göttlich.“);
- die Vorstellung, daß es auf der Erde einige *relativ* Vollkommene gibt („Einige von uns sind jedoch göttlicher als andere.“);

- der Glaube, daß einzelne *wirklich* vollkommen sind, weil sie das „Christusbewußtsein" erlangt haben („Einer von uns ist vollkommen und sollte König sein!");
- die Annahme, daß von jeher ein Plan („*Der* Plan") existiert hat und daß dieser Plan – wenn auch unbemerkt – durch die gesamte Geschichte der Menschheit hindurch vorhanden war;
- Bewußtseinskontrolle;
- holistische (ganzheitliche) Gesundheit;
- Iridologie (Augendiagnose), Akupunktur, Akupressur.

Die New-Age-Bewegung hat inzwischen mit Erfolg die gesamte Christenheit unterwandert und ist dreist genug, große Anzeigen mit der Überschrift „Christus weilt jetzt unter uns" zu veröffentlichen.

Während die New-Age-Leute sich des weltweiten Einflusses und der Macht ihrer Bewegung bewußt sind, ruhen allzu viele Christen immer noch in tiefem Schlummer und geben sich dem Glauben hin, prophezeite Ereignisse seien nirgendwo in Sicht. Ihre Kinder und manchmal sogar sie selbst fallen unterdessen auf die trügerischen Schmeicheleien der Bewegung herein.

Wir haben immer noch Zeit aufzuwachen. Wir brauchen nicht auf die verführerischen Lügen zu hören, daß wir nicht wirklich sterben müßten und daß wir Göttern gleich sein könnten. Wir können aufhören, es als peinlich zu empfinden, wenn wir als „Glaubensfanatiker" bezeichnet werden. Wir können, ja, wir müssen sogar erkennen, daß überzeugtes Christsein nichts ist, dessen man sich schämen muß. Wenn überhaupt, dann sind wir gar nicht überzeugt genug! Wir müssen endlich erkennen, daß wir Opfer eines gigantischen Propagandafeldzuges sind, der sich gegen alle Juden und Christen richtet.

Erst wenn wir selbst erkennen, was wirklich vorgeht, können wir unseren Freunden und unseren Kindern, die unschuldig in diese Bewegung verstrickt sind, helfen. Für alle Gotteskinder ist eine Zeit der Wachsamkeit und der Buße vonnöten, damit wir „gewürdigt werden, zu entfliehen all diesen Dingen", und uns vorbereiten auf unsere bevorstehende Belohnung, für die unser Erlöser Jesus Christus mit seinem kostbaren Blut bezahlt hat.

Im Laufe meiner Nachforschungen über die New-Age-Bewegung war ich zugegebenermaßen hinsichtlich der Botschaften der zahlreichen falschen Christusse schon ziemlich unempfindlich geworden. Ich hatte mir eine umfangreiche Materialsammlung zugelegt, die teilweise unvorstellbare Gotteslästerungen enthielt. Viele Schriften trugen die vermeintliche Unterschrift von „Jesus" und wurden angeblich von niemand geringerem als dem „Heiligen Geist" bestätigt.

Das Umfeld der New-Age-Bewegung wimmelte nur so von falschen „Avataren" und Christussen aller Art. Ich sammelte ihre Schriften inzwischen aus reiner Gewohnheit als Dokumentationsmaterial, um meine Überzeugung, daß wir tatsächlich in einem Zeitalter der falschen Christusse und Messiasse leben, einmal belegen zu können. Deshalb war ich nicht gerade Feuer und Flamme, als ich in einer New-Age-Buchhandlung ein Buch von Benjamin Creme mit dem Titel „The Reappearance of the Christ" (Die Wiederkunft des Christus) entdeckte. Ich kaufte es trotzdem und fügte es meiner ständig wachsenden New-Age-Sammlung hinzu.

Als ich später jedoch meine Sammlung mit Hilfe eines Computers katalogisierte, benötigte ich eine Zusammenfassung jedes Schriftstückes und war daher gezwungen, auch den Inhalt dieses Buches kurz zu überfliegen. Dabei wurde mir klar, daß ich es nicht mit einem gewöhnlichen New-Age-Buch über irgendeinen ihrer Christusse zu tun hatte. Nein, dieses Buch hatte etwas Besonderes an sich.

Es sah so aus, als ob dieser „Christus" genau das als sein zukünftiges Programm ankündigte, was die Bibel als Erkennungsmerkmale des Antichristen ausweist.

Unter dem Titel „How the Plan is working out" (Wie der Plan funktioniert) hatte Peter Liefhebber, ein prominenter europäischer Journalist, unter Mitautorenschaft von Creme einen Anhang verfaßt. Als Beweis für den bisherigen Erfolg ihres Plans proklamierten sie folgende Tatsachen:

- Aktivitäten der „International Legal Commission" (Berater der Vereinten Nationen);
- die Nord-Süd-Kommission, bestehend aus achtzehn Politikern aus aller Welt unter dem Vorsitz des ehemaligen Bundeskanzlers Willy Brandt;
- den Bericht einer Beratungskommission des amerikanischen Präsidenten zum Thema „weltweite Unterernährung";
- einen Bericht der UNICEF;
- Aktivitäten in Richtung „neue Weltwirtschaftsordnung" einschließlich der Berichte einer regelmäßig erscheinenden Beilage von sechzehn großen Zeitungen;
- öffentliche Erklärungen des brasilianischen Erzbischofs Dom Helder Camara (ein Bewunderer von Teilhard de Chardin);
- Verlautbarungen des Nobelpreisträgers Professor J. Tinbergen (er steht in Verbindung mit dem Club of Rome);
- Aktivitäten und Mitgliederzahlen des „Hunger Project";
- Aktivitäten der EG-Kommission und des Weltkirchenrates.

Als Beweis für Maitreyas Gegenwart auf der Erde nannten die Autoren auch die Tatsache, daß es in letzter Zeit in Kalifornien keine Erdbeben gegeben hat. Maitreya habe nämlich den Ausbruch des Mount St. Helens herbeigeführt, um geologischen Druck abzubauen! Obwohl die Sache mit den Erdbeben ziemlich unglaubwürdig klang, waren die anderen Angaben ernstzunehmen. Es waren winzige Teilaspekte eines umfassenden Gedankenganges über die weltweite Neuverteilung von Gütern, der bereits Eingang in christliche Buchläden gefunden hatte. Cremes prahlerische Aussagen bestätigten nur meine Überzeugung, daß genau diese Punkte tatsächlich Teil eines umfassenden Plans sind. Der Anhang verhieß nichts Gutes:

> „All diese Erklärungen und Entwicklungen sind Zeichen einer allmählich wachsenden Erkenntnis der Lage, in der sich unsere Gesellschaft befindet; es ist tatsächlich eine Frage von ‚teilen oder sterben'. Dieser Bewußtseinsprozeß läßt uns jedoch hoffen, daß wir den Kurs noch ändern können. Sobald sich der Mensch verpflichtet hat, Maitreya zu unterstützen, wird diese Möglichkeit zur Gewißheit werden."

Im Laufe der Geschichte hat es eine Vielzahl falscher Christusse gegeben. Gewöhnlich kommen sie daher und behaupten, sie seien Jesus oder irgendein „Avatar" aus dem Osten. Außerdem zeichnen sie sich nicht gerade durch Zurückhaltung aus: Sie sind einfach da, lassen sich von ihren Anhängern mit Geld und Ehrenbezeugungen überschütten und auf eine Weise füttern und umsorgen, die einem König in nichts nachsteht.

Aber hier lag die Sache anders: Der Herold eines falschen Christus übermittelt Botschaften, in denen behauptet wird, Jesus sei nicht der Christus. In einer solchen, durch Creme übermittelten Botschaft erklärte Maitreya am 10.11.1977:

> „Alle, die nach mir ausschauen wie nach meinem geliebten Jünger, dem Meister Jesus, werden seine Eigenschaften in mir finden."

Diese Behauptung sollte Bibelleser aufhorchen lassen, denn in 1. Johannes, 2,22 wird als Merkmal des Antichristen angegeben:

> „Wer ist der Lügner, wenn nicht der, welcher leugnet, daß Jesus der Christus sei? Das ist der Antichrist, der den Vater und den Sohn leugnet!"

Bei der weiteren Lektüre von Cremes Buch erfuhr ich, daß *dieser* falsche Christus beabsichtigt, sowohl eine Weltregierung einzuführen als auch eine neue Weltreligion, die sich unter anderem durch „planetarische Massenweihen" auszeichnen soll. Einweihungszeremonien sind demnach sogar als Mittelpunkt der neuen Weltreligion gedacht. Zeiteinteilung und Gesetze sollen geändert, traditionelle jüdische und christliche Festtage durch heidnische Feste ersetzt werden – letztere sind natürlich bei Vollmond zu begehen (vgl. S. 278 unten)!

Creme erwähnte eine grundlegende New-Age-Lehre, derzufolge wir gerade in das „Zeitalter des Wassermanns" eintreten. Dieses „neue Zeitalter" soll von Maitreya offiziell eröffnet werden; für alle, die sich weigern, mit ihm zusammenzuarbeiten, steht dann das „Schwert der Spaltung" bereit.

Dieses Buch verdiente sicherlich mehr als eine oberflächliche Lektüre. Ich trug es eine Zeitlang ständig bei mir, um es gründlicher studieren zu können, bis ich es versehentlich verlegte. Als ich in derselben Buchhandlung ein zweites Exemplar kaufen wollte, erhielt ich die Auskunft, es sei nicht mehr vorrätig. Glücklicherweise hatte sich gerade zu diesem Zeitpunkt Benjamin Creme zu einer Versammlung von „Unity" angesagt, so daß ich ihn persönlich kennenlernen konnte.

Schließlich entdeckte ich in einem anderen Buchladen doch noch ein Exemplar von Cremes Buch und kaufte es zusammen mit einigen von den Titeln, die er in seiner

Bibliographie angegeben hatte. Creme hat von sich selbst behauptet, er befolge die Angaben in Alice Baileys esoterischen Schriften. Tatsächlich kann niemand, der mit der Bewegung und den Lehren Alice Baileys vertraut ist, umhin zu erkennen, daß die Entwicklung innerhalb der New-Age-Bewegung auch in Einzelheiten genau ihren Anweisungen entspricht!

Kommt Maitreya nun wirklich, um ein neues Zeitalter des Friedens und des Lichts zu bringen? Oder kommt er, um eine Herrschaft des Schreckens zu errichten? Die Antwort findet sich in den Schriften von Alice Bailey.

Creme hatte die Lektüre von „The Externalisation of the Hierarchy“ (dt.: Die geistige Hierarchie tritt in Erscheinung) von Alice Bailey empfohlen. Ich muß gestehen, daß es für mich eine erstklassige Informationsquelle war! Ich erfuhr, daß der esoterische Kern der New-Age-Bewegung zutiefst antichristlich, antisemitisch und sogar antimoslemisch eingestellt ist (letzteres bezieht sich auf *orthodoxe* Moslems, nicht auf die Sufis, eine esoterische Sekte). Die Bücher Alice Baileys, die ihr angeblich von dem „Tibeter D.K“ übermittelt worden waren, verbreiteten ganz offen die Vorstellung vom Ariertum – einer Hauptlehre in Hitlers Drittem Reich!

Die Aussagen deckten sich auf erstaunliche Weise mit denen des Nationalsozialismus, und Maitreya erschien mehr und mehr wie ein zweiter Hitler. Ich besorgte mir eine Anzahl von Büchern über den okkulten Hintergrund des Dritten Reiches und fand meine Vermutungen bestätigt. Ich habe die Parallelen in Form einer Tabelle im nächsten Kapitel aufgeführt; es würde sich bestimmt lohnen, sie eingehend zu studieren.

Der Nationalsozialismus war im Grunde eine komplizierte Synthese von Neu-Heidentum (wiederbelebte heidnische Glaubensvorstellungen und Bräuche), Gnostik, „bewußtseinserweiternden“ Techniken und Okkultismus. Und all das ist auch Bestandteil der New-Age-Bewegung. Dr. Lewis Sumberg stellt fest:

> „Die Tatsache, daß das Neu-Heidentum auf militante Weise wieder Fuß fassen konnte und beim Kampf um Geist und Körper der Menschen mit dem Christentum in Wettstreit getreten ist, spricht dafür, daß der Nazi-Alptraum zwar der bisher letzte, aber nicht der Schlußakt in einer großen Tragödie der Menschheit ist, die immer noch fortdauert. Es wäre töricht, dieses Phänomen für ein rein christliches Problem zu halten. Wie unglaublich oberflächlich der christliche Glaube und die christliche Ethik sein können, wurde ausgiebig demonstriert durch das beispiellose Wiedererstarken des Neu-Heidentums überall dort, wohin das Hakenkreuz getragen wurde.
> Im Deutschland der zwanziger Jahre war überall ein Anstieg des Okkultismus und der Praktiken der Schwarzen Kunst in unzähligen Geheimorganisationen – insbesondere auf dem Gebiet des Satanismus – zu beobachten. Heutzutage sind wir in den Vereinigten Staaten Zeugen desselben Phänomens: das unheilverkündende, enorme Wachstum von politisch-religiösen Sekten, Satanismus, ‚Familien' vom Typ der ‚Manson-Familie' sowie eine wahre Epidemie von okkult inspirierten politischen Mordanschlägen. All dies sollte jedem zivilisierten Menschen Anlaß zu größter Sorge geben. Die Autoren liegen zweifelsohne richtig mit ihrer Voraussage, daß gewisse praktizierende Anhänger der Schwarzen Kunst noch eine wichtige Rolle bei der Gestaltung unserer nahen Zukunft spielen werden."[1]

Beim Lesen von „The Occult and the Third Reich", aus dem dieses Zitat stammt, wurde ich nahezu vom Schrekken überwältigt. Ich hätte mit Leichtigkeit jeden Bezug zum Nationalsozialismus, zum Dritten Reich und zu Deutschland herausstreichen und statt dessen die New-Age-Bewegung als weltweites Phänomen einsetzen können. Hätte ich weniger Skrupel gehabt, hätte ich dasselbe Buch dann als aktuelles, fundiertes Material über die New-Age-Bewegung herausbringen können. Es gab keinen Zweifel mehr. Die Weltsicht der New-Age-Bewegung und die des Nationalsozialismus waren identisch! Die Übereinstimmung dieser beiden politischen Bewegungen reichte von der Theorie der „Herrenrasse" und dem Evolutionsglauben bis zum Gebrauch von Hakenkreuzen. Tibetanischer Buddhismus und Theosophie spielten in beiden eine wichtige Rolle. Initiaten (Eingeweihte), Adepten und Meister waren ein wichtiger Bestandteil beider Bewegungen. Die Teile des Puzzles paßten allmählich zusammen!

Ich las erneut die „Offenbarung" und stieß auf folgende Stelle:

> „Und der Engel sprach zu mir: Warum verwunderst du dich? Ich will dir das Geheimnis des Weibes sagen und des Tieres, das sie trägt, welches die sieben Köpfe und die zehn Hörner hat. Das Tier, welches du gesehen hast, war und ist nicht mehr, und es wird aus dem Abgrund heraufkommen und ins Verderben laufen; und die auf Erden wohnen, deren Namen nicht geschrieben sind im Buche des Lebens von Grundlegung der Welt an, werden sich verwundern, wenn sie das Tier sehen, daß es war und nicht ist und da sein wird. Hierher, wer Verstand, wer Weisheit hat! Die sieben Köpfe sind sieben Berge, auf welchen das Weib sitzt, und sind sieben Könige. Fünf sind gefallen, der eine ist da, der andere ist noch nicht gekommen; und wenn er kommt, darf er nur eine kleine Zeit bleiben. Und das Tier, das war und nicht ist, ist auch selbst der achte und ist einer von den sieben und läuft ins Verderben" (Offenbarung 17,7-11).

Es gab also sieben Könige. Die New-Age-Bewegung ist angeblich so alt wie Atlantis und hat zur Zeit der Gründung Babylons eine Neugeburt und weltweite Verbreitung erfahren! Insgesamt erkenne ich sieben Reiche, deren Grundlage mystische Lehren bildeten. Fünf davon sind längst „gefallen" – die fünf Reiche, die Roms Herrschaft vorausgingen. Das heidnische Römische Reich, das zur Zeit des Johannes bestand, war das sechste Reich mit umfassenden gnostischen Lehren. (Der Apostel Johannes schrieb die Offenbarung zur Zeit der Christenverfolgung). Der eine, der noch nicht gekommen ist und eine kleine Zeit bleiben muß, wenn er kommt – konnte es vielleicht Hitler sein? Und wer war der „Kopf des Tieres", der wie zu Tode verwundet war und dessen Todeswunde geheilt wurde (Offenbarung 13,3)?

Aber ich schloß die Möglichkeit der Wiederkehr einer Person nach deren physischem Tod aus. Die Idee der Reinkarnation (Wiederverkörperung) war nie Teil der überlieferten biblischen oder jüdisch-christlichen Lehre. Es schien sich eher um die Beschreibung eines Gedankengebäudes aus gnostischen und östlich-mystischen Lehren zu handeln. Mir war auch die Auslegung bekannt, das Tier sei die katholische Kirche. Diese Möglichkeit mußte ich völlig ausschließen, denn der Vatikan existiert inzwischen länger als die meisten anderen Reiche zusammengenommen – ununterbrochen. Die Bibel sagt jedoch ausdrücklich, der siebte König werde nur eine „kleine Zeit" bleiben.

Ebenso mußte ich den Marxismus-Leninismus ausschließen. Seine Lehren stimmten nicht recht mit den mystischen Lehren der anderen Reiche überein. Auch wird man kaum behaupten können, er sei eine Zeitlang „wie tot" gewesen. Er ist vielmehr von Beginn an prächtig gediehen und wird wohl – biblischer Prophetie zufolge – sein Waterloo erst in der Zeit einer künftigen Invasion Israels erleben.

Beim Nationalsozialismus lag der Fall anders. Fast jeder gab sich der Illusion hin, diese Bewegung sei tot und begraben. Und hatte Hitler nicht ganz gezielt versucht, den Geist des „Tieres aus der Grube" zu beschwören?[3]

Das Dritte Reich hatte an der jüdischen Bevölkerung und anderen sogenannten „Untermenschen" beispiellose Unmenschlichkeiten begangen. Ja, die Teile paßten zusammen! Dieser Kopf/König mußte eine Art weltweiter

Nationalsozialismus und der Antichrist – wer auch immer – der nächste Führer sein.

Gewissenhaft sammelte ich jede kleinste Information über die mystischen Wurzeln des Nationalsozialismus und verglich sie mit meinen Aufzeichnungen über die New-Age-Bewegung. Dabei suchte ich die Hilfe von Experten auf dem Gebiet der Politikwissenschaft. Sie bestätigten mir, daß die Fakten, die ich ihnen vorlegte, ganz eindeutig auf eine Wiederbelebung des Nationalsozialismus in seiner reinsten Form hinwiesen.

Mit diesem Wissen besuchte ich den Vortrag von Benjamin Creme. Vor Beginn der Veranstaltung reichte mir ein Ordner eine Broschüre mit dem Titel „Das Erscheinen des Weltlehrers". Ich war völlig sprachlos! Das Buch eines absonderlichen englischen Autors, herausgegeben von einem kalifornischen Verlag, war *eine* Sache. Irgendwie erwartete ich aus so fremdartigen Quellen diese Art von Produkt. Es war jedoch etwas ganz anderes, in dem Gebäude einer am Ort und anderswo bekannten religiösen Organisation eine Broschüre in der Hand zu halten, mit der das baldige Erscheinen „des Weltlehrers" angekündigt wurde.[2] Ich betrachtete dies als ein Zeichen dafür, daß die Sache bereits viel weiter fortgeschritten war, als ich ursprünglich angenommen hatte.

Bei dieser Versammlung in Detroit waren etwa 750 bis 800 Zuhörer anwesend. Von einflußreichen Persönlichkeiten bis zu Sozialhilfeempfängern war jede soziale Schicht vertreten. Die New-Age-Elite Detroits war beinahe vollzählig erschienen. In der Eingangshalle hatten Hilfsorganisationen ihre Stände aufgestellt und verteilten ihre Literatur. Der Programmdirektor der „Southeastern Michigan Holistic Health Association", einer „holistischen Gesundheitsvereinigung", half bei den Vorbereitungen und bei der Gestaltung des Diskussionsteils mit den Zuhörern.

Die Organisatoren der Planetarischen Initiative waren ebenfalls anwesend und demonstrierten ihre Zustimmung zu dem Programm, indem sie die Menge zu Beifallsrufen und stehenden Ovationen anfeuerten. Einige nette Zeitgenossen, die ich bei einem „Hunger-Projekt" kennengelernt hatte, waren auch da – mit ganz verklärtem Gesichtsausdruck! Berühmte Anwälte und Ärzte nahmen an der Versammlung teil, und es sah so aus, als seien alle Kursteilnehmer des sogenannten „Wunderkurses" der Unity-Gemeinschaft von Detroit erschienen.

Die Eingangshalle war erfüllt mit dem vertrauten Duft des Weihrauchs, der auch in Buchläden mit ausschließlich okkulter Literatur verwendet wird. Die Zuhörerschaft stellte einen repräsentativen Querschnitt der Gesellschaft dar: arme und reiche, schwarze und weiße, einflußreiche und sozial schwache Menschen.

Mit einer einzigen Handbewegung schien Creme augenblicklich den größten Teil der Zuhörerschaft in seinen Bann geschlagen zu haben. Und während seiner Rede verfiel die Zuhörerschaft in eine noch tiefere Trance. Ich rief den Herrn an, er möge mich vor dem bösen Einfluß dieses Mannes bewahren. Dann erinnerte ich mich an Daniels Prophezeiung, der letzte Diktator der Welt werde Macht besitzen, die nicht auf eigenem Vermögen beruhe:

> „Aber am Ende ihrer Regierung, wenn die Übertreter das Maß voll gemacht haben, wird ein frecher und listiger König auftreten. Er wird stark sein, aber nicht in eigener Kraft; und er wird ein erstaunliches Verderben anrichten, und es wird ihm gelingen, Starke zu verderben und das Volk der Heiligen. Und ob seiner Klugheit und weil ihm der Betrug in seiner Hand gelingt, wird er sich in seinem Herzen erheben und viele in ihrer Sorglosigkeit verderben und wider den Fürsten der Fürsten auftreten, aber ohne Handanlegung zusammenbrechen" (Daniel 8,23-25).

Mit Sicherheit verfügte Creme über eine Macht, die nicht seine eigene war – einen bösen, hypnotischen Geist. Ich erinnerte mich an Augenzeugenberichte über die hypnotische Ausstrahlung Hitlers. Ravenscroft zufolge hatte Hitler ganz bewußt den Geist Luzifers beschworen. Mir kam auch noch Cremes Behauptung in einem Radiointerview vor Zuhörern aus 28 Bundesstaaten der USA und elf anderen Staaten in den Sinn, Luzifer sei vor 18,5 Millionen Jahren auf diesen Planeten gekommen. Weiterhin hatte er gemeint, Luzifer habe für unseren Planeten das höchste Sühneopfer gebracht. Er sei der verlorene Sohn und das Opferlamm in einer Person!

Nach Aussage von Creme ist Luzifer verantwortlich für die Entwicklung auf unserem Planeten. Interessanterweise hatte er dasselbe schon über ein Wesen mit dem Namen „Sanat Kumara" gesagt. Bei seinem Vortrag in Los Angeles hatte Creme behauptet, Sanat Kumara sei unser Gott. Es sei Maitreyas Aufgabe, „die Eingeweihten zu Sanat Kumaras Füßen zu leiten". Offenbar sind Luzifer und Sanat Kumara ein und dieselbe Person, und es scheint, daß sich Maitreya und seine Gefolgschaft mit derselben Macht eingelassen haben wie seinerzeit Hitler – mit Luzifer!

Vor der Versammlung und während der Pause wurde eine Broschüre über die „Gruppe der neuen Weltdiener" verteilt. Ein deutlich erkennbares 666-Symbol, eingeschlossen in ein Dreieck und einen Kreis, schmückte das Heftchen. Es verkündete unter anderem, die „Gruppe der neuen Weltdiener" sei eine „Vorhut für die Wiederkunft des Christus". Einige Organisationen und religiöse Vorhaben seien zwar gut, andere hingegen seien nicht wünschenswert und könnten nicht Teil der neuen Weltordnung sein. Die nicht wünschenswerten seien jene, die „den Virus von Haß und Trennung verbreiten". Genau das hatte Alice Bailey den orthodoxen Juden, Christen und Moslems zum Vorwurf gemacht. Die Broschüre beruhte – ebenso wie das gesamte Konzept der „Weltdiener“ – auf den Lehren Alice Baileys; kein Wunder, denn sie hatte die „Gruppe der neuen Weltdiener“ im Auftrag des „Tibeters“ gegründet!

Die Broschüre enthielt übrigens auch eine Liste von Büchern zur „weiteren Information“. Marilyn Fergusons Buch „Die sanfte Verschwörung“ stand an erster Stelle.

Cremes Aussagen in seinem Vortrag kann man nur als absonderlich bezeichnen. (Das entzückte Publikum bemerkte davon anscheinend nichts). Nach Aussage von Creme sollte die Ankunft von „Maitreya Christus“ in wenigen Monaten erfolgen. „Christus“ und Jesus würden dann Seite an Seite stehen und somit ein für allemal den Streit darüber beenden, ob Jesus der Christus sei oder nicht. Außerdem habe Jesus die Erde niemals verlassen. Seit seiner Wiederverkörperung lebe er in dem 640 Jahre alten Körper eines Syrers im Himalaya. Jesus habe zwar nach der Kreuzigung einen wiederauferstandenen Leib besessen, habe diesen jedoch wieder aufgeben müssen, da „er sich nicht das Recht verdient hatte, ihn zu behalten“. Als Grund dafür wurde angegeben: „Jesus war nur ein Eingeweihter des vierten Grades, während Gautama Buddha ein Eingeweihter des sechsten Grades war. Maitreya selber war jedoch ein Eingeweihter des siebten Grades und daher der einzige, der berechtigt war, einen so hohen Grad der Initiation zu erreichen.“

Voller Schrecken und doch wie gebannt lauschte ich Cremes Worten und wurde an die Prophezeiungen in Daniel 11,36 und in 2. Thessalonicher 2,4 erinnert:

> „Und der König wird tun, was ihm beliebt, und wird sich erheben und großtun wider jeglichen Gott, und er wird gegen den Gott aller Götter unerhörte Worte ausstoßen, und es wird ihm gelingen, bis der Zorn vorüber ist; denn was beschlossen ist, wird ausgeführt werden.“

„... der Widersacher, der sich über alles erhebt, was Gott oder Gegenstand der Verehrung heißt, so daß er sich in den Tempel Gottes setzt und sich selbst als Gott erklärt."

Die strikten Warnungen in der Offenbarung, dem Wort Gottes nichts hinzuzufügen und nichts hinwegzunehmen, hatte ich jetzt auf eine ganz neue Weise schätzengelernt. Es wurde mir immer deutlicher, daß diese Prophezeiungen sich in einem sehr konkreten Sinn zu erfüllen begannen.

Auch die vom Heiligen Geist inspirierten Worte des Apostels Petrus wurden mir wieder ganz besonders wichtig:

„Und wir halten nun desto fester an dem prophetischen Wort, und ihr tut wohl, darauf zu achten als auf ein Licht, das an einem dunklen Orte scheint, bis der Tag anbricht und der Morgenstern aufgeht in euren Herzen; wobei ihr das zuerst wissen müßt, daß keine Weissagung der Schrift ein Werk eigener Deutung ist. Denn niemals wurde durch menschlichen Willen eine Weissagung hervorgebracht, sondern vom heiligen Geist getrieben redeten heilige Menschen, von Gott gesandt" (2. Petrus 1,19-20).

Mehrmals während dieses Abends war ich kaum imstande, meine Wut zu verbergen. Einer von denen, die christliche Aktivitäten sonst entschlossen bekämpften, sprang auf und brachte die Menge dazu, Creme stehend für seine Bemerkung Beifall zu spenden, daß alle „falschen Christusse" und alle, die falsche Lehren über den Christus verbreiten würden, „verschwinden" würden, sobald Maitreya seine Identität bekanntgegeben habe. Creme erhielt weiteren Applaus, als er erklärte: „Die Demokratie wird verschwinden." Es war leicht zu verstehen, warum Creme so einen Haß auf die Bibel und besonders auf deren Auslegung durch gläubige Menschen zum Ausdruck brachte. Die Bibel demaskiert ihn und seine Gefolgsleute nämlich mit bemerkenswerter Genauigkeit und Voraussicht!

Einige Monate später führte ich übrigens eine Debatte mit Creme, die von einem lokalen Radiosender übertragen wurde. Er warf mir vor, ich sei eine fanatische Gläubige; ich antwortete ihm, damit habe er völlig recht. Und nicht nur das, sondern ich sei sogar stolz darauf und könne seine Abneigung gegen diese Art von Glauben sehr gut verstehen.

Zusammenfassend gesagt: Benjamin Creme und die New-Age-Bewegung, von der er nur ein winziger Teil ist, entsprechen genauestens den biblischen Aussagen über den Geist des Antichristen.

Anmerkungen

1 Aus „The Occult and the Third Reich" von Jean-Michel Angebert (Zusammensetzung der Namen von zwei französischen Gelehrten) mit einer Einführung von Lewis A.M. Sumberg, dem Vorsitzenden des Historischen Seminars der Universität von Tennessee. Dieses Buch gibt einen ausgezeichneten Überblick über die okkulten Wurzeln des Nationalsozialismus. Ich stimme jedoch mit den Autoren in einem Punkt nicht überein: Sie tendieren dazu, die unter Okkultisten vorherrschende Meinung zu übernehmen, es gäbe eine „gute" und eine „böse" Seite der „Kraft". Ich würde dem entgegenhalten, daß es mehr eine Frage des jeweiligen Einweihungsgrades ist, besonders jetzt, da so viele New-Age-Anhänger öffentlich Luzifer verherrlichen. Das Zitat stammt aus einer 1974 vom MacMillan-Verlag herausgegebenen Ausgabe. Der Verlag McGraw-Hill hat eine Taschenbuchausgabe dieses wichtigen Werkes herausgegeben.

2 Seit ich öffentlich die New-Age-Bewegung angegriffen habe, leugnet der örtliche Pastor von „Unity" (diese Kirche wirbt ganz offen für sich als einem „New-Age-Zentrum"), damals die Schirmherrschaft für Cremes Vortrag übernommen zu haben. Er schiebt die Schuld auf einen anderen, weigert sich jedoch zu sagen, wer dieser andere ist. In einer Radiodiskussion zwischen

mir, Creme und Pastor Williamson meinte Creme, er könne sich aus dem Stegreif nicht erinnern, wer damals die Schirmherrschaft übernommen hatte. Andere Unity-Pastoren und Unity-Gemeinden hätten ihn jedoch schon bei sich sprechen lassen, und er unterstütze alle Ziele der Unity-Kirche. Pastor Williamson weigerte sich, sich von Creme zu distanzieren, und räumte ein, Maitreya könne der Christus sein – obwohl Maitreya ganz offenkundig nicht Jesus ist.

[3] Ravenscroft, Trevor: Der Speer des Schicksals, Zug 1974.

Die New-Age-Bewegung – das „Vierte Reich“?

Wie bereits erwähnt, ist einer der erschreckendsten Aspekte der New-Age-Bewegung – neben der Tatsache, daß sie die Erfüllung biblischer Prophezeiungen mit sich bringt – ihre erstaunliche Ähnlichkeit mit der nationalsozialistischen Bewegung. *Die okkulten Wurzeln und die eigentlichen Grundlagen der religiösen Philosophie des Dritten Reiches gehören zu den bestgehüteten Geheimnissen des zwanzigsten Jahrhunderts. Warum diese Informationen so lange unter Verschluß gehalten wurden und warum auf all jene, die genaue Kenntnis dieser Tatsachen besaßen, ein solcher Druck ausgeübt wurde, wird wahrscheinlich bis zum Tag des Jüngsten Gerichts ein Geheimnis bleiben.*

Trotzdem gibt es einige aufschlußreiche Hinweise. Es ist inzwischen bekannt, daß sowohl Winston Churchill als auch Franklin Delano Roosevelt sich mit Okkultismus beschäftigten. Vielleicht lag derselbe luziferische Geist der Verschwörung, der Hitler dazu gebracht hatte, die dunkelsten okkulten Praktiken anzuwenden, auch auf den Westmächten, um den esoterisch-mystischen Hintergrund des Nationalsozialismus zu verschleiern.[1] Waren sie Mitwisser desjenigen Teils des „Plans“, den Alice Bailey in den dreißiger Jahren veröffentlicht hatte? Ein Teil dieses „Plans“ besagte nämlich, daß die neue Weltordnung – Voraussetzung für die Weltherrschaft des „Christus“ und der „Meister der Weisheit“ – auf dem Fundament einer Welt gegründet sein sollte, die durch einen verheerenden Krieg ein schweres Trauma erlitten hatte. Die volle Wahrheit wird vielleicht niemals ans Licht kommen.

Jedenfalls scheint sich die New-Age-Bewegung in der Praxis als eine Wiederbelebung der nationalsozialistischen Bewegung zu erweisen. Das heißt nicht, daß jedes Mitglied der New-Age-Bewegung als Nazi zu bezeichnen wäre. Ein großer Teil der Mitglieder ist völlig unwissend in diese Dinge verstrickt, und viele beteiligen sich sogar aus den besten und ehrlichsten Motiven heraus.

Gleich ihrem Vorgänger ist die New-Age-Bewegung wie ein gigantisches Unternehmen aufgebaut und gründet sich auf ein System von Eingeweihten, Adepten und Meistern. Eingeweihte eines höheren Grades wissen immer mehr als Eingeweihte niederen Grades. (Der Häuptling weiß immer mehr als die Indianer seines Stammes; der Oberst und der Major erhalten immer mehr Informationen über Pläne und Strategien als die gewöhnlichen Soldaten.) Wie in jeder großen Organisation verrichten die meisten Mitarbeiter stillschweigend ihre Arbeit, ohne Kenntnis über die genaue Natur des Gesamtwerkes oder ihre eigene Funktion als Teil des Ganzen zu besitzen. Die meisten Mitglieder an der Basis jeder Organisation verfügen über keinen Gesamtüberblick, während die Führung den gesamten Umfang des Unternehmens auch in Einzelheiten kennt oder jedenfalls kennen sollte.

Bereits als Kind kam Hitler mit den komplexen Geheimnissen des Okkultismus in Berührung. Er besuchte eine Klosterschule in der Nähe seines Wohnortes. Der leitende Abt[2] war fasziniert von der überlieferten Lehre der Albigenser bzw. Katharer, die man als eine Art Vorläufer der New-Age-Bewegung bezeichnen kann; sie glaubten, der Mensch könne die Macht eines Gottes erlangen. Das Interesse an okkulten Dingen, das bei Hitler in seiner Schulzeit geweckt wurde, begleitete ihn sein ganzes Leben lang und formte seine Überzeugungen über geistliche Dinge entscheidend mit.

Zu der Zeit, als Hitler in Wien eine Karriere als Künstler anstrebte, verbrachte er einen großen Teil seiner Freizeit in Buchläden und Bibliotheken mit okkulter Literatur. Er machte sich mit den Geheimnissen des metaphysischen Wissens vertraut und lernte Adepten sowohl der „Weißen“ als auch der „Schwarzen“ Magie kennen. Transzendente Bewußtseinszustände und Bewußtseinserweiterung faszinierten ihn, und er opferte jeden Pfennig und jede freie Minute seinem Streben nach „höherem“ Bewußtsein. Yoga, Astrologie, östliche und westliche „Pfade“ zu diesem Ziel erwiesen sich jedoch als zu langsam für seinen Ehrgeiz. Wie viele der heutigen ungestümen New-Age-Mitglieder entschloß er sich, den Prozeß zu beschleunigen, indem er Meditation mit dem Gebrauch von Drogen verband. Er benutzte Meskalin, um sich in den höchsten Bewußtseinszustand zu versetzen und Einblick nehmen zu können in eine dämonische Aufzeichnung vergangener und zukünftiger Ereignisse; sie wird von New-Age-Mitgliedern und Okkultisten „Akasha-Chronik“ genannt. Hitler wählte diesen schnelleren Weg, um Einsicht in sein zukünftiges Schicksal zu erhalten. Sein Streben nach Kontaktaufnahme mit der Spitze der „Hierarchie“ war erfolgreich; Hitler war mit Recht überzeugt, er sei mit Luzifer in Verbindung getreten, und trachtete danach, daß dieser von ihm Besitz ergriff. Forschungen haben nachgewiesen, daß bewußtseinserweiternde Drogen und transzendentale und andere Meditationsformen, die ein „Ausleeren des Geistes“ voraussetzen, dieselben Nebenwirkungen haben, zum Beispiel das Wiedererleben von Ereignissen der Vergangenheit und Größenwahn. Von jenem Zeitraum an litt Hitler unter genau diesen Nebenwirkungen.

Sie verlieren jedoch an Bedeutung im Vergleich zu den

eigentlichen Auswirkungen: Hitler gelangte an die Macht und beherrschte und veränderte eine ganze Nation. Der Okkultismus spielte sowohl bei der Machtergreifung als auch bei der Machterhaltung eine wichtige Rolle.

Das Buch Daniel prophezeit im Hinblick auf den Antichristen:

> „Er wird stark sein, aber nicht in eigener Kraft; und er wird ein erstaunliches Verderben anrichten, und es wird ihm gelingen, Starke zu verderben und das Volk der Heiligen" (Daniel 8,24).

Was für den Vorläufer des Antichristen gilt, kann auch – wenngleich zu einem geringeren Grad – von all denen gesagt werden, die sich durch die Praktiken des Okkultismus den „luziferischen Energien" öffnen.

Der Nationalsozialismus und die New-Age-Bewegung sind politisch-spirituelle Bewegungen, die auf denselben esoterischen Grundlagen beruhen: auf der Geheimlehre, die allen heidnischen Religionen und dem „esoterischen Christentum" zugrunde liegt.

Zusammenfassend könnte man diese Geheimlehre vielleicht am besten als das genaue Gegenteil jüdisch-christlicher Glaubensgrundlagen bezeichnen. Sie verherrlicht Luzifer und all jene Praktiken, die von der Bibel verurteilt werden. Außerdem verherrlicht sie die vorsintflutliche Kultur, in der es nach Aussage der Bibel – und auch der Geheimlehre! – von Kontakten mit Dämonen und psycho-spirituellen Kräften nur so wimmelte.

Wenn man sich über diese Tatsache im klaren ist, erhalten die folgenden Worte Jesu für unsere Zeit ein ganz besonderes Gewicht: „Wie es aber in den Tagen Noahs war, so wird es auch bei der Wiederkunft des Menschensohnes sein" (Matthäus 24,37). Die Tage Noahs waren nicht einfach nur eine Zeit des Verbrechens und der Gewalt, sondern sie waren auch und vor allem durch aktiven

Kontakt der Menschen mit dämonischen Mächten geprägt. In 1. Mose 6 wird erwähnt, daß die „Söhne Gottes“, die manche Ausleger für „Wesen aus der Geisterwelt“ oder Dämonen halten, Nachkommen mit den „Töchtern der Menschen“ zeugten. Wenn diese Art direkten menschlichen Kontaktes mit Dämonen tatsächlich stattgefunden hat, war sie gewiß auch eine der Kräfte hinter den ausufernden Verbrechen und Gewalttaten. Gott warnte die Welt durch Noah ein letztes Mal. Schließlich blieben Noah und seine Frau, seine drei Söhne und deren Ehefrauen als einzige von der zerstörerischen Sintflut verschont.

Obwohl diese Ereignisse bei der New-Age-Bewegung nicht viel mehr als Spott hervorrufen, kehren sie doch – wenn auch in entstellter Form – in ihren eigenen okkulten Lehren wieder. Die eigentlichen Wurzeln sowohl der nationalsozialistischen als auch der New-Age-Bewegung liegen verhüllt im Nebel von „Atlantis“. Vieles spricht dafür, daß „Atlantis“ lediglich eine andere Bezeichnung für die Welt vor der Sintflut ist.

Ein Teil der Geheimlehre handelt vom Ursprung der menschlichen Rassen. Er liege in Atlantis, und eine der sieben atlantischen Rassen sei die arische gewesen. Es gab demnach angeblich noch sechs andere atlantische Rassen (die Tolteken, die Romahalier, die Talvatlier, die Taranier, die Akkadier und die Mongolen), aber die Arier bildeten die Herrenrasse, die Übermenschen.

Sie waren jedoch nicht durch bloße Entwicklung zu solchen Übermenschen geworden. Sie hatten vielmehr einen „Quantensprung“ auf eine höhere Sprosse der Evolutionsleiter vollzogen, um die nötigen Fähigkeiten zum Überleben in der nachsintflutlichen Welt zu erwerben. Sie hatten zwar einige wünschenswerte Eigenschaften verloren, wie zum Beispiel magische Kräfte zur Beherrschung der Natur und zur seelischen Entwicklung, konnten aber ihr Gehirn entwickeln und besaßen „überlegene Intelligenz". Die anderen überlebenden Rassen waren ihnen hinsichtlich ihrer Herkunft und ihrer Geisteskräfte unterlegen.

Weiter heißt es, daß sie von Gott-Menschen beziehungsweise noch höher entwickelten Übermenschen unterrichtet und angehalten wurden, ihre überlegene Rasse, ihr Blut, um jeden Preis zu bewahren. Was sie von den „niederen" Rassen unterschied, war ihr „höher entwikkelter" Verstand. Der Entwicklung dieses „überlegenen" Intellekts war jedoch die sogenannte „spirituelle" oder psychische Natur der Arier zum Opfer gefallen. Und um diesen Mangel auszugleichen, um sicherzustellen, daß die psychischen Kräfte der arischen Rasse nicht verlorengingen, erfanden ihre „Meister" die Initiation (Einweihung). Sie wurde zur Vorbedingung für eine Führungsposition in der arischen Gesellschaft; nur Initiaten oder Adepten konnten mit den sogenannten Übermenschen oder „höheren Mächten" in Verbindung treten, deren wegweisende Leitung die Rasse benötigte.

Diese Lehre vom Ariertum ist ein wesentlicher Teil der New-Age-Bewegung und der NS-Ideologie; sie ist auch in andere Formen des Antisemitismus und des Rassismus eingegangen. Tatsächlich aber waren die Juden von Gott dazu auserwählt worden, seine Wahrheit in einer Zeit zu hüten, als die mystischen Lehren des Polytheismus und des Pantheismus in der ganzen Welt verbreitet waren. (Die Bibel sagt ausdrücklich, daß alle Menschen dieselbe Abstammung haben; das gilt auch für Abraham und seine Nachkommen.)

Nach der Auferstehung Jesu machte der Apostel Paulus noch einmal deutlich, daß in Christus *alle* Unterschiede, selbst zwischen Juden und Heiden, nunmehr aufgehoben waren. Angesichts der biblischen Aussage, daß alle Menschen nach dem Bilde Gottes geschaffen sind, ist es schwer, an Rassismus und Antisemitismus festzuhalten. *Wo hingegen die Lehre vorherrscht, daß die Menschen von unterschiedlichen Wurzelrassen abstammen und sich auf verschiedenen Entwicklungsstufen befinden, ist es leicht, Menschen in verschiedene Klassen einzuteilen und zu diskriminieren.* Bis zur „Endlösung“ ist es dann nicht mehr weit. Das war niemals Gottes Absicht. Nationen wurden für Götzenanbetung und Kindermord bestraft – nicht für ihre Abstammung!

Auf dieser Lehre von der arischen Überlegenheit gründete die nationalsozialistische Bewegung. Sie rechtfertigte auch die Verfolgung aus Glaubensgründen; die Überzeugung, die Entwicklung des Bewußtseins stehe auf dem Spiel, stellte nämlich ein entscheidendes Moment dieser Lehre dar. Deshalb standen auch Christen auf Hitlers Liste – nachdem er mit den Morden an Juden begonnen hatte.

In der New-Age-Bewegung lautet die Reihenfolge etwas anders – die Juden kommen gleich nach den Christen dran. Die Verfolgung beider Gruppen besitzt Vorrang, wobei es den Juden noch etwas schlechter ergehen soll als den Christen. Im esoterischen Kern ihrer Philosophie und ihrer Programme hält die New-Age-Bewegung an der okkulten arischen Lehre vom Blutmakel fest, der angeblich auf den Juden lastet.

Einige Zitate von Alice Bailey, der verstorbenen „Hohepriesterin“ der New-Age-Bewegung, sollen nun die okkulten Vorurteile gegenüber dem Weltjudentum illustrieren. Diese Vorurteile gingen in die Bewegung ein, für die Alice Bailey Pionierarbeit leistete:

> „Heute wirkt dieses Gesetz (Karma), und die Juden zahlen den tatsächlichen und symbolischen Preis für alles, was sie in der Vergangenheit getan haben. Tatsächlich und symbolisch … stehen sie, wie sie es von jeher gewollt haben, für Trennung (das ‚Böse‘ wird von Alice Bailey mit ‚Trennung‘ be-

zeichnet; C.C.) Sie betrachten sich als das auserwählte Volk und besitzen ein angeborenes Bewußtsein dieser hohen Berufung, wobei sie ihre symbolische Rolle und die Tatsache vergessen, daß die Menschheit das auserwählte Volk ist, nicht ein kleiner und unwichtiger Teil einer Rasse ... Sie fordern die sogenannte Rückerstattung Palästinas und wollen es denen entreißen, die es viele Jahrhunderte lang bewohnt haben; durch ihre fortdauernde Betonung materieller Besitztümer verlieren sie die wahre Lösung aus den Augen ... Zur Lösung des Problems müssen die Juden in größerem Umfang beitragen ... Sie haben sich (als Rasse) noch nie aufrichtig und ehrlich dem Problem gestellt, warum seit der Zeit der Ägypter so viele Nationen sie weder gemocht noch gewollt haben ... Es muß doch einen Grund geben, der dem Volk selbst innewohnt, wenn die Reaktion so allgemein und weltweit ist ... Ihre Forderung bestand darin, daß die heidnischen Nationen das Problem lösen, und viele Heiden haben versucht, das zu tun. Diese grundlegende Frage von weltweiter Bedeutung wird jedoch bestehen bleiben, wie bereits seit der Zeitennacht, bis die Juden selbst sich der Situation stellen und zugeben, daß sie vielleicht unter dem Vergeltungsaspekt des Gesetzes von Ursache und Wirkung (das Gesetz des Karma) stehen, und bis sie danach trachten herauszufinden, welcher Faktor ihnen als Rasse innewohnt und ihr seit Urzeiten bestehendes unheilvolles Schicksal ausgelöst hat. Das (jüdische) Problem wird durch die Bereitschaft des Juden gelöst werden, sich an die Zivilisation, den kulturellen Hintergrund und den Lebensstandard der Nation anzupassen, zu der ... er in Beziehung steht und an die er sich angleichen sollte. Dies wird geschehen durch Verzicht auf Rassenstolz und die Vorstellung des Auserwähltseins; es wird geschehen ... durch das Sich-Lossagen von Dogmen und Bräuchen, die in sich veraltet sind und innerhalb des Umfeldes, in dem der Jude sich befindet, beständig Reibungsflächen schaffen; es wird geschehen, wenn Eigennutz in Geschäftsbeziehungen und die ausgesprochen manipulativen Tendenzen des hebräischen Volkes ersetzt werden durch selbstlosere und ehrlichere Verhaltensformen ... Das schlechte Karma des Juden heutzutage soll diese Isolation beenden, soll ihn dazu bringen, materielle Ziele aufzugeben, sich loszusagen von einer Nationalität, die ihrer Tendenz nach innerhalb der Staatsgebiete anderer Nationen gewisse parasitäre Züge trägt, und statt des Unglücklichseins in der Trennung allumfassende Liebe zum Ausdruck zu bringen" (Esoteric Healing, S. 263ff.).

Alle anderen Bücher Alice Baileys legen dieselbe antisemitische Grundhaltung an den Tag. In „The Rays and the Initations" behauptet die Autorin, der neue „Messias" werde kein Jude sein, weil die Juden dieses Vorrecht verwirkt hätten, als sie den früheren Messias nicht annahmen. Die Juden müßten mehr als jedes andere Volk lernen, demütig zu sein. Dann könnten sie ihrer Meinung nach vielleicht zu einer geeigneten Rasse für den neuen „Christus" werden, aber sie müßten erst durch die „Feuer der Reinigung" gehen. *Diese Gedanken wurden nicht etwa 1920 oder 1930 verfaßt. Alice Bailey schrieb sie unter der Leitung des sogenannten „Tibeters" im Jahre 1949 nieder, als die ganze Welt über das Schicksal der europäischen Juden informiert war.*

Im ersten Band von „Esoteric Psychology" meint Alice Bailey gar, das gesamte jüdische Problem könne astrologischen Ursprungs sein:

> „Der Persönlichkeitsstrahl, der Strahl der materiellen Form des jüdischen Volkes, ist der dritte Strahl. Ihr Ich-Strahl ist der erste. Ihr astrologisches Zeichen ist der Steinbock mit aufsteigender Jungfrau. Merkur und Jungfrau spielen in ihrem Schicksal eine herausragende Rolle. Diese Hinweise sollten ausreichen, um dem fortgeschrittenen Studenten und Astrologen ins Auge fallende Anhaltspunkte zu liefern, die ihm die merkwürdige Geschichte der Juden erhellen. Der Einfluß des dritten Strahls ist der Grund für die Tendenz der Juden, Kräfte und Energien zu beeinflussen und ‚Fäden zu ziehen', um ihre angestrebten Ziele zu erreichen. Als Rasse sind sie von Natur her Gesetzesmacher, und daraus resultiert ihre Tendenz, zu dominieren und zu herrschen, weil ihr Ich-Strahl der erste ist. *Dies ist auch der Grund für das ständige Auftauchen des Sündenbocks in ihrer Geschichte und für ihre Lehre von der jungfräulichen Mutter, die den Messias gebären wird"* (Hervorhebungen hinzugefügt).

In Alice Baileys Buch „The Reappearance of the Christ" (Die Wiederkunft des Christus) wird all jenen Juden eine unheilverkündende Warnung erteilt, die es erwägen sollten, Maitreya abzulehnen:

> „Christus kam, um das jüdische Glaubenssystem zu einem Ende zu bringen. Es hätte seinen Höhepunkt erreichen und als Religion verlöschen sollen, als die Sonne vom Zeichen des Widders in das Zeichen der Fische wanderte. Er gab sich ihnen daher als ihr Messias zu erkennen, der durch die jüdische Rasse Gestalt annahm. Durch ihre Ablehnung des Messias blieb die jüdische Rasse symbolisch und tatsächlich im Zeichen des Widders, des Sündenbocks; sie müssen – wiederum symbolisch gesprochen – in das Zeichen der Fische übergehen und ihren Messias anerkennen, wenn er im Zeichen des Wassermanns wiederkehrt. Sonst werden sie ihre uralte Sünde der verweigerten Antwort auf den Evolutionsprozeß ein weiteres Mal begehen. In der Wüste lehnten sie das ab, was neu und spirituell war; vor 2000 Jahren taten sie in Palästina dasselbe; werden sie es wieder tun, wenn sich ihnen die Gelegenheit bietet? Das Problem mit dem Juden besteht darin, daß er mit einer Religion zufrieden ist, die beinahe 5000 Jahre alt ist, und daß er bis jetzt wenig Wunsch nach Veränderung an den Tag legt" (S. 81).

Dasselbe Thema wird auf Seite 127 des Buches wieder aufgenommen; nun kommt auch der Haß auf das Christentum zum Ausdruck, das wegen seines jüdischen Ursprungs abgelehnt wird:

> „Als nächstes folgte der Widder, der den Beginn des jüdischen Glaubenssystems brachte, welches für die Juden und leider auch für die christliche Religion von Bedeutung ist, aber für die unzähligen Millionen Menschen in den anderen Teilen der Welt keinerlei Bedeutung hat."

Die nationalsozialistische Vorstellung der arischen Reinheit des Blutes findet sich immer wieder in Alice Baileys Schriften. Es ist entweder ein Zeichen von bemerkenswerter Unwissenheit oder von hochkarätiger Unredlichkeit, wenn David Spangler versucht, offensichtliche Tatsachen zu leugnen: Er behauptet, diese Form des Ariertums sei eine andere als die von Hitler propagierte:

> „Ein Beispiel, wie dies sich heutzutage auf uns auswirkt, ist die Existenz einer sehr mächtigen Gedankenform auf der Astral-Ebene. Sie wurde aus einem Ereignis geboren, das im Gedächtnis der arischen Rasse verankert ist und den Vorläufer jener Quelle westlicher Kultur darstellt, die wir heute kennen – eine Gedankenform, die am besten mit dem einfachen Begriff ‚Erbsünde‘ oder ‚Fall‘ beschrieben werden kann. Diese Vorstellung hat überhaupt keine Bedeutung für die Wurzelrassen, die orientalischen Rassen, die unseren vorausgingen. Der Grund hierfür besteht unter anderem darin, daß die arische Rasse im evolutionären Prozeß des Menschen die erste Rasse war, die ihre Geisteskräfte vollständig in den Griff bekam. Vielleicht sollte ich an dieser Stelle erwähnen, daß das, was ich als die arische Rasse bezeichne, nicht der blonde, blauäugige Übermensch ist, die germanische Rasse, von der Hitler sprach. Der Begriff Arier ist ein Oberbegriff für jene Menschengruppe, die vor Jahrtausenden aus Asien kam und sich in ganz Afrika und Europa ausbreitete."

Der „Arier" Spangler spricht hier von genau derselben Rasse, die auch Hitler meinte. Seine Vorstellungen stammen direkt aus dem Buch „Die Geheimlehre" von Helena Petrovna Blavatsky, der Gründerin der Theosophischen Gesellschaft, auf die die heutige New-Age-Bewegung ihre Wurzeln zurückführt. Auch Hitler war dieser Lehre bewußt gefolgt[3]. Sie besagt, daß die germanischen Völker ursprünglich asiatische Wandervölker waren, die „vor Jahrtausenden aus Asien kamen und sich in ganz Afrika und Europa ausbreiteten", wie Spangler bemerkt.

Auch die Nationalsozialisten glaubten, daß sie die Erben jener Asiaten seien. Es ist wohl angebracht zu fragen, wie es möglich sein soll, daß Spangler – die wahrscheinlich wichtigste Person der heutigen New-Age-Bewegung und erklärtermaßen ihr führender Esoteriker – sich dieser Übereinstimmung nicht bewußt ist. Diese Wissenslücke ist mit Sicherheit nicht Alice Bailey oder Lucis Trust zuzuschreiben.

Die Bewegung zeichnet sich durch viel obskures, doppelzüngiges Gerede aus, das einige ihrer wahren Einstellungen verschleiern soll. Trotzdem hat ihre Führung viel Mühe darauf verwandt, die Initiaten wissen zu lassen, daß Hitler einer der ihren war. In seinem Buch „Running God's Plan“ stellte Alice Baileys Ehemann Foster Bailey 1972 fest:

> „Ein weiteres gutgeheißenes Projekt der Hierarchie ist die Vereinigung der europäischen Nationen zu einer kooperierenden, friedlichen Gemeinschaft. Der Plan beinhaltet nicht die Schaffung einer gesamteuropäischen Regierung oder einer gemeinsamen Sprache, sondern die richtige Form nationaler Beziehungen, die dem Wohl der Menschen in diesen Ländern dienen soll – ganz ungetrübt von Nationalstolz, Ehrgeiz und Vorurteilen ... Dieses Projekt ist ein ganz anderes Unternehmen als die Projekte in Afrika oder Rußland. Es wurde vor einigen Jahren eingeleitet und unter der Bezeichnung ‚Paneuropa‘ auf den Weg gebracht. Viele Wege wurden beschritten, um diesen Plan voranzutreiben, aber die Idee wurde von den Menschen nicht in ausreichendem Maße zum Ideal erhoben, denn sie waren zu gelehrt und zu sehr vom praktischen Nutzen der Selbstsucht überzeugt. Hier haben wir es mit einem Volk zu tun, das höchst intelligent, gebildet und über das Weltgeschehen bestens unterrichtet ist. Es ist jedoch stolz auf seine Eigenart und überzeugt, in allen Dingen Recht zu haben. Daher stellte dies ein viel schwerer zu lösendes Problem dar, doch dieses Anliegen lag dem ‚Europäischen Meister‘ sehr am Herzen.
> Ein Versuch wurde gemacht, indem man die Völker, die im Rheintal lebten, vereinigen und den Fluß als Verbindungsfaktor gebrauchen wollte. Es war ein Versuch eines Jüngers, aber er schlug fehl. Jetzt ist ein anderer Versuch in vollem Gange, nämlich mit den sechs Nationen des Europäischen Marktes“ (S. 14-15).

Selbst ein total unbegabter Student der Geschichtswissenschaft weiß, daß es Hitler war, der versuchte, Europa zu vereinen, indem er den Rhein als verbindendes Element gebrauchte. Ist Spangler wirklich so naiv? Oder setzt er eine weitere von Hitler gebrauchte Taktik ein – die der „großen Lüge“?

Das gesellschaftliche Klima der Vorkriegszeit, das den Aufstieg der nationalsozialistischen Bewegung begünstigte, ähnelte dem heutigen Klima; es bot einen guten Nährboden für das Wachstum faschistischen und nationalsozialistischen Gedankengutes. Die Atmosphäre war damals geladen mit Enttäuschung über das politische Geschehen, die schließlich auf einen Höhepunkt zusteuerte. Deutschland hatte das Trauma eines verlorenen Krieges und der Inflation mit all den entbehrungsreichen Folgeerscheinungen erlitten. Die deutsche Jugend versuchte, dieser harten Realität zu entfliehen, indem sie sich der Wandervogelbewegung und östlicher Mystik zuwandte. Außerdem beschäftigte sie sich mit germanischer und nordischer Mythologie, mit mystischen Vorstellungen von einer Märchenwelt, in der die Adepten der Vorzeit stets unbesiegbar blieben und Niederlagen nur in der Gedankenwelt existierten.

Heute befinden sich die Vereinigten Staaten in einer ähnlichen Situation. Die Menschen leiden immer noch an verletztem Nationalstolz und der Schande und Enttäuschung des fehlgeschlagenen Vietnamkrieges. Soldaten wurden in der Heimat nicht als Helden willkommen geheißen, sondern standen einer Mauer aus Schweigen und Gleichgültigkeit gegenüber. Die USA leiden seit langem unter den Auswirkungen einer schwachen Wirtschaft. Besonders seit dem Vietnamkrieg fand eine massive Hinwendung zu Wandervogel-ähnlichen Bewegungen und zu östlicher Mystik statt, wobei ausgiebiger Drogenmißbrauch das Erreichen transzendenten Bewußtseins beschleunigen sollte. Dieselbe Entwicklung war auch in Deutschland nach dem Ersten Weltkrieg zu beobachten.

Diejenigen, die ein Aufleben des Neu-Heidentums und eine Ausbreitung östlicher Mystik anstreben, haben diesen Trend begrüßt; andere haben zu Recht mit Besorgnis reagiert.

Besonders Wissenschaftler aus europäischen Ländern, die im Zweiten Weltkrieg von den Nationalsozialisten besetzt waren, zeigen sich beunruhigt, denn sie kennen die Gefahren des Nationalsozialismus aus erster Hand. Zwei prominente französische Wissenschaftler, die unter dem gemeinsamen Namen Jean-Michel Angebert veröffentlichen, bemerken in ihrem Klassiker „The Occult and the Third Reich", dessen englische Ausgabe 1974 bei MacMillan Press erschien:

> „Man kann den Hitler-Mythos nur verstehen, wenn man ihn im Zusammenhang des philosophischen Systems betrachtet, das ihn hervorgebracht hat und das wiederum nur ein Kettenglied in einer jahrhundertealten historischen Tradition ist.
> Diejenigen, die Deutschland dazu brachten, das Hakenkreuz anzunehmen, sind nicht tot. Sie sind immer noch unter uns und werden es zweifelsohne bis zur Apokalypse bleiben. Der Nationalsozialismus war für sie nur Mittel zum Zweck und Hitler lediglich ein Instrument. Das Unternehmen schlug fehl. Jetzt versuchen sie, den Mythos wiederzubeleben, indem sie andere Mittel einsetzen" (S. XVI).

Betrachten wir noch einmal die Aussage Foster Baileys in bezug auf das Projekt der „Hierarchie", die Nationen mit Hilfe des Verbindungsfaktors Rhein zu vereinen: „Es war ein Versuch eines Jüngers, aber er schlug fehl."

Im Grunde sind das Weltbild der nationalsozialistischen und das der New-Age-Bewegung identisch. Beide vertreten Programme, die den Fortschritt auf dem „Pfad zum transzendenten Bewußtsein" beschleunigen und die Massen durch Einweihung in die „Mysterien" verändern sollen. Unter Hitlers Herrschaft wurden okkulte Lehren und heidnische Praktiken in die Blutbahn einer ganzen

Nation gepumpt.[4] Männer aus Hitlers Eliteunternehmen SS unter Heinrich Himmler mußten sich zum Beispiel zwangsweise einer Gruppeneinweihung in heidnische Mysterien unterziehen.[5] Das in der Esoterik des arischen Grals verborgene Ziel des Eingeweihten bestand darin, psychische Fähigkeiten und überdimensionale Kräfte zu erlangen.

Hitler richtete die „Forschungs- und Lehrgemeinschaft Ahnenerbe" ein, die Teil der offiziellen Regierung war, aber auch eine Abteilung bei der SS unterhielt. Himmler versprach sich von ihr „Antwort auf die Fragen, die sich ihm aus seiner Neigung zur ‚Ahnen'-Verehrung, ‚nordischen' Blutsmystik, Naturheilkunde und okkulten Medizin stellten"[6]. Der Organisation war u.a. eine „Abteilung für Überprüfung der sogenannten Geheimwissenschaften"[7] und ein „Tibet-Institut" angegliedert. Führende deutsche Gelehrte und Intellektuelle wurden zur Forschung für diese Organisationen herangezogen – auf dieselbe Art, wie ein junger Mann zum Kampf an der Front eingezogen werden konnte.

Die Lehren von Alice Bailey, Benjamin Creme, David Spangler und vielen anderen New-Age-Autoren besagen eindeutig, daß wir uns im „neuen Zeitalter" planetarischen Massenweihen unterziehen müssen. (Einzelheiten über diese „Initiation", die als „luziferische Einweihung" bezeichnet wird, folgen im Kapitel „Ein neues Zeitalter des Satanskults?". In diesem Kapitel werden wir auch näher auf Spanglers Aussage über das künftige Schicksal derer eingehen, die sich weigern, den New-Age-Christus anzunehmen und sich der Initiation zu unterziehen).

Die Esoteriker der nationalsozialistischen Bewegung, unter ihnen auch Hitler, glaubten an eine okkulte Theorie, die als „Makrokosmos-Mikrokosmos"-Theorie des Universums bekannt ist. Auch sie ist ein grundlegender Glaubenssatz der New-Age-Bewegung.

New-Age-Esoteriker glauben an die Existenz von „Meistern“, die in einer „Hierarchie“ organisiert sind und an deren Spitze ein „New-Age-Messias“ steht. Auch die Eingeweihten unter den Nationalsozialisten glaubten an die Existenz einer Hierarchie von „Meistern“, geführt von einem „Christus des neuen Zeitalters“, den sie in Hitler sahen. Hitler selbst hielt sich natürlich auch dafür.

Der Fortbestand dieses Gedankengutes wurde gesichert durch die Weitergabe neu-heidnischer, okkulter Lehren und östlicher Mystik im Rahmen eines Systems von Eingeweihten, Adepten und Meistern. Der Übersetzer von Jean-Michel Angeberts „The Occult and the Third Reich“ bemerkt im Vorwort:

> „Die Bedeutung dieser Erkenntnis liegt darin, daß man sehr wohl mit gleicher Berechtigung von der neu-heidnischen Überlieferung oder Tradition des Westens sprechen kann wie von seiner jüdisch-christlichen. Beide haben ihre Dogmen, Rituale, Symbole, Propheten und Adepten. Wie alle größeren Religionen sichert sich diese Tradition ihren Fortbestand durch das Priestertum (bei den Nationalsozialisten verkörpert durch die esoterische Vril-Gesellschaft, die Thule-Gesellschaft, die Gesellschaft der Gralssucher und die Seminare der Ordensburgen) sowie durch eine Konzentration okkulter Kräfte in ihren Einweihungszentren; deren Wissen und Symbole sind für die breite Masse und den Feind unerreichbar“ (Seite XII).

Aus den Hunderten von Bezugspunkten fällt noch eine weitere interessante Übereinstimmung ins Auge: Unter den Mitgliedern der New-Age-Bewegung ist der Glaube weit verbreitet, sie könnten durch verschiedene „spirituelle Disziplinen“ wie Yoga, Meditation, Kurse in Bewußtseinskontrolle usw. zu „Mitschöpfern“ des Universums werden. Sie sind überzeugt, sich durch solche Praktiken „weiterentwickelt“ zu haben. Zwischen solchen Aussagen und Bemerkungen Hitlers besteht eine geradezu erschreckende Ähnlichkeit.

In der Einleitung zum „International Cooperation Council Directory“ des Jahres 1979 (jetzt bekannt unter dem Namen „Unity-in-Diversity Council“) meint John White:

> „Was sich heutzutage vollzieht ..., ist weder ein Generations- noch ein Kommunikationskonflikt ... Es ist ein *Konflikt der Arten*. Eine *neue Spezies* breitet sich auf diesem Planeten aus und macht ihr Recht auf Leben geltend. *Das bringt sie unausweichlich in Konflikt mit der herrschenden Spezies.* Aber die jetzt herrschende Spezies stirbt aus... Diese Ereignisse und das enorm erhöhte Interesse an Psychotechniken, spirituellen Disziplinen, heiligen Traditionen und deren Erforschung sind Ausdruck einer neuen, intelligenteren Spezies, die gegen den Widerstand der herrschenden Art zur Entwicklung einer gemeinsamen planetarischen Kultur beiträgt.
> In der Überlebens-Evolution findet ein gewaltiger Sprung nach vorne statt; das Ergebnis ist ein umfangreicher *Ausleseprozeß* unter den Menschen. Sie versuchen jetzt herauszufinden, zu welcher Spezies sie gehören ... Wir können gleichsam Mitschöpfer des Kosmos werden ... Darum geht es in der Meditation und den anderen spirituellen Disziplinen ...
> Heutzutage findet in dieser Welt ein evolutionärer Vorstoß statt. Eine *neue und höhere Form menschlicher Wesen* übernimmt die Herrschaft über den Planeten ... und überlebt daher, während die alte Spezies aufgrund einer starken Überdosis an Irrationalismus ausstirbt. Äußerlich ähneln diese durch Mutation veränderten Menschen den früheren Formen. Der Unterschied liegt im Innern, in ihrer veränderten Mentalität, in ihrem Bewußtsein ...
> Dieser sich neu entwickelnden Gattung von Menschen gebe ich den Namen homo noëticus“ (S. 13-15, Auszüge; Hervorhebungen nicht im Original).

Das sollte Gelehrten, die mit dem Nationalsozialismus vertraut sind, bekannt vorkommen. Hitler selbst drückte sich beinahe ebenso aus:

> „Die Schöpfung ist noch nicht beendet. Die Menschen müssen noch viele weitere Stufen der Metamorphose durchschreiten. Der nachatlantische Mensch zeigt bereits Verfalls-

erscheinungen und ist kaum imstande zu überleben ... Alle schöpferischen Kräfte werden auf eine neue Art konzentriert werden. Die beiden Menschentypen, der alte und der neue, werden sich rasch in verschiedene Richtungen entwickeln. Einer wird von der Erdoberfläche verschwinden, der andere wird gedeihen ... Dies zu gewährleisten, ist das wirkliche Motiv der nationalsozialistischen Bewegung" (zitiert nach Ravenscroft, Trevor: Der Speer des Schicksals, Zug 1974, S. 258).

Überaus wichtig ist auch die Tatsache, daß beide Bewegungen Verschleierungstaktiken anwenden, um Nicht-Eingeweihte von ihrer Spur abzulenken. Wie die New-Age-Bewegung verliehen die Nazis häufig ihren düstersten Unternehmungen beschönigende Namen. Die Vernichtung der Juden und Zigeuner wurde nicht als Tötung deklariert, sondern als „Säuberungsaktion". Die Todeslager wurden als Gesundheitszentren getarnt. Massenvernichtungen der Bewohner ganzer Landstriche wurden als „Umsiedlungen" bezeichnet.

„Masken" stellen eine bewährte Taktik der New-Age-Bewegung dar; damit sollen diejenigen, die nicht mit den Zielen übereinstimmen, abgehalten werden, die genauen Einzelheiten des „Plans" in Erfahrung zu bringen. Außerdem wendet die Bewegung diese Taktik an, um zu verhindern, daß die breite Öffentlichkeit über ihre wahren Ziele informiert wird.

Die „Masken" bestehen aus absichtlich falschen und widersprüchlichen Informationen; sie werden in solche okkulte Schriften eingebaut, die für jedermann zugänglich sind. Bei New-Age-Büchern ist das seit 1975 der Fall, weil seit diesem Jahr Alice Baileys Erlaubnis zur Veröffentlichung gilt.

Eine Möglichkeit, diese Technik anzuwenden, wird im fünften Band der Adyar-Ausgabe von „The Secret Doctrine" (Die Geheimlehre) von Helena Petrovna Blavatsky dargestellt:

„In Anbetracht der schwer verständlichen Natur der behandelten Gegenstände sollen in der vorliegenden Abhandlung (Abhandlung II, C.C.) zunächst einige Punkte geklärt werden, die in der vorhergehenden Abhandlung dunkel geblieben sind; dann sollen einige Feststellungen aufgegriffen werden, die sich scheinbar widersprachen.
Astrologen, deren es viele unter den Esoterikern gibt, werden wohl durch einige Behauptungen, die ihren Lehren klar widersprechen, in Verlegenheit geraten sein, während sich andere, die nichts von dem Gegenstande wissen, gleich am Anfang im Widerspruch mit denen finden werden, die die exoterischen (von außen zugänglichen) Systeme der Kabbala und Astrologie studiert haben. Denn eines möge man sich klar vergegenwärtigen: nichts, was für die Menge gedruckt und jedem Schüler in den öffentlichen Büchereien oder Museen zugänglich ist, ist wirklich esoterisch; es ist entweder mit beabsichtigten ‚Masken' durchsetzt oder kann ohne ein vollständiges Wörterbuch okkulter Begriffe nicht mit Erfolg studiert werden" (Blavatsky, H.P.: The Secret Doctrine, Adyar-Ausgabe, Bd. 5, S. 435).

Diesem Beispiel folgend, setzte Alice Bailey ihre Schüler in der Arkanschule und die zukünftigen Novizen und Eingeweihten unter ihren Lesern davon in Kenntnis, daß sie – genau wie Madame Blavatsky – „Masken" verwende. Im allgemeinen war niemand sonderlich besorgt, weil sie fest davon überzeugt waren, daß ohnehin nur ein Eingeweihter diese Schriften verstehen würde. Dabei vergaßen sie jedoch Gott, der allein Weisheit gibt.

Auch im Aufbau ähneln sich New-Age- und NS-Bewegung. Abgesehen von einigen Dachorganisationen, wie dem „Unity-in-Diversity Council" und der „Planetary Initiative", die sich selbst als Netzwerk aus Netzwerken bezeichnen, ist die New-Age-Bewegung nicht als klar abgrenzbare Organisation aufgebaut. (Der Anhang enthält Material des Unity-in-Diversity Councils, dem Sie einige Fakten über dessen Zielsetzung und organisatorischen Aufbau entnehmen können.) Vielmehr ist die Bewegung im wahrsten Sinne des Wortes ein Netz aus verschiedenen

Netzen, dessen Herzstück von einigen Organisationen mit zentraler Bedeutung gebildet wird. Der Vorteil dieser Organisationsform liegt auf der Hand: Steht die Bewegung in der Gefahr, durch ein einzelnes Mitglied oder eine Organisation bloßgestellt zu werden, wie es zum Beispiel damals bei Jim Jones der Fall war, dann ist man sofort in der Lage, die Fischnetzstruktur neu zu knüpfen und diese Person oder Organisation auszuschließen – so als wäre sie nie ein Teil der Bewegung gewesen!

In der folgenden Liste sind die Übereinstimmungen zwischen der nationalsozialistischen und der New-Age-Bewegung einander gegenübergestellt:

NS-BEWEGUNG	NEW-AGE-BEWEGUNG
Der Nationalsozialismus geht im Kern auf okkulte Praktiken und Lehren zurück (s. Anhang über die okkulten Wurzeln der NS-Bewegung). Die Nationalsozialisten unter Hitler richteten außerdem das „Ahnenerbe“ mit Abteilungen zum Studium des Okkultismus ein.	Die New-Age-Bewegung basiert auf okkulten Praktiken und Lehren, in erster Linie auf den Schriften von H.P. Blavatsky („Geheimlehre“) und Alice A. Bailey, die behauptete, sie erhalte telepathische Botschaften von dem „Tibeter Djawal Khul“. Innerhalb der New-Age-Bewegung sind alle Arten von Okkultismus und Bewußtseinserweiterung erlaubt und werden sogar gefördert.
Der Nationalsozialismus vertrat die Lehre vom Ariertum und der Reinheit der arischen Rasse. Das „neue Zeitalter“ sollte sich auszeichnen durch das Auftreten einer durch Mutation entstandenen arischen „Herrenrasse“.	Die Lehren der New-Age-Bewegung betonen die Vorstellung vom Ariertum und der Reinheit der arischen Rasse. Das wird besonders in den Schriften von Alice A. Bailey und David Spangler deutlich. Die Anhänger der New-Age-Bewegung sind überzeugt,

sich durch Meditation und andere „spirituelle Disziplinen" zu einer „neuen Spezies", dem *homo noeticus,* entwikkelt zu haben. Dieser neue Menschentyp stellt sich dem *homo sapiens,* der als aussterbende Art bezeichnet wird, entgegen. Den Lehren zufolge stammen die Juden von einem anderen Sonnensystem (Lehre von Alice Bailey), die Orientalen und Schwarzen von einer anderen Wurzelrasse ab. Die abendländischen Rassen müssen unbedingt die Welt beherrschen, da sie angeblich zur Zeit die am weitesten entwickelte Wurzelrasse sind.

Der Nationalsozialismus zeichnet sich durch Haß auf die Juden aus und vertritt die alte okkulte Lehre eines Blutmakels, der auf den Juden lastet. Dieses „jüdische Problem" erfordert angeblich eine „angemessene Lösung".

Haß auf die Juden ist ein wichtiger Bestandteil der okkulten Geheimlehre. Nach den Schriften Alice Baileys, *die in der New-Age-Bewegung genauestens befolgt werden,* kann der neue „Messias" kein Jude sein, weil die Juden dieses Privileg verwirkt haben. Sie müssen vielmehr durch die „Feuer der Reinigung" hindurchgehen, um Demut zu lernen (siehe „The Rays and the Initiations" von Alice A. Bailey. Diese Aussage hinsichtlich des neuen „Messias" wurde 1949 verfaßt, als die ganze Welt über das Schicksal der jüdischen Bevölkerung Europas informiert war).
Die Lehre steht auch dem

	Zionismus überaus feindselig gegenüber und lehnt das Recht des jüdischen Volkes auf ein Heimatland ab. Das Schicksal der Juden im Zweiten Weltkrieg wird als Ergebnis des „schlechten Karmas ihres Volkes“ bezeichnet.
Hitler selbst war in okkulte Praktiken eingeweiht. Zu ihnen gehörten Yoga, tibetanische Lehren, Hypnose und die „Geheimlehre“ Helena Petrovna Blavatskys und des „Tibeters“.	Den Aussagen Benjamin Cremes zufolge ist „Maitreya Christus“ ein Eingeweihter des siebten Grades. Jeder, der in das „neue Zeitalter“ eingehen will, muß sich einer luziferischen Initiation unterziehen.
Der okkulte Kern der nationalsozialistischen Bewegung betrachtete die Suche nach dem „Heiligen Gral“ als einen Weg, um „höheres“ Bewußtsein zu erlangen.	Die New-Age-Bewegung betrachtet die Suche nach dem „Heiligen Gral“ als einen Weg zu einem „transzendentalen“ oder höheren Bewußtsein.
Die Führer der nationalsozialistischen Bewegung glaubten an das Gesetz von Karma und Reinkarnation.	Die Anhänger der New-Age-Bewegung glauben an das Gesetz von Karma und Reinkarnation.
Die Nationalsozialisten, in erster Linie Hitler, trachteten danach, luziferische Energien in sich aufzunehmen.	Die Mitglieder der New-Age-Bewegung und besonders David Spangler, einer der führenden Vertreter, behaupten, die luziferischen Energien seien positiv, da sie die „Energien der Erwartung“ seien, die „eine Person von einem Ort zum anderen versetzen“.
Hitler gebrauchte Meskalin, um seine Bewußtseinserwei-	Drogen werden von der New-Age-Bewegung schon seit lan-

terung zu beschleunigen.	gem zur Beschleunigung der Bewußtseinserweiterung eingesetzt.
Die Führer der nationalsozialistischen Bewegung waren der Ansicht, daß sie sich mit Hilfe von „spirituellen Disziplinen" und „Bewußtseinsentwicklung" zu einer neuen, überlegenen Spezies entwikkelt hätten.	Die Mitglieder der New-Age-Bewegung glauben, sie hätten sich durch „spirituelle Disziplinen" und „Bewußtseinsentwicklung" zu einer neuen, überlegenen Spezies entwikkelt – zum *homo noeticus,* im Gegensatz zur alten Art, dem *homo sapiens.*
Mitglieder der SS mußten sich Weihezeremonien unterziehen, die heidnischen Einweihungszeremonien ähnelten.	Mitglieder des „First Earth Batallion" der US-Armee, das sich an New-Age-Lehren orientiert, unterziehen sich Weihezeremonien, die heidnischen Einweihungszeremonien ähneln.
Die Nationalsozialisten glaubten, die menschliche Fortpflanzung müsse vom Staat kontrolliert werden.	Viele Mitglieder der New-Age-Bewegung, besonders auf höchster Ebene, vertreten die Ansicht, daß es eine Lizenz für die „Anschaffung von Kindern" geben müsse. Die Gruppe „Friends of the Earth" (Freunde der Erde) macht sich für dieses Anliegen besonders stark.
Die Nationalsozialisten richteten offene Entbindungsheime ein, die der Zucht einer „Herrenrasse" dienen sollten.[8]	Die New-Age-Bewegung betreibt ein als „die Farm" bekanntes Unternehmen im Bundesstaat Tennessee, zu dem ein offenes Entbindungsheim gehört. Den Müttern wird gesagt, sie könnten ihre Kinder so lange dort lassen, wie sie wollten. (Vom rechtli-

chen Standpunkt aus gesehen, ist es so gut wie unmöglich, die Erziehungsgewalt für ein Kind wiederzuerlangen, das für einen längeren Zeitraum dort gelassen wurde).

Hitler befürwortete es, Sträflinge in seine Bewegung einzugliedern und sie einzusetzen.

Die New-Age-Bewegung befürwortet es, Sträflinge als Mitglieder zu werben und sie einzusetzen. In „Signs of Christ“ von Harold Balyoz wird dies eigens erwähnt. Es gibt eine sehr große Anzahl von New-Age-Projekten, die sich nur mit der Mitgliederwerbung und Unterweisung von Gefangenen beschäftigen, um sie für die Ziele der New-Age-Bewegung zu gewinnen.

Der Nationalsozialismus strebte die Errichtung einer neuen Weltordnung an, in der die arische Rasse als die überlegene herrschen sollte.

Die New-Age-Bewegung strebt die Errichtung einer neuen Weltordnung an, in der das Ariertum die Vorherrschaft haben soll.

Der Nationalsozialismus war im Kern eine Synthese aus Okkultismus und Gnosis, gegründet auf der Geheimlehre und verknüpft mit den alten Mysterienlehren und den Lehren östlicher Religionen.

Die New-Age-Bewegung ist eine Synthese aus Okkultismus und Gnosis, gegründet auf der Geheimlehre, den Lehren Alice Baileys und einer Verbindung aus östlichen Religionen und den alten Mysterienlehren.

Die Nationalsozialisten kamen u.a. an die Macht, indem Hitler den Reichen versprach, sein Regime werde leistungsfähiger sein und deren Macht

Die New-Age-Bewegung hat sich die Unterstützung der Reichen und Mächtigen, wie zum Beispiel der „Chase Manhattan Bank“ und der Di-

vermehren. Den Armen wurde versprochen, das Regime werde eine ausreichende Versorgung mit den lebensnotwendigen Gütern sicherstellen.	rektoren vieler Unternehmen, gesichert. Ihnen wurde versprochen, die New-Age-Lehren würden sich auf das Unternehmertum und das Geschäftsleben positiv auswirken. Die Bewegung hat viele der Armen für ihre Ziele gewonnen, indem sie versprach, sie werde die Güter der Welt neu verteilen und eine neue, weltweit geltende Wirtschaftsordnung errichten.
Die Adepten der nationalsozialistischen Bewegung glaubten, die Götter lebten in „Shamballa“.	Eingeweihte der New-Age-Bewegung glauben, „Shamballa“ sei der Wohnsitz der Götter.
Der Nationalsozialismus war dem überlieferten Christentum feindlich gesinnt und wollte das Kreuz durch das Hakenkreuz ersetzen.	Die New-Age-Bewegung ist dem überlieferten Christentum feindlich gesinnt und trachtet danach, das Kreuz durch den Regenbogen und das Hakenkreuz zu ersetzen.
Hitler zwang seine Gefolgsleute, sich okkulten Einweihungsriten zu unterziehen.	In den Schriften von Creme, Spangler, Alice Bailey und anderen wichtigen New-Age-Vertretern wird vorausgesagt, daß wir uns einer Einweihung (Initiation) unterziehen müssen, wenn wir das „neue Zeitalter“ lebend erreichen wollen.
Die Nationalsozialisten glaubten, die Wurzeln des Ariertums reichten zurück bis in die Zeit von Atlantis.	Die Anhänger der New-Age-Bewegung führen die Wurzeln ihrer Geheimlehre und ihrer anderen okkulten Lehren in die Zeit von Atlantis zurück.

In „Mein Kampf“ behauptete Hitler, das Problem des Christentums sei dessen jüdischer Ursprung.

Creme, Alice Bailey, Theodore Roszak und andere wichtige New-Age-Vertreter behaupten, das Problem des Christentums bestehe in dessen Lehre von Christus, die „unmittelbar dem alten, überholten jüdischen Glaubenssystem“ entspringe.

Eingeweihte unter den Nationalsozialisten glaubten, aufgrund der Entwicklung „höheren Bewußtseins“ könne durch Mutation eine neue, überlegene Spezies der Arier ins Leben gerufen werden.

Die Eingeweihten in der New-Age-Bewegung glauben, durch Entwicklung „höheren Bewußtseins“ und Mutation könne eine neue, überlegene Spezies der Arier ins Leben gerufen werden.

Wie viele Nationalsozialisten war Heinrich Himmler dem Katholizismus überaus feindlich gesinnt. Er ging so weit, die öffentliche Hinrichtung des Papstes zu fordern, und zwang katholische Mitglieder der SS, ihre Kirche zu verlassen.

Benjamin Creme, der Sprecher des Tara Centers und Maitreyas, hat öffentlich erklärt, der Papst solle gezwungen werden, vor „Maitreya Christus“ die Knie zu beugen. Die Schriften Alice Baileys, die von der New-Age-Bewegung genauestens befolgt werden, sind durchsetzt von unterschwelligem Haß auf den Katholizismus.

Hitler trennte sich von Gruppen, die ihn unterstützten, sobald sie sich für ihn als unbequem erwiesen. So ersetzte er beispielsweise Röhms SA durch die SS.

In ihrem Buch „Die sanfte Verschwörung“ behauptet Marilyn Ferguson, aufgrund des netzartigen Aufbaus der Organisation sei keine Einzelperson oder Gruppe unentbehrlich. Die New-Age-Bewegung zählte beispielsweise Jim Jones stolz zu den ihren, bis sich die Mord- und Selbstmordkatastrophe von Guayana ereignete. Danach erwähnten sie ihn nie wieder, es sei denn, um ihn als Beispiel für die Gefahren des religiösen Fanatismus anzuführen.

Die Nationalsozialisten arbeiteten ein Programm zur heimlichen Tötung behinderter Kinder und geistesgestörter Menschen aus.

Mitglieder der New-Age-Bewegung haben Gesetzesinitiativen und medizinische Methoden der Euthanasie durch Verhungern und Abstellen von Lebenserhaltungssystemen unterstützt.

Die Nationalsozialisten bezeichneten den Mord an Juden als „Selbstreinigungsprozeß" und die Vernichtung der Juden als „Säuberungsaktion".

Die Mitglieder der New-Age-Bewegung glauben, daß eine „Säuberungsaktion" erforderlich ist, um die Welt vom „Bösen" zu befreien. (Das „Böse" wird definiert als alles, was Trennung verursacht. Als Verursacher der Trennung gelten die Anhänger der an *einen* Gott glaubenden Religionen – Juden, Christen und orthodoxe Moslems).

Die Nationalsozialisten führten neue Feste ein (Sonnenwendfeier, Wintersonnenwende, Julfest).

Die New-Age-Bewegung begeht neue Feste, jeweils bei Vollmond: Ostern (Widder), Wesak (Stier) und das Fest des guten Willens (Zwillinge); sie werden die „drei geistlichen Feste" genannt.

Die Nationalsozialisten förderten Einheit auf Kosten des einzelnen („Gemeinnutz vor Eigennutz").

Die New-Age-Bewegung fördert Einheit auf Kosten des einzelnen („Liebe", „Synthese", „Netzwerk", „alles ist göttlich", „Trennung ist ungeistlich").

[1] Die Allierten schafften nach ihrem Sieg eine Unmenge von Dokumenten außer Landes, von denen viele bis heute einen Geheimhaltungsvermerk tragen. So ist erklärlich, daß in den USA anscheinend mehr über den okkulten Hintergrund des Dritten Reiches bekannt ist als in der Bundesrepublik.
[2] Der Abt führte in seinem Wappen das Hakenkreuz! Vgl. Maser, Werner: Die Frühgeschichte der NSDAP, Frankfurt/M. und Bonn 1965, S. 53.
[3] Als Historiker der US-Armee Hitlers persönliche Bibliothek katalogisierten, fanden sie zahlreiche Bände mit okkultem Inhalt, die Hitler mit vielen handschriftlichen Anmerkungen versehen hatte. Zu diesen Büchern gehörte auch „Die Geheimlehre" von H.P. Blavatsky! Dietrich Eckart, ein führendes Mitglied der okkulten „Thule-Gesellschaft", hatte Hitler in Frau Blavatskys Lehre eingeführt. Im Sterben liegend, sagte Eckart im Dezember 1923: „Folgt Hitler! Er wird tanzen, aber ich werde die Melodie bestimmen. Ich habe ihn in die Geheimlehre eingeführt, seine visionären Zentren geöffnet und ihm so die Fähigkeit verliehen, mit den Mächten in Verbindung zu treten; ich werde die Geschichte mehr beeinflußt haben als jeder andere Deutsche." (Vgl. Carr, Joseph J.: The Twisted Cross, Shreveport, USA, S. 87 und 93.)
[4] s. z.B. Gamm, Hans-Jochen: Der braune Kult, Hamburg 1962
[5] Ravenscroft, Trevor: a.a.O., S. 263
[6] Bollmus, Reinhard: Das Amt Rosenberg und seine Gegner, Stuttgart 1970, S. 179
[7] ebenda, S. 311
[8] „Lebensborn", s. Gamm, a.a.O., S. 144f

Unterwanderungstechniken, Mitgliederwerbung und Indoktrination

Es versteht sich von selbst, daß die New-Age-Bewegung und ihre Führer das von ihnen ersehnte „neue Zeitalter" erst einleiten und ihrem „Christus" erst zur Macht verhelfen können, wenn ein wesentlicher Teil der Bevölkerung durch Indoktrination dazu gebracht worden ist, diesen falschen Messias anzunehmen.

Wie zu erwarten ist, wurde daher ein gut durchdachter und bestens organisierter Propagandafeldzug in die Wege geleitet. Sein Ziel besteht darin, die Öffentlichkeit immer mehr zu beeinflussen, bis sie schließlich bereit ist, die neue Weltordnung anzunehmen. Die Pläne, denen die New-Age-Bewegung zu diesem Zweck teils genauestens, teils annähernd folgt, stammen von Alice Bailey und H.G. Wells.

Nach Aussagen von Alice Bailey sollte die breite Öffentlichkeit mit dem Begriff der „Hierarchie" vertraut gemacht werden. Im Jahre 1946 wies sie die New-Age-Jünger an, in der Propaganda folgende Punkte besonders hervorzuheben:

1. Die Evolution der Menschheit mit besonderer Betonung der Vollkommenheit des Menschen als Ziel.
2. Die Verbindung der einzelnen Seele mit allen Seelen (Lehre von der Einheit oder gegenseitigen Abhängigkeit allen Lebens).
3. Der Glaube an die geistliche Hierarchie ist dann das Resultat des Glaubens an die beiden ersten Punkte, und „ihre Existenz sollte als ganz normal betont" werden. Zusätzlich

wird gelehrt, daß „das Königreich stets gegenwärtig gewesen ist“, jedoch nicht erkannt wurde, weil bisher „relativ wenige Menschen seinen guten Eigenschaften Ausdruck verliehen haben“.

4. Nachdem die ersten drei Lehren ihre Wirkung erzielt haben und allgemein anerkannt worden sind, wird als nächstes hervorgehoben, daß es unter uns solche gibt, die bereits das Ziel der „Seelenbeherrschung“ erreicht haben.

Diesem in „The Externalisation of the Hierarchy“ aufgestellten Schema zufolge sollte auch die Vorstellung der körperlichen Gegenwart sogenannter „Meister“ nach und nach in das Bewußtsein der Öffentlichkeit einfließen. Im Anschluß an diesen Gedanken sollte wiederum die Annahme suggeriert werden, ein besonders begünstigtes Individuum auf dieser Welt habe den Entwicklungsprozeß bis zur Vollkommenheit durchlaufen und das „Christusbewußtsein“ erlangt. Dieses Individuum sollte dann als Haupt der „Hierarchie“ und als „Leiter des Reiches Gottes auf Erden“ dienen.

Um die Welt auf das „neue Zeitalter“ und den „Christus des neuen Zeitalters“ vorzubereiten, sollten auch noch weitere Lehren verbreitet werden. Dazu gehörten *Bewußtseinskontrolle, Meditation* und *Farbtherapie. Musiktherapie und holistische (ganzheitliche) Gesundheit* tauchten zusätzlich auf der zusammengewürfelten „Speisekarte“ des „neuen Zeitalters“ auf. *New-Age-Symbole* wie der Regenbogen, der Pegasus, das Einhorn, das allsehende Auge der Freimaurerei und die dreifache Sechserzahl sollten zunehmend verwendet werden.

Bis 1975 sollte die Bewegung im Untergrund bleiben. Von da an hatte sie den Auftrag, alles ans Licht der Öffentlichkeit zu bringen. Auch der „Plan“ und seine Beschaffenheit sollten nicht länger geheimgehalten werden. Alles Verborgene sollte durch einen uneingeschränkten Propagandavorstoß ans Licht kommen. Die bis zu diesem

Zeitpunkt esoterischen – also geheimen – Lehren vom „neuen Zeitalter" sollten jetzt verbreitet und in Verbindung mit der Ankündigung eines „Christus des neuen Zeitalters" durch jedes verfügbare Medium propagiert werden.

Schon lange vor 1975 war mit den Vorbereitungen für diesen Propagandafeldzug begonnen worden. Es war kein Zufall, daß die Bewegung den von H.G. Wells in seinem Buch „Die offene Verschwörung – Aufruf zur Weltrevolution"[1] gegebenen Strategieanweisungen Folge leistete, indem sie die Zusammenarbeit mit einer Vielzahl verschiedenartiger Bewegungen und Persönlichkeiten suchte. Bei diesen Aktivitäten ließ die Bewegung äußerste Vorsicht walten, um zu verhindern, daß „fanatische" Gläubige etwas über die okkulte Natur des „Plans" erfuhren. Wells zufolge sollte das erste öffentliche Handlungsmanöver dieser „offenen Verschwörung" darin bestehen, „daß die Mitglieder der Gruppen ihren Einfluß bekunden, jede militärische Verpflichtung abzulehnen" (S. 140).

Das Motiv hinter diesem Manöver bestand in erster Linie im Schaffen eines praktischen Anlasses, um zunächst einmal viele Sympathisanten der offenen Verschwörung zusammenzubringen. Außerdem sollte die Verschwörung aus dem Bereich des Mystischen und Theoretischen hinaus in das „Feld des praktischen Konflikts" getragen werden.

Der nächste Schritt der Verschwörung war dann „eine skeptische und zerstörerische Kritik an Religionen, die den Gedanken der persönlichen Unsterblichkeit vertreten" (S. 144). Merkwürdigerweise sollte gleichzeitig der Kommunismus zerstört werden. (Die New-Age-Bewegung ist der Auffassung, daß ihr Programm die grundlegenden Forderungen des Kommunismus erfüllen würde, da es einen weltweiten Sozialismus vertritt. Die bestehenden kommunistischen Lehrsätze sollen jedoch abgeschafft werden, da sie eine Diktatur des Proletariats fordern, während der New-Age-Bewegung bzw. den Mitgliedern der offenen Verschwörung mehr an einer Diktatur der „Hierarchie" unter „Maitreya Christus" gelegen ist.)

Diejenigen, die den Mitgliedern der offenen Verschwörung brauchbar erschienen, sollten in das Studium der allgemeinen Prinzipien der Verschwörung eingeweiht werden – ähnlich dem okkulten System von Eingeweihten, Adepten und Meistern, das von jeher befolgt worden war.

Die Verschwörung sollte eine große Vielfalt von Menschen mit unterschiedlichem Bildungsgrad, geistigem Horizont und unterschiedlicher praktischer Begabung einschließen. Dieser Ratschlag ist offensichtlich von der New-Age-Bewegung befolgt worden; in ihr kann jeder – bis auf gläubige Juden und Christen – etwas Interessantes finden. Gleichzeitig ist es gelungen, emsige Mitarbeiter zu gewinnen, indem man an das Mitgefühl derer appellierte, die sich durch die vom Hunger geschaffenen Probleme betroffen fühlten.

Diskussionsgruppen sollten gebildet werden, um Sprecher und Diskussionsleiter hervorzubringen. Deren Aufgabe sollte sein, das Interesse weiterer Organisationen, die selbst noch nicht Teil der Bewegung waren, zu wekken und den Mitgliedern die Lehren der offenen Verschwörung bzw. der New-Age-Bewegung unterzuschieben.

Diese Diskussionsgruppen sollten sich immer enger zu Orts- und Bezirksverbänden zusammenschließen. Wells ging davon aus, daß sie durch kurzfristige Aktivitäten auch die soziale, gesellschaftliche Ebene miteinbeziehen würden und daß dies ebenfalls den Zielen der Verschwörung dienen könnte.

Auch selbständige Initiativen sollten gefördert werden, solange sie den provisorischen Charakter jeder bestehenden Regierung betonten. Sie sollten sich zur Verwirklichung folgender Programmpunkte entschließen:

- Errichtung eines Weltwirtschaftssystems;
- Übereignung des privaten Eigentums im Kredit- und Transportwesen und in der Massengüterproduktion an ein Weltdirektoriat;
- Anerkennung der Notwendigkeit, biologische Fragen wie die der Bevölkerungsdichte und des Gesundheitswesens einer weltweiten Kontrolle zu unterwerfen;
- Gewährleistung eines weltweit geltenden Minimums an Freiheit und Wohlstand;
- Pflicht, das persönliche Leben den Zielen eines Weltdirektoriats unterzuordnen.

Man braucht nur die Richtlinien der „Planetary Initiative for the World we Choose" zu betrachten, um zu erkennen, daß Wells Anweisungen und Warnungen befolgt wurden. Studiert man die Weltgeschichte – insbesondere die Geschichte der Vereinigten Staaten nach dem Vietnamkonflikt – werden die Ursprünge der heutigen New-Age-Bewegung in ihrer gegenwärtigen Form sehr bald klar. Die esoterischen Gruppen wurden von sehr vielen Menschen unterstützt, die mit ihnen auf kurzfristiger Basis in Fragen der Abrüstung und des Friedens zusammenarbeiten.

Es gibt noch andere Hinweise dafür, daß Wells zu der Bewegung gehörte und daß ihr gegenwärtiger Aufbau nicht rein zufällig mit seinen Entwürfen übereinstimmt. Für jeden, der Wells Rolle innerhalb der Bewegung näher erforschen möchte, findet sich ein erster interessanter Hinweis in dem Buch „Die sanfte Verschwörung". Dort wird Wells an mehreren Stellen als bedeutender Schriftsteller erwähnt.

Einen noch aussagekräftigeren Hinweis gibt ein Produkt aus den Druckerpressen von Lucis Trust und dessen Verlag Lucis Publishing Company. In ihrem offiziellen Organ „The Beacon“ (Leuchtturm, Leitstern) erschien 1977 auf Seite 310 der Mai/Juni-Ausgabe ein Artikel unter dem Titel „H.G. Wells, ein Vorläufer“.

Der Verfasser des Artikels stellt ganz richtig fest:

> „Es gab nur wenige, die mehr getan haben, um zum Aufstand gegen das christliche Dogma und gegen allgemeingültige Verhaltensmaßregeln aufzurufen ...“

Wells Einfluß wirkt immer noch fort und vergrößert sich sogar. Die New-Age-Bewegung und die „Planetarische Initiative“ sind nach seinen Vorstellungen aufgebaut:

> „... stellen wir uns die offene Verschwörung als einen Zusammenschluß vieler und einander überschneidender Gruppen vor, nun aber schon zu gemeinsamer politischer, sozialer und erzieherischer Tätigkeit als auch zur Propaganda organisiert. Sie werden einander jetzt viel deutlicher erkennen und einen gemeinsamen Namen führen“ (S. 166).

Sie führen in der Tat einen gemeinsamen Namen: New-Age-Bewegung! Und sie tragen nicht nur zusammen diesen Namen, sondern sind auch ihrem Wesen nach gleich. Wells sagte ganz präzise voraus:

> „Der Charakter der Offenen Verschwörung scheint mir nun zur Genüge beschrieben zu sein. Sie wird zu einer großen Weltbewegung anwachsen, so weitverbreitet und sichtlich wie der Sozialismus oder Kommunismus. Sie wird großteils an Stelle dieser Bewegungen treten, denn sie ist mehr, sie ist eine Weltreligion. Diese große, lose, sich an alles anpassende Menge von Gruppen und Verbänden wird klar und eindeutig das Ziel verfolgen, die gesamte Bevölkerung der Welt zu verschlucken, und zur neuen Gemeinschaft des Menschen werden“ (S. 167).

Das Wesen der Bewegung ist hier eindeutig und präzise dargestellt. Werden wir rechtzeitig aufwachen und erkennen, was sich in Wahrheit hinter ihr verbirgt?

Mitgliederwerbung

Neben den allgemeinen strategischen Prinzipien der New-Age-Bewegung gemäß den Schriften von Alice Bailey und H.G. Wells wenden ihre Anhänger besondere Taktiken an, um die Mitgliederzahl zu vergrößern. Sie gebrauchen Bücher über jedes nur vorstellbare Thema, um ihr Gedankengut zu verbreiten. Diese Bücher betonen gewöhnlich, die Welt sei nur eine besondere Ausdrucksform von Gedanken und könne deshalb durch den eigenen Geist kontrolliert werden. In allen möglichen Büchern, vom Kochbuch für gesunde Ernährung bis zur Selbsthilfe bei Depressionen, wird Meditation angepriesen.

Selbst christliche Buchhandlungen sind dem verführerischen Einfluß der New-Age-Bewegung erlegen. Oft biegen sich ihre Regale unter dem Gewicht von Büchern, die praktisch jeden Programmpunkt der New-Age-Bewegung enthalten – von Meditation und positivem Denken bis hin zur Unterstützung einer neuen Weltordnung. Von der normalen New-Age-Literatur unterscheiden sie sich nur durch die hinzugefügte Bezeichnung „christlich". Sie verkünden gewöhnlich, wir sollten uns an einer Verschwörung beteiligen, um die Welt immer mehr zu verbessern, bis der Herr wiederkehrt; so verkünden es auch die Anhänger des Antichristen bzw. Maitreyas.

Außerhalb der Buchhandlungen wird die Mitgliederwerbung bei denen betrieben, die ein Interesse an der positiven Veränderung ihrer Persönlichkeit haben. Sie werden aufgefordert, sich mit einer der zahlreichen „Psychotekniken" zu beschäftigen: Wunscherfüllung durch positives Denken, Autosuggestion, Hypnotherapie, Lenkung der Vorstellungskraft. Diese Techniken bringen die Menschen mit fast hundertprozentiger Sicherheit in Kontakt mit „geistlichen Leitern", d.h. Dämonen. Silva Mind

Control, EST (Erhard Seminar Training), „Wunderkurse" und andere Angebote der „Wissenschaft des Geistes" führen die Teilnehmer unweigerlich zur New-Age-Bewegung.

Noch erschreckender ist die Tatsache, daß solche Kurse von protestantischen und katholischen Geistlichen und Nonnen besucht und manchmal sogar gehalten werden. In Detroit zum Beispiel unterrichten ein römisch-katholischer Priester und eine Nonne in einem Kursus von Silva Mind Control. Eine Episkopalkirche in Bloomfield Hills, Michigan, hat ein „holistisches Gesundheitszentrum" finanziert. In der Kathedrale St. John the Divine in New York hielt gar David Spangler einige Predigten – derselbe David Spangler, der gesagt hatte, man müsse sich einer luziferischen Initiation unterziehen, um in das neue Zeitalter eingehen zu können!

Auch die Stoßkraft der Öffentlichkeitsarbeit von Unity[2] und den Unitariern nimmt immer mehr zu. Beide Organisationen wenden sich an Alleinstehende, Geschiedene, Depressive, Übergewichtige, Alkoholiker und an andere, die sich selbst und ihre Identität finden wollen. Diese Kirchen sprechen Menschen in der Großstadt an, indem sie an ihr Gemeinschaftsgefühl appellieren. Oft stehen zwanglose gemeinsame Essen und Tanzveranstaltungen für Alleinstehende auf dem Programm. Seelisch Labilen bietet man Kurse zur Bewußtseinskontrolle an.

Zum ersten Mal in ihrem einsamen, angsterfüllten Leben erfahren viele dieser Menschen ein Gefühl der Zugehörigkeit. Aber leider entstammen die Anweisungen, die sie dort zur Lösung ihrer Probleme erhalten, nicht der Bibel. Die Menschen lernen vielmehr, daß sie die schöpferischen Kräfte Gottes selbst beeinflussen und immer wieder den Prozeß der Reinkarnation durchlaufen können. Die Möglichkeit des geselligen Beisammenseins mag ihre Krankheit, die Einsamkeit, vielleicht vorübergehend etwas lindern, aber das trägt wohl kaum zu ihrem dauerhaften geistlichen Frieden und ihrer Errettung bei.

Auch Läden für Gesundheitskost sind in Wirklichkeit häufig Zentren der New-Age-Mitgliederwerbung. Wiederum stößt die Bewegung hier in eine Marktlücke vor, indem sie das Bedürfnis der Menschen, sich in einer „reinen" Umgebung zu treffen und kennenzulernen, ausnutzt.

Die New-Age-Bewegung führt inzwischen überall in den Vereinigten Staaten in psychiatrischen Anstalten Programme durch. Da werden Meditation und transpersonale Psychologie angewendet, Biofeedback (Gebrauch von Zen und Meditation, um „Alpha-Wellen" zu schaffen) und Musikmeditation. All diese Psychotechniken führen den Menschen mit sehr hoher Wahrscheinlichkeit in einen Zustand der Besessenheit oder zumindest in einen Zustand verminderten inneren Widerstandes, der die Gefahr der Besessenheit erhöht.

In einem Bundesstaat wurden diejenigen, die so töricht waren, zu protestieren und sich der Anwendung solcher Therapien zu widersetzen, versetzt oder entlassen. (Die Programme sind nichts anderes als eine staatlich eingesetzte Zwangsreligion.) Der Psychologe, der damals die Anwendung dieser New-Age-Techniken vorgeschlagen hatte, wurde daraufhin befördert und hat jetzt eine leitende Position bei einer staatlichen Behörde inne. Dadurch ist es ihm möglich, sich dafür einzusetzen, *daß alle staatlichen Institutionen diese Techniken anwenden, die einen wesentlichen Bestandteil der neuen Weltreligion des „neuen Zeitalters" bilden.*

Auch Drogen sind ein Weg, neue Soldaten für das New-Age-Heer im „Zeitalter des Wassermanns" anzuwerben. Bewußtseinsverändernde Drogen wurden von der Vorhut der Bewegung – von Timothy Leary und anderen – propagiert, und auch die heutigen Sprecher der

New-Age-Bewegung betrachten Drogen nicht gerade als schädlich für unsere Gesellschaft. Vielmehr werden sie als „Instrumente der Transformation" (Umwandlung) bezeichnet.

In ihrem New-Age-Klassiker „Die sanfte Verschwörung" meint Marilyn Ferguson:

> „Die historische Bedeutung der Psychedelika als Einstiegsmittel, wodurch die Menschen zu anderen transformativen Technologien gelangten, kann nicht hoch genug eingeschätzt werden."
> „Jene, die Psychedelika einnahmen, entdeckten alsbald, daß historische Darstellungen, die ihren eigenen Erfahrungen am nächsten kamen, entweder aus der mystischen Literatur oder aus dem Wunderland der theoretischen Physik stammten – zwei sich ergänzende Sichtweisen in bezug auf ‚das Alles, die Fülle und die Leere' ..."
> „Die drogenfreien Psychotechnologien bieten eine kontrollierte und stetige Bewegung in Richtung zu dieser umfassenden Wirklichkeit. In den Annalen der Verschwörung im Zeichen des Wassermanns finden sich unzählige Berichte von Übergängen dieser Art: von LSD zu Zen, über LSD nach Indien, von Psilocybin zur Psychosynthesis" (S. 100-101).

Da haben wir es also! Die explosionsartige Ausbreitung psychedelischer Drogen war für Millionen das Eingangstor zur ersten Einweihung in das „Zeitalter des Wassermanns". Auch das stimmt mit der New-Age-Strategie und den Instruktionen überein, die der „Tibeter Djawal Khul" Alice Bailey diktierte.

„Erleuchtung"

> „1. Die höheren und niederen Siddhis (oder Kräfte) werden durch Inkarnation oder durch Drogen, durch Worte der Kraft, durch starken Wunsch oder durch Meditation erlangt."[3]

Um der New-Age-Bewegung und Alice Bailey nichts Falsches nachzusagen, muß man hinzufügen, daß der *dauernde* Gebrauch von Drogen gewöhnlich nicht empfohlen wird. Für Mitglieder und zukünftige Mitglieder der Bewegung sind sie lediglich als Vehikel zur Einweihung gedacht. Die Anhänger sollen dann allmählich zu verschiedenen Psychotechniken übergehen – zum Beispiel zur „Transzendentalen Meditation“ (TM) –, die zu „transzendenten“ Erfahrungen führen; diese bilden das verbindende Element, das die Mehrheit der New-Age-Mitglieder zusammenhält.

Wie schon erwähnt, ist es nicht das erste Mal, daß eine Regierung den Gebrauch von Psychotechniken fördert und Drogen eingesetzt werden, um „transzendente“ Erfahrungen herbeizuführen. Hitler versuchte beides. Er gebrauchte Meskalin zur Beschleunigung der Bewußtseinserweiterung, und in seinem engsten Kreis experimentierten alle mit Psychotechniken, indem sie sich gemeinsam im „Licht“ versenkten.

Unterwanderung von Regierungen durch die New-Age-Bewegung

Nach Aussagen von Marilyn Ferguson und anderen New-Age-Autoren ist zumindest die US-Regierung schon seit langem durch Mitglieder der New-Age-Verschwörung unterwandert.

In ihren öffentlichen Vorträgen berichtet Frau Ferguson, sie sei 1982 sogar als Hauptrednerin zum Jahresessen des Verteidigungsministeriums eingeladen worden. In ihrem Buch teilt sie freimütig mit, es gäbe Verschwörer auf Kabinettsebene, im Stab des Weißen Hauses und im Kongreß, also auf jeder Regierungsebene. Ihrem Buch zufolge beinhalten die Programme des „National Institute of Mental Health“ (des staatlichen Instituts für geistige Gesundheit), des Ministeriums für Erziehung und Sozialwesen und des Verteidigungsministeriums unter anderem Zen, Transzendentale Meditation und eine Vielzahl anderer Psychotechniken. Damit ist noch gar nichts über die Korruption hinsichtlich der Regierungszuschüsse für diese religionsähnlichen oder offen religiösen New-Age-Programme gesagt.

Im Jahre 1978 wurde in Washington eine Konferenz zum Thema „Holistische Gesundheit, ein öffentliches Programm" abgehalten, für die als Schirmherren unter anderem auch verschiedene Regierungsstellen auftraten. Man kann zwar schwerlich gegen die Anwesenheit von Politikern, Ärzten und Psychologen bei dieser Konferenz protestieren, aber es war doch recht verwunderlich, wer sonst noch auf der Rednerbühne Platz nahm: „spirituelle" Lehrer, Futuristen, ein Meditationslehrer und der erklärte Gegner jeglicher Form organisierter Religion, Buckminster Fuller. Nur etwa die Hälfte der Redner gehörte zur New-Age-Bewegung, das Programm jedoch bestand zu beinahe 90 Prozent aus New-Age-Themen.

Zu den Themen, die der New-Age-Bewegung nach dem Herzen waren, gehörten unter anderem: Einrichtung von „holistischen Gesundheitszentren", Heilpraktiken anderer Kulturen, „holographische" Theorie von Geist und Realität, Yoga, Musik und Bewußtsein (eine genaue Umsetzung von Alice Baileys Anweisung, daß Musiktherapie als Teil der Vorbereitung auf das neue Zeitalter gelehrt werden soll), Akupunktur, Akupressur, buddhistische Meditationstechniken, Biofeedback, Lenkung der Vorstellungskraft und das „sich verändernde Menschenbild" (vom Stanford Research Institute herausgegebenes New-Age-Manifest).

Unterwanderung der Wirtschaft

Die New-Age-Verschwörer sind nicht nur in die Regierung, sondern auch in große amerikanische Firmen vorgedrungen. Sie sind an das Großkapital mit dem Wunsch herangetreten, es möge seinen sozialen und finanziellen Einfluß geltend machen, um sie bei der Erreichung ihres Ziels der Herrschaft über die Welt zu unterstützen; diese Welt wäre in erster Linie von denen bevölkert, die mehr ihren mystischen Vorstellungen als ihrem alltäglichen gesunden Menschenverstand folgen.

In „Die sanfte Verschwörung" berichtet Marilyn Ferguson, es sei gelungen, für Veranstaltungen über „holistische Gesundheit" die finanzielle Unterstützung von Lockheed Aircraft, der Rockefeller Foundation und anderen zu gewinnen. Es fällt zwar auch hier schwer, gegen Anliegen wie biologischen Gemüseanbau oder ausreichenden Nachtschlaf Argumente zu finden, bei genauer Betrachtung der Programmpunkte dürfte man jedoch berechtigten Anlaß zur Sorge haben. Das Programm klingt nicht so sehr wie ein Seminar über gesunde Lebensführung, sondern vielmehr wie ein okkulter New-Age-Katalog.

Solche Programme enthalten stets die folgenden Punkte, die im Grunde nichts weiter als unterschiedliche Formen östlicher okkulter Techniken darstellen: Meditation, Visualisation (nach Aussagen von Okkultisten ist dies ein verkürzter Weg zur Erschließung aller mystischen Geheimnisse), Biofeedback (natürlich vertieft durch Meditation), Akupunktur (Manipulation der „Kraft" oder der „Lebenskraft"), Hypnose, übersinnliche Heilmethoden usw.

Als ob das nicht ausreichen würde, das Herz der New-Age-Mitglieder in der ganzen Welt zu erfreuen, kommt jetzt noch die neueste Nachricht aus den heiligen Hallen der Großindustrie hinzu: Neuerdings werden Kurse im „New-Age-Denken" angeboten – in erster Linie für das mittlere und leitende Management und für Vertreter. General Motors, Chrysler, AT & T und Ölkonzerne aus dem Südwesten der USA haben ihren Mitarbeitern solche Kurse angeboten. Einer dieser Kurse unter dem Titel „New-Age-Denken“ ist bereits bei vielen Firmen eingesetzt worden.

Die Teilnehmer dieser Firmenkurse werden sogar aufgefordert, ihre Familien mitzubringen. Ein durch psychologische Methoden gestärktes Selbstbewußtsein wird als Teil eines neuen „geistigen Werkzeugkastens“ besonders hervorgehoben. Wie bei anderen Psychotechniken wird das Wahrnehmungsvermögen der Teilnehmer manipuliert, um sie in das „New-Age-Denken“ hineinzuführen.

Die Teilnehmer lernen vor allem, daß sie sich durch ihre Gedankenform eine eigene Welt schaffen können. Indem sie negative Einflüsse ignorieren oder als unwichtig darstellen, können sie angeblich eine heile Welt schaffen. Der nächste logische Schritt besteht natürlich in dem Glauben, man sei sein eigener Gott. Und wohin wird man im Rahmen eines solchen Programmes verwiesen, wenn man nach geistlicher und religiöser Unterweisung verlangt? Wiederum werden die Teilnehmer an die Quellen verwiesen, die den New-Age-Seelenforschern und Spiritisten besonders ans Herz gewachsen sind – an die wichtigsten Vertreter der Idee von der „Göttlichkeit des Menschen“: Pierre Teilhard de Chardin, Hermann Hesse, Erich Fromm, Abraham Maslow, Carl Rogers und ihren nahezu schlimmsten Vertreter Ram Dass, einen erklärten Feind jüdisch-christlicher Glaubensinhalte und Verfechter einer Massenbekehrung zum Hinduismus und zu anderen Formen östlicher Mystik.

Der Zwang zum Besuch dieser New-Age-Seminare stellt ganz entschieden eine Form religiöser Diskriminierung dar, die nicht geduldet werden sollte. Eine Teilnahme darf nicht als Anlaß für eine Beförderung, eine Weigerung nicht als Anlaß zur Herabstufung dienen.

Darf ein Arbeitgeber einen Mitarbeiter befördern oder herabstufen, weil er regelmäßig zur Messe geht oder einen Gottesdienst besucht? Die Antwort ist natürlich ein klares Nein. Genausowenig sollte es dem Arbeitgeber erlaubt sein, auf diese Weise mit Mitarbeitern zu verfahren, deren Gewissen es nicht erlaubt, an Seminaren über das „New-Age-Denken“ teilzunehmen.

Solche handfesten Verwicklungen der Wirtschaft in die New-Age-Bewegung sind längst nicht mehr auf die USA beschränkt. Ein recht anspruchsvoller New-Age-Informationsdienst rühmt sich beispielsweise, wie beliebt er bei der deutschen Industrie geworden sei. Und in der Tat liest sich die Liste auf der Bestellkarte wie ein „Who's Who“ der bundesdeutschen Großindustrie und des Mittelstandes. Immer wieder wird den (zukünftigen) Beziehern versichert, wie ungeheuer nützlich die dargebotenen Informationen für die geschäftlichen und persönlichen Beziehungen seien.

Auch Kurse über New-Age-Themen haben schon vor langer Zeit Einzug in die Wirtschaft der deutschsprachigen Länder gehalten. Die Themen sind immer gleich: Yoga, Entspannungstechniken, positives Denken usw. Inzwischen wird sogar die Videotechnik zu diesem Zweck eingesetzt; der lukrativen New-Age-Welle auf dem Buchmarkt folgend, bietet zumindest ein Verlag Videokassetten zum Selbststudium von Psychotechniken an.

Astrologie – Eingangstor für junge suchende Menschen

Durch Astrologen und das weitverbreitete Interesse an Astrologie ist die Öffentlichkeit zu großen Teilen bereits auf das „Zeitalter des Wassermanns“ vorbereitet worden. „Welches Sternbild haben Sie?“ Diese Frage ist eine beliebte Methode, um auf Parties ein Gespräch in Gang zu bringen, leider viel zu oft auch unter Christen. Tageszeitungen veröffentlichen Horoskope, und an jedem Zeitungskiosk gibt es eine Vielzahl von Astrologie-Magazinen zu kaufen.

Die Tatsache, daß Astrologie so beliebt und allgemein akzeptiert ist, hat in der breiten Öffentlichkeit zu dem Glauben geführt, daß sie entweder doch ein gewisses Maß an Wahrheit enthält oder daß sie – noch schlimmer – nichts weiter ist als ein harmloser Zeitvertreib. Diejenigen jedoch, deren Neugier durch ein gelegentlich eintreffendes Tageshoroskop geweckt ist, wollen bald mehr darüber wissen. Nachdem der begeisterte Interessent alle verfügbaren Bücher über das Thema in allgemeinen Bibliotheken und Buchhandlungen durchforstet hat, bleibt ihm nichts anderes übrig, als sich in okkulten Buchhandlungen umzusehen und nach Gleichgesinnten Ausschau zu halten.

Wenn er bis dahin immer noch nichts davon gehört hat, wird er spätestens jetzt mit dem kommenden „Zeitalter des Lichts und der Liebe“ vertraut gemacht – dem Zeitalter des Wassermanns. Natürlich wird ihm auch mitgeteilt, daß diesem „neuen Zeitalter“ eine sogenannte „Säuberungsaktion“ vorausgehen muß – derselbe beschönigende Ausdruck, den Hitler für die Vernichtung von Juden, Zigeunern und der Slawen verwandte. Da sich der zukünftige Initiat aber mehr in der astrologischen Überlieferung als in der Geschichtsschreibung auskennt, bemerkt er diesen Zusammenhang nicht.

Der suchende Mensch findet bei diesen Treffen und in den New-Age-Buchhandlungen, die gewöhnlich auch eine Art von okkultem Club sind, angenehmen Zeitvertreib und ein Gefühl der Zugehörigkeit und des Angenommenseins. Was so unschuldig seinen Anfang nimmt, zieht den Menschen dann unweigerlich und mit unmerklicher Leichtigkeit in die politischen, religiösen und sozialen Fangarme der New-Age-Bewegung.

Hunger-Projekte – Eine List der New-Age-Bewegung

Wenn es der New-Age-Bewegung nicht gelingt, einen Menschen durch das Interesse am Geheimnisvollen und Okkulten anzusprechen, versuchen sie es durch den Appell an das Mitleid. Das „Hunger Project" und eine Vielzahl anderer Projekte, die angeblich das Problem des Hungers in der Welt bekämpfen, erfüllen auf diese Weise ihre Funktion in den Plänen der New-Age-Bewegung. Die Pläne, die sie gewöhnlich als praktische Lösungsvorschläge zur Bewältigung des Hungerproblems in der Welt anführen, ähneln in bemerkenswerter Weise dem System, das im 13. Kapitel der Offenbarung beschrieben ist:

> „Und es bewirkt, daß allen, den Kleinen und den Großen, den Reichen und den Armen, den Freien und den Knechten, ein Malzeichen gegeben wird auf ihre rechte Hand oder auf ihre Stirn, und daß niemand kaufen oder verkaufen kann als nur der, welcher das Malzeichen hat, den Namen des Tieres oder die Zahl seines Namens. Hier ist die Weisheit! Wer Verstand hat, der berechne die Zahl des Tieres, denn es ist eines Menschen Zahl, und seine Zahl ist 666" (Offenbarung 13,16-18).

Leider wird den Interessenten, die die einführenden Veranstaltungen solcher Organisationen besuchen, eines verschwiegen: daß der größte Teil, wenn nicht gar die Gesamtheit ihrer Finanzen dafür eingesetzt wird, die neue Weltordnung zu etablieren. Von den wahren Motiven der Leiter auf höchster Ebene, die hinter diesen Bemühungen stehen, wird nichts bekannt.

Buckminster Fuller ist eine treibende Kraft innerhalb des „Hunger Project". Er ist aber auch Gründer der „World Game Laboratories"[4] und für einen Sitz im „Weltrat der Weisen" der Planetarischen Initiative vorgeschlagen worden.

Das wahre Motiv, das hinter der Einrichtung dieser gigantischen globalen Verwaltungszentren steht, ist auf

Seite 20 von Fullers 1981 veröffentlichtem Buch „The Critical Path“ (erschienen bei St. Martin's Press, New York) angegeben:

> „In der gesamten Geschichte des Transportwesens zu Wasser und zu Lande ist es nur denjenigen gelungen, die Kontrolle über die wichtigsten Versorgungswege der Welt zu gewinnen und zu behalten, die in dem Spiel der Erlangung menschlicher Oberherrschaft über alle anderen weniger mächtigen Organisationen – und damit auf unsichtbare Weise über die gesamte Menschheit – DIE MEISTER wurden“ (Hervorhebung im Original).

Das ist mehr als interessant, denn Fuller arbeitet eng mit Donald Keys von der Planetarischen Initiative und den Planetary Citizens (den planetarischen Bürgern) zusammen. Keys wiederum folgt ganz offen Alice Bailey und ihrem tibetanischen Mentor Djawal Khul. Und unsichtbare Herrschaft der Meister *ist* das Ziel des „Plans der Weltdiener“, die diese Kampagne für globale Verwaltungssysteme ursprünglich ins Rollen gebracht hatten.

Lucis Trust, der Verwalter der Schriften Alice Baileys, wurde – wie bereits erwähnt – ursprünglich unter dem Namen „Lucifer Publishing Company“ gegründet. Im Jahre 1924 nahm das Unternehmen dann den etwas weniger auffälligen Namen „Lucis Trust“ an. Eine von dessen Unterorganisationen ist die Bewegung „Weltweiter guter Wille“ (World Goodwill). Viele christliche Gruppen, unter ihnen „Brot für die Welt“, sind von dieser Bewegung unterstützt worden, die in aller Öffentlichkeit auf die Errichtung einer neuen Weltordnung hinarbeitet.

Man kann sich kaum vorstellen, welch eine Wirkung es hätte, wenn das Geld, das jetzt zur Öffentlichkeitsarbeit für das von Lucis Trust und der Planetarischen Initiative angestrebte System verwandt wird, wirklich für hungernde Kinder ausgegeben würde. Aber statt ihnen Brot für ihre hungrige Mägen zu geben, werden sie als Schachfiguren in einem politischen Manöver eingesetzt, das der Schaffung gewaltiger internationaler Gebilde und einer Weltherrschaft wie in Orwells Buch „1984“ dient.

Anmerkungen

[1] Wells, H.G.: Die offene Verschwörung – Aufruf zur Weltrevolution, Frankfurt/M. und Berlin 1986.
[2] s. Anm. 1, S. 16
[3] Bailey, Alice: The Light of the Soul, S. 377. Mit „Worten der Kraft“ sind Mantras gemeint.
[4] Diese Organisation will *alle* Informationen in Computern speichern, z.B. jeden Kauf und alle Waren.

Ein neues Zeitalter des Satanskults?

Viele Anhänger der New-Age-Bewegung glauben, sie hätten es mit „Weißer Magie“ oder mit der „Lichtseite der Kraft“ zu tun. Sie würden wahrscheinlich vor Schreck erschauern, wenn jemand nur andeutete, daß sie in Wirklichkeit den Teufel anbeten. Sie erkennen entweder die Existenz des Teufels nicht an oder bringen Satan mit der „Schwarzen Loge“ in Verbindung – ihre Bezeichnung für Anhänger traditioneller Religionsformen oder offen satanischer Formen des Okkultismus.

Viele Mitglieder der New-Age-Bewegung geben zu, daß sie Sanat Kumara, Pan, Venus, Shiva, Buddha und andere heidnische Gottheiten anbeten. Der Apostel Paulus, der die Heiden und Gnostiker seiner Zeit bekämpfte, wies auf das dämonische Wesen der Götzenanbetung hin – eine Warnung, die aufrichtige Mitglieder der New-Age-Bewegung und Christen, die sich für die Bewegung interessieren, nicht außer acht lassen sollten:

> „Was sage ich nun? Daß das Götzenopfer etwas sei, oder daß ein Götze etwas sei? Nein, aber daß sie das, was sie opfern, den Dämonen opfern und nicht Gott! Ich will aber nicht, daß ihr in Gemeinschaft der Dämonen geratet. Ihr könnt nicht des Herrn Kelch trinken und der Dämonen Kelch; ihr könnt nicht am Tische des Herrn teilhaben und am Tische der Dämonen“ (1. Korinther 10,19-21).

Die „Satanic Bible“ (Satanische Bibel) von Anton Szandor La Vey enthält eine Liste von „höllischen Namen“ – alles Synonyme für Satan. Einige dieser Namen werden von

New-Age-Mitgliedern, die „Weiße Magie" praktizieren, häufig in aller Offenheit angebetet, unter ihnen Luzifer, Kali, Lilith, Pan und Shiva.

Findhorn, die „heilige Gemeinschaft" der New-Age-Bewegung, gibt dem Teufel mit erstaunlichem Freimut die Verehrung, die „ihm zusteht". Eileen Caddy erhielt angeblich eine „göttliche Weisung", die sie zur Gründung Findhorns aufforderte. Dieser „Weisung" zufolge besteht Findhorns Aufgabe auf diesem Planeten darin, den „Plan" auf Erden zu verankern. Die Weisung enthielt die altbekannten satanischen Lehren: Göttlichkeit des Menschen und das angeblich unerschöpfliche Potential psychischer Kräfte.

Die Entstehungsgeschichte von Findhorn selbst entlarvt jedoch die wahre Quelle dieser „Weisung". Von 1962 bis 1966 arbeiteten Peter und Eileen Caddy und Findhorns Mitbegründerin Dorothy McLean unter dem Eindruck, sie wirkten mit „Devas", sogenannten Elementargeistern, zusammen, die angeblich ihre Blumen und Gemüsebeete bewohnten.

Im Jahre 1966 erkannten sie jedoch, daß sie nunmehr außer mit den „Devas" noch mit einer anderen Macht in Verbindung standen, denn in jenem Jahr machten sie eine bedeutsame Entdeckung: Die „Naturgeister", mit denen sie zusammenarbeiteten, waren „vom Gott Pan überstrahlt". Eine ähnliche „Entdeckung" wurde von einem anderen Mitarbeiter aus Findhorns engstem Kreis gemacht, von einem aristokratischen, durch Selbstunterricht gebildeten älteren Gentleman namens Robert Ogilvie Crombie, kurz „Roc" genannt.

An einem Aprilabend im Jahre 1966 unternahm Roc einen Spaziergang in einem Edinburgher Park, als er sich plötzlich einer merkwürdigen Kreatur gegenübersah. Das sonderbare Wesen – halb Mensch, halb Tier – sah wie ein riesengroßes Exemplar eines anderen Wesens aus, dem er schon früher einmal begegnet war. Beide Kreaturen hielt Roc für Faune – sie „strahlten eine ungeheure Kraft aus".

Der „Faun" fragte Roc, ob er ihn und seine Untertanen liebe. Nachdem Roc ihm das bestätigt hatte, teilte das Wesen Roc mit, er habe gerade gesagt, daß er den Teufel liebe! Wie die gesamte New-Age-Bewegung lehnte Roc dieses Eingeständnis ab. Er sagte dem Wesen, die Christen hätten es aus Aberglauben als Modell für ihren Teufel gebraucht, aber sie hätten sich „im Irrtum befunden". Wie andere New-Age-Mitglieder zog Roc es vor, dieses satanische Wesen „Pan" oder „Luzifer" zu nennen.

Die Mitglieder der Bewegung lehnen die christliche Lehre, wonach Luzifer und Satan identisch sind, ab. Sie nennen aber Sanat Kumara (Satan) ganz freimütig „Gott". In den Nachschlagewerken von Helena Petrovna Blavatsky und Alice Bailey sind die Namen Sanat Kumara und Venus wie selbstverständlich mit gegenseitigen Querverweisen versehen. In okkulten Schriften sind Luzifer und Venus jedoch ein und dieselbe Person. Das gilt auch für die Schriften Alice Baileys und Madame Blavatskys. Gleich vielen Mitgliedern der New-Age-Bewegung unterschätzte Roc völlig die Gefahren seiner Begegnung mit „Pan":

> „Ich wußte damals nicht, daß er aus gutem Grunde jemanden finden mußte, der keine Angst vor ihm hatte. Er ist ein großes Geschöpf – der Gott des ganzen Elementar-Reiches wie auch der tierischen, pflanzlichen und Mineral-Reiche. Manche Leute mögen sich in seiner Gegenwart nicht wohlfühlen wegen der Ehrfurcht, die sie einflößt; aber zu fürchten braucht man sich nicht. ‚Alle Menschenwesen haben Angst vor mir.' – Er hatte das nicht als Drohung gesagt, sondern voll Traurigkeit. – ‚Hat nicht die frühe Kirche mich als Modell für ihren Teufel benutzt?' Darum hatte man Angst vor ihm, wegen des Bildes, das auf ihn projiziert ist. Dieses ‚Image' muß abgebaut werden, damit sein wahres Wesen

wieder enthüllt werden kann. Dies war auch der Grund, warum er jemanden finden mußte, der keine Angst vor ihm hat."[1]

Roc ist offenbar von der Richtigkeit von „Pans" Anliegen überzeugt und behauptet:

„Für die Zukunft der Menschheit ist es wichtig, daß der Glauben an die Naturgeister und ihren Gott Pan wiederhergestellt wird, daß sie im rechten Licht gesehen und nicht falsch verstanden werden. Diese Wesen sind trotz der unzähligen Frevel, die der Mensch gegen die Natur begangen hat, nur zu bereit und erfreut, ihm zu helfen, wenn er sie um ihre Zusammenarbeit bitten wird."[2]

Findhorn und dessen offizielle Sprecher, wie die Caddys und David Spangler, teilten diese Überzeugung. Der prominente New-Age-Führer Spangler war drei Jahre lang Direktor der Findhorn Foundation. Er gründete die Lorian Association und sitzt im Vorstand der Planetary Citizens (dem Sekretariat der Planetary Initiative), des wichtigsten Vehikels der Weltordnung des „neuen Zeitalters". Er gibt das „New Age Magazine" heraus, für das er auch selbst Artikel schreibt, und ist als Sprecher bei New-Age-Veranstaltungen sehr gefragt. Nach seinen eigenen Aussagen lehrt Spangler Politologie an der University of Wisconsin, obwohl er bereits in seinem ersten Studienjahr die Universität verließ und eine Laufbahn als Esoteriker einschlug.

Spangler verfügt über politische Durchschlagskraft und übt auf einige der prominentesten Geistlichen Amerikas einen unverhältnismäßig großen Einfluß aus. Er hat in der angesehenen Kathedrale St. John the Divine in Manhattan gepredigt – bei einem Abendmahlsgottesdienst! Diese Kirche zählt viele Börsenmakler aus der Wall Street zu ihren Mitgliedern.

Man sollte zu Recht annehmen, daß jemand, der von einer Kanzel der Episkopalkirche aus spricht, wenigstens versucht, sich den Anschein traditioneller Frömmigkeit zu geben. Bei Spangler trifft das jedoch nicht zu. Dieser Mann hat Jesus Christus und Gott auf so frevelhafte Weise gelästert wie kaum ein Mensch vor ihm.

In einem seiner zahlreichen Bücher („Reflexions on the Christ", 1978) schrieb er über Luzifer:

> „Das wahre Licht Luzifers kann nicht durch Sorge, durch Dunkelheit, durch Ablehnung hindurch wahrgenommen werden. Das wahre Licht dieses großen Wesens kann man nur erkennen, wenn die eigenen Augen mit dem Licht des Christus sehen, dem Licht der inneren Sonne. Luzifer wirkt in jedem von uns, um uns in einen Zustand der Vollkommenheit hineinzuführen. Wenn wir in ein neues Zeitalter eingehen, das Zeitalter der Vollkommenheit des Menschen, wird jeder von uns auf irgendeine Weise an den Punkt gelangen, den ich als luziferische Initiation bezeichne. Dies ist das besondere Eingangstor, das das Individuum durchschreiten muß, um völlig in die Gegenwart seines Lichtes und seiner Vollkommenheit zu gelangen.
> Luzifer kommt, um uns die endgültige Gabe der Vollkommenheit zu bringen. Wenn wir sie annehmen, ist er frei und sind wir frei. Das ist die luziferische Initiation. Viele Menschen erleben dies jetzt, und viele werden es in den vor uns liegenden Tagen erleben, denn es ist eine Initiation in das neue Zeitalter. Diese Initiation bedeutet, das Alte hinter sich zu lassen und einzugehen in das Neue, Schuld und Furcht, unsere Sorgen, Bedürfnisse und Versuchungen abzulegen, Vollkommenheit zu erreichen und mit Frieden erfüllt zu werden, denn wir haben unser inneres Licht erkannt und das Licht, das uns einhüllt, das Licht Gottes."

Die New-Age-Bewegung teilt diese Auffassung des Begriffs „Initation". In New-Age-Sekten und esoterischen Gesellschaften wird allgemein gelehrt, daß wir uns einer „planetarischen Massenweihe" unterziehen müssen. Spangler hat das Wesen dieser Initiation ganz klar beschrieben. Und Benjamin Creme hat erklärt, „neubelebte" christliche Kirchen und Freimaurerlogen sollten dazu gebracht werden, diese „planetarischen Masseninitiationen“ zu vollziehen.

Es ist mehr als wahrscheinlich, daß dies mit dem Verbot der Geschäftsausübung in Zusammenhang steht, von dem in Offenbarung 13,16-17 die Rede ist:

> „Und es bewirkt, daß allen, den Kleinen und den Großen, den Reichen und den Armen, den Freien und den Knechten, ein Malzeichen gegeben wird auf ihre rechte Hand oder auf ihre Stirn, und daß niemand kaufen oder verkaufen kann als nur der, welcher das Malzeichen hat, den Namen des Tieres oder die Zahl seines Namens.“

Man kann es Gott nicht verübeln, daß er über die Menschen, die das Malzeichen annehmen, die fürchterlichen Strafen aus Offenbarung 14,9-11 verhängt – erst recht nicht, wenn das Malzeichen mit einer planetarischen Masseninitiation verbunden ist, durch die der Mensch sich zur uneingeschränkten Ergebenheit Luzifer gegenüber verpflichtet:

> „Und ein dritter Engel folgte ihnen, der sprach mit lauter Stimme: Wenn jemand das Tier und sein Bild anbetet und das Malzeichen auf seine Stirne oder auf seine Hand nimmt, so wird auch er von dem Glutwein Gottes trinken, der unvermischt eingeschenkt ist in dem Kelch seines Zornes, und er wird mit Feuer und Schwefel gepeinigt werden vor den heiligen Engeln und dem Lamm. Und der Rauch ihrer Qual steigt auf von Ewigkeit zu Ewigkeit; und keine Ruhe haben Tag und Nacht, die das Tier und sein Bild anbeten, und wer das Malzeichen seines Namens annimmt!“

Seit Benjamin Creme und das Tara Center dermaßen ins Licht der Öffentlichkeit gerückt sind, hat Lucis Trust versucht, sich stillschweigend von ihnen zu distanzieren. Doch wie bei Spangler und Creme erkennt man auch bei Lucis Trust nach sorgfältiger Lektüre der Veröffentlichungen die Verbindung zu Luzifer.

Im Jahre 1978 stand in einer Ausgabe des offiziellen Sprachrohrs „The Beacon“ die Feststellung:

„Luzifer, der Sohn des Morgens, steht in enger Verbindung (mit dem Pfad des Sirius). Dies ist der Grund für die große Anzahl von Menschen, die in Zukunft Mitglieder der Sirius-Loge werden."[3]

Maitreya sagte angeblich in einer von Benjamin Creme übermittelten „Botschaft": „Ich bin der Initiator der Kleinen." Daher überrascht es kaum, daß eine der führenden New-Age-Organisationen, die von den Planetary Citizens organisierte Planetary Initiative for the World We Choose, ihre Netzwerk-Zeitung „Initiator" nennt. Es überrascht nicht, weil

- viele ihrer Anhänger – besonders die „faciliators" (die „Förderer") – auch Benjamin Creme ganz offen aktiv unterstützen;
- die Planetary Citizens es ganz unumwunden als ihre Aufgabe bezeichnen, „die Weltdiener auf der ganzen Erde zu unterstützen";
- es die Rolle der Weltdiener ist, „als Vorhut für die Wiederkunft des Christus" zu wirken;
- Creme bei all seinen Vorträgen die Broschüre der Gruppe der neuen Weltdiener verteilen läßt.

Außerdem ist David Spangler, der ganz offen die Idee einer luziferischen Initiation vertritt (s.o.), Mitglied im Vorstand der Planetary Citizens, ebenso Peter Caddy (der Gründer von Findhorn) und Norman Cousins (Vorsitzender des Einladungskomitees des World Council of Wise Persons). Auch Aurelio Peccei, der inzwischen verstorbene Gründer des Club of Rome, gehörte dazu.

Der Koordinationsrat der Planetarischen Initiative selbst hält weitere Überraschungen bereit. Unter anderem gehören Brooke Newell (Vizepräsident der Chase Manhattan Bank) und Gerhard Elston (früherer Exekutivdirektor von Amnesty International, USA) dazu.

In mehreren Städten nehmen die Mitarbeiter der Planetarischen Initiative auch aktiv an den Veranstaltungen des Tara Centers teil. Auch Lucis Trust ist mit Sicherheit aktiv am Tara Center beteiligt. Das Tara Center hat seinerseits 1982 in der April-Ausgabe seiner Veröffentlichung „Emergence“ die Planetarische Initiative unterstützt.

Das ist gewiß ein sehr eindrucksvolles Netzwerk im Dienste des „Christus“ – aber nicht im Dienste des eingeborenen Sohnes Gottes, Jesus Christus! Es ist ein luziferisches Netzwerk im Dienste eines falschen Christus, höchstwahrscheinlich des Antichristen.

Das Schicksal derer, die diesen Plänen mißtrauisch gegenüberstehen und sich widersetzen, oder jedenfalls das von New-Age-Mitgliedern für sie vorgesehene Schicksal, spiegelt sich in den Schriften von Spangler wider:

> „Außerdem ist es nicht so wichtig zu wissen, wohin das Alte gehen wird. Wir sind sicher, daß der Christus es leiten und durch seine kosmische Gegenwart in seine Obhut nehmen wird...
> Wir können jedoch einige Worte darüber sagen, wohin die alte Welt und diejenigen, die ihr angehören, gehen werden. In der ganzen Schöpfung gibt es unendlich viele Sphären, die alle Stufen der Bewußtseinsentwicklung repräsentieren und heranbilden. Einige von ihnen sind körperhafte Planeten wie die Erde, andere existieren in höheren Dimensionen. Es ist möglich, daß viele Menschen auf der Erde sich von solchen anderen Sphären oder Planeten innerhalb des Universums angezogen fühlen, die sich auf der Entwicklungsstufe befinden, welche die Erde schon verlassen hat.
> Noch wahrscheinlicher ist aber etwas anderes. Die Erde ist eigentlich wie ein großes Haus, und das Erdgeschoß stellt die physische Ebene dar. Nur ein geringer Prozentsatz der Seelen, die mit der Evolution der Erde in Verbindung stehen, befinden sich ständig auf der physischen Ebene. Sie neigen vielmehr dazu, gemeinsam in Gruppen umherzureisen – wie Semester-Jahrgänge in der Universität, die sich wellenartig durch verschiedene Stufen bewegen und dann gemeinsam zum Abschluß kommen ... Es wäre nicht ohne Präzedenzfall, wenn sie sich in die inneren Welten zurückzögen, in ein ‚obe-

res Stübchen', das die Bedürfnisse ihres Bewußtseins widerspiegeln und sie erfüllen würde. In anderen Worten, der Planet, die Stufe oder Ebene, wohin sie kraft des Gesetzes der Anziehung gehen, kann nicht ‚irgendwo anders' sein. Es kann eine andere Ebene des Bewußtseins der Erde selbst sein, auf der sie gehalten und behütet werden, bis sie wieder in ein physisches Dasein entlassen werden …
Ob sich das wirklich so vollzieht oder ob diese Menschen ganz von der Erde genommen werden sollen …, die Hauptsache ist, daß sie vorläufig den Zugang zu den ätherischen Ebenen der Kraft verlieren und die Fähigkeit, die Entwicklung auf der Erde zu lenken und zu beeinflussen."[4]

So ist das also! Die New-Age-Bewegung und ihre Führer beabsichtigen, uns in eine andere Dimension zu schicken! Sie wollen uns „von unserem physischen Dasein befreien" und uns der Möglichkeit berauben, die Entwicklung auf der Erde zu lenken oder zu beeinflussen!

Das erinnert ganz deutlich an folgende Prophezeiung aus der Offenbarung:

„Und der Drache ergrimmte über das Weib und ging hin, Krieg zu führen mit den übrigen ihres Samens, welche die Gebote Gottes beobachten und das Zeugnis Jesu haben" (Offenbarung 12,17).

Alice Bailey sagte, Luzifer sei der „Beherrscher der Menschheit". Jedenfalls ist er der Leitstern der New-Age-Bewegung. Es ist höchste Zeit, daß Gottes Volk der Botschaft des Engels in der Offenbarung Folge leistet und „aus Babylon herausgeht".

Anmerkungen

[1] Hawken, Paul: Der Zauber von Findhorn, München 1980, S. 14
[2] ebenda, S. 148
[3] Ausgabe XLVII, Nr. 9, Mai/Juni 1978
[4] Spangler, David: Revelation, Birth of a New Age, S. 163-164 (dt.: New-Age – die Geburt eines neuen Zeitalters, Frankfurt/M. 1978)

Das Eindringen der New-Age-Lehren in die Gemeinde Jesu

> „Denn das weiß ich, daß nach meinem Abschied räuberische Wölfe zu euch kommen werden, die der Herde nicht schonen; auch aus eurer eigenen Mitte werden Männer aufstehen, die verkehrte Dinge reden, um die Jünger auf ihre Seite zu ziehen. Darum wachet und denket daran, daß ich drei Jahre lang Tag und Nacht nicht abgelassen habe, jeden einzelnen unter Tränen zu ermahnen" (Apostelgeschichte 20,29-31).
> „Hütet euch aber vor den falschen Propheten, welche in Schafskleidern zu euch kommen, inwendig aber reißende Wölfe sind" (Matthäus 7,15).

Leider ist das heimtückische Lügengewebe der New-Age-Bewegung bereits innerhalb der Gemeinde bis zu einem gewissem Grad anerkannt und angenommen worden. Selbst evangelikale Kirchen sind gemeint, wenn Marilyn Ferguson erklärt: „In *jeder* Stadt und in *jeder* Institution haben sie sich zu kleinen Gruppen vereinigt."

Frau Ferguson zählt einige der beliebtesten New-Age-Vehikel auf, die benutzt werden, um Eingang in religiöse Gruppen zu finden. Sie stellt fest (S. 426):

> „Eine zunehmende Zahl von Kirchen und Synagogen hat ihren Wirkungskreis zu erweitern begonnen; sie beziehen verschiedene Gruppierungen mit ein, die sich für persönliches Wachstum, Zentren für körperliche und seelische Gesundheit, Meditations-Workshops, Bewußtseinserweiterung durch Musik, ja sogar Biofeedback-Training einsetzen."

Voller Schadenfreude darüber, daß Kirchen, die ja die Bastionen Gottes und Jesu Christi sein sollen, ihre Glaubensgrundlagen verlassen, fährt sie fort: „Jetzt gewinnen die Ketzer an Boden, die herrschende Doktrin verliert ihre Autorität, und Wissen ersetzt den Glauben."

Da sich die geistlichen Aspekte der New-Age-Bewegung oft hinter scheinbar christlichen Begriffen verstekken, konnte sie selbst innerhalb der traditionell gläubigen religiösen Institutionen bei ahnungslosen Mitgliedern Fuß fassen. Auch die politischen Programme der Bewegung haben innerhalb der christlichen Denominationen weitgehende Unterstützung und Fürsprache gefunden. Erinnern Sie sich an die folgenden Zitate der „New-Ager":

- globale Verwaltungszentren zur Verteilung der Ressourcen der Welt;
- weltweite Neuverteilung der Güter;
- eine neue Weltreligion;
- eine auf Erfahrungen begründete Religion (im Gegensatz zur Religion, die auf der Autorität der Schrift und auf Überlieferung beruht);
- eine universelle Steuer;
- eine universelle Wehrpflicht;
- Denken der rechten Gehirnhälfte/ganzheitliches Denken (intuitiv und subjektiv, im Gegensatz zum Denken der linken Gehirnhälfte bzw. zum analytischen Denken);
- die Lehre, alle Dinge seien Teil eines Ganzen;
- die Hervorhebung der universellen gegenseitigen Abhängigkeit;
- ein Nullwachstum der Bevölkerungsrate.

Diese Vorstellungen brechen sich allmählich auch in evangelikalen Schriften Bahn. Einige Denominationen haben wesentliche Bestandteile oder sogar alle diese Punkte in ihr Programm für die achtziger Jahre aufgenommen.

Einem Artikel des „New Age Magazine“ vom August 1982 zufolge hat Marilyn Fergusons Buch „Die sanfte Verschwörung“ Unterstützung von Diskussionsgruppen in „vielen, vielen Kirchen“ erfahren.

Kürzlich beschwerte sich Frau Ferguson in einem Brief an meinen amerikanischen Verleger:

> „Es ist ausgesprochen grotesk, daß sie der New-Age-Bewegung (und damit auch mir) vorwirft, anti-christlich, anti-jüdisch und anti-katholisch eingestellt zu sein. Ich habe vor Kirchenversammlungen, an katholischen Universitäten und in jüdischen Synagogen gesprochen. Meine Schriften können unmöglich als anti-geistlich, anti-christlich usw. bezeichnet werden.“

Ich will nicht unhöflich sein, aber die Tatsachen stimmen hier einfach nicht mit den von Frau Ferguson aufgestellten Behauptungen überein. Auch müssen die einzelnen Kirchen, Institutionen und Gruppen, bei denen sie angeblich gesprochen hat, ja nicht notwendigerweise die traditionellen Glaubensinhalte des Christentums bzw. des Judentums vertreten. Vielmehr ist die Tatsache, daß es Marilyn Ferguson – wie zahlreichen anderen New-Age-Vertretern – gestattet wurde, ihre Botschaft in diese Gemeinden zu tragen, ein Beweis dafür, daß der vorausgesagte Abfall vom Glauben innerhalb der Gemeinde an Stoßkraft gewinnt.

Der Antichrist leugnet die Tatsache, daß Jesus der Christus ist (siehe 1. Johannes, 2,22). Die New-Age-Bewegung offenbart daher, daß der Geist des Antichristen hinter ihr steht, wenn sie behauptet, das „Christusbewußtsein“ sei ein „höherer Zustand“ des Geistes, den jedermann erreichen könne. Jesus war nach dieser Lehre ein gewöhnlicher Mensch, auf den das „Christusbewußtsein“ bei seiner Taufe herabgestiegen ist; dann ist es angeblich bis zu seiner Kreuzigung auf ihm geblieben.

In dem Abschnitt „Gott in uns – die älteste Ketzerei!“

vertritt Marilyn Ferguson ganz bewußt und eindeutig den Pantheismus („... Gott, die uranfänglichste Natur ... die totale Summe von Bewußtsein im Universum", S. 441-442). Sie zitiert auch beifällig aus „The Aquarian Gospel" (Das Wassermann-Evangelium), das alle Merkmale der Lehre des Antichristen aufweist. Leider wird dieses Buch in den USA sogar in christlichen Buchhandlungen verkauft – in erster Linie in denen der großen protestantischen Denominationen.

Im allgemeinen lehnen Mitglieder der New-Age-Bewegung das Christentum nicht öffentlich ab. Im Moment jedenfalls gehen sie subtiler vor. Sie kleiden ihre Vorstellungen in christliche Begriffe und untergraben das Christentum, indem sie sich als dessen Freunde ausgeben. Aber sie versuchen, das Christentum mit neuen Inhalten zu füllen, indem sie heidnische Götter mit Jesus Christus auf eine Stufe stellen. Den Begriff „Christus" erweitern sie, indem sie ihn als einen Wesenszug bezeichnen, der ihnen selbst innewohnt. *Die Sprache des Christentums behalten sie bei, in Wahrheit jedoch vertreten sie ein anderes Evangelium.*

In einem an mich gerichteten Brief vom 17. Juni 1982 schrieb Marilyn Ferguson:

> „Meine Definition des Christentums hat sich im Laufe der Jahre verändert. Seit ich anfing, mich zum Beispiel mit Meditation zu beschäftigen, erlebte ich die Vision von Christus weitaus lebendiger als jemals durch Predigt und Lehre. Ich glaube, Sie würden überrascht sein, wenn Sie wüßten, welch große Bedeutung die New-Age-Bewegung dem Christusbewußtsein beimißt. Viele christliche Kirchen erkennen, daß direkte geistliche Erfahrung dem modernen Christentum die Möglichkeit einer Neubelebung eröffnet."

Das Kennzeichen des Antichristen ist eindeutig: Er leugnet, daß Jesus der Christus ist (1. Johannes, 2,22) und daß Jesus Christus im Fleisch gekommen ist (1. Johannes 4,3). Definiert man den Begriff Christus um, indem man sich selbst und andere darin einschließt oder Christus lediglich als eine geistliche Erfahrung begreift, leugnet man ganz eindeutig, *daß Jesus der eine Christus ist.* Die Lehre und die Überzeugung, Christus sei ein Bewußtsein und nicht ein Mensch gewesen, ist ganz klar ein Leugnen der Tatsache, daß Jesus Christus im Fleisch gekommen ist.

Es ist erstaunlich, aber nur allzu wahr, daß dieses heimtückisch gegen das Christentum gerichtete Gedankengut, das Kernstück des New-Age-Denkens, innerhalb der christlichen Kirchen immer mehr Zustimmung findet. Marilyn Ferguson und andere führende New-Age-Vertreter begrüßen zwar das Eindringen heidnischer Vorstellungen in die Gemeinde, geraten aber aus der Fassung, wenn sie als Feinde des wahren Christentums entlarvt werden.

Es gibt zahllose Beispiele für den Einfluß der New-Age-Bewegung innerhalb der katholischen und protestantischen Kirchen. Cross Currents aus West Nyack, New York, ist ein katholischer Verlag mit einer entschieden modernistischen Tendenz. Bei der Neuauflage von Eugene Fontinells Buch „Toward a Reconstruction of Religion“ (Zur Neugestaltung der Religion) hatte der Herausgeber zum Thema Jesus als *der eine* Christus folgendes zu sagen:

> „Setzt man diese Auffassung und diese Rolle der religiösen Symbole voraus, welches sind dann die christlichen Symbole, die sich überlebt haben, und welches sind die, die möglicherweise lebensfähig sind? Im Zuge der pragmatischen Neugestaltung des Gottesbegriffes wurde geltend gemacht, daß Allmacht, Allwissenheit und Unwandelbarkeit nicht länger geeignete Symbole für den christlichen ‚Glauben an Gott‘ darstellen. Gleichermaßen sind die Vorstellungen vom ‚Gott als Sender von Botschaften‘, ‚Gott als Gesetzgeber‘ und ‚Gott als Stifter von Ordnungen‘ als Symbole in einer von

Pragmatismus bestimmten Welt unbrauchbar geworden. Andererseits eröffnen die Vorstellungen ‚Gott als Dreieinigkeit', ‚Gott, die Liebe' und ‚Gott im Fleisch' vielfältige Möglichkeiten zur weiteren Entwicklung und zum Gebrauch in einer von Veränderung und Vielfalt geprägten Welt. Es wird jedoch nicht ausreichen, diese lebendigen Symbole lediglich in einer abstrakten Form als Gegenstände des Glaubens beizubehalten. Sie müssen im Leben der Gemeinschaft wirksam werden; wenigstens zu Anfang sollte durch Reflexion deutlich gemacht werden, auf welche Weise diese Symbole in Vergangenheit, Gegenwart und Zukunft zur Verbesserung dieses Lebens beitrugen und beitragen. Lassen Sie mich diesen Punkt erläutern in bezug auf die Vorstellung vom *‚in Jesus Christus fleischgewordenen Gott'*.
Der erste Schritt zur pragmatischen Neugestaltung dieses Symbols besteht darin, es nicht länger als ein Ereignis der Vergangenheit zu betrachten, das ausschließlich auf Jesus von Nazareth beschränkt war. Anstatt davon zu sprechen, daß Gott Fleisch *geworden ist,* ist es angebrachter zu sagen, daß Gott *Fleisch wird.* Die Christen glauben vielleicht, wir hätten in Jesus eine einzigartige und unersetzliche Offenbarung der Gegenwart Gottes an die Menschen und an die Welt, aber Jesus als der Christus muß eher als nach und nach erscheinend gesehen werden. Es bietet mehrere Vorteile, das Symbol des Christus als fortwährenden, mehrfach stattfindenden Prozeß zu sehen und nicht als einmaliges, statisches Geschehen. Erstens entspricht das mehr den Vorstellungen und Erfahrungen, die heutzutage das Leben der Menschen charakterisieren. Zweitens gibt es für die Vorstellung vom Christus als einem fortdauernden Prozeß Vorläufer in den frühen Anfängen kirchlichen Denkens. Drittens eröffnen sich dadurch neue Möglichkeiten hinsichtlich der Beziehungen anderer Religionen und nicht-westlicher Kulturen zu Christus. Schließlich verleiht es allen menschlichen Ordnungen und jedem Lebensbereich eine neue Dimension und Bedeutung, denn nur die volle Beteiligung des Menschen an seinen Ordnungen wird die volle Verwirklichung der Realität des Christus herbeiführen" (Hervorhebungen nicht im Original).

Bevor wir über dieses allzu offensichtliche Beispiel des Abfalls vom Glauben auf katholischer Seite herziehen, sollten wir daran denken, daß auch wir unsere Probleme haben. Unzählige protestantische Bücher verbreiten genau dieselbe Botschaft. Katholische Bücher voll haarsträubender Unwahrheiten werden in protestantischen und manchmal sogar in evangelikalen Buchhandlungen verkauft. Ebenso führen katholische Buchhandlungen protestantische Bücher, die offensichtlich New-Age-Thesen vertreten. Das Erstaunlichste an dieser Sache ist ihr ökumenischer Charakter!

Die „Graduate Theological Union" (Theologische Graduiertenunion) von Berkeley ist ein typisches Beispiel für diese Art von Ökumene. Sie wurde 1962 ins Leben gerufen und vereint Katholiken, Protestanten und Juden im gemeinsamen Abfall von Gott. Er geht so weit, daß sie ihren theologischen Horizont nunmehr auf Hinduismus, Buddhismus, Sufismus, Sikhismus, Feministische Theologie, New-Age-Gruppen, Okkultismus, Neu-Heidentum und Zauberei ausgeweitet haben. Ihre Aktivitäten werden von mindestens einer Quelle gutgeheißen: dem „New Consciousness Sourcebook" (Quellensammlung des neuen Bewußtseins). Der Untertitel dieses Jahrbuches lautete in den letzten Jahren: „Handbook for a New Age" (Handbuch für ein neues Zeitalter)!

Sie arbeiten mit einer Methode, die sie als „kreative Entlehnung" bezeichnen. Dadurch ist es ihnen gelungen, das Christentum soweit zu verwässern, daß man es kaum noch als solches erkennen kann. Dr. Charles S. McCoy, einer der Professoren der Union, zitiert beifällig John Cobbs Buch „Christ in a Pluralistic Age" (Christus in einem pluralistischen Zeitalter). Cobb schlägt darin vor, die Christen sollten den Buddhismus nachahmen, um „Christus neu zu begreifen". Begeistert unterstützt McCoy Cobbs These, daß „Christus neu begriffen werden muß als kreative Transformation in allen menschlichen Erfahrungen und nicht beschränkt werden sollte auf den historischen Jesus oder irgendeine Lehre der Vergangenheit".

McCoy stellt fest:

> „Die pluralistischen Glaubensinhalte auf dem gesamten Erdball und das Anschwellen einer Woge der Befreiung der unterdrückten Völker aller Kulturen lösen die begrenzten Vorstellungen von Gott, Jesus Christus und der Geschichte auf, die uns aus unserer christlichen Vergangenheit überliefert wurden. Sie eröffnen uns erweiterte Perspektiven und eine allmählich zutage tretende letzte Erfüllung, die in Gott verborgen liegt."[1]

Angeblich müssen andere Pfade zu Gott das Christentum also befreien und bereichern.

Theodore M. Hesburgh, der weltbekannte Präsident der Notre-Dame-Universität, hat noch eine weitere Funktion inne: die eines beratenden Vorsitzenden der Planetary Citizens! Wie bereits erwähnt, ist es die Aufgabe der Planetary Citizens, die Weltdiener zu unterstützen, die ihrerseits als „Vorhut für die Wiederkunft des Christus" dienen sollen. Hesburgh unterstützt auch die Planetarische Initiative. Er führt mehrere Ehrendoktortitel und übt großen Einfluß aus – sowohl in akademischen und religiösen als auch in Regierungskreisen.

Ein Buch, dem seine Vorlesungen zugrunde liegen, enthält viele der New-Age-Programmpunkte für die Zukunft unseres Planeten. In der Einleitung stellt er fest, wir könnten die Welt „in gewissem Sinne göttlich" machen. Hesburgh bezeichnet seinen Entwurf als „christlichen Humanismus", aber es wird sofort deutlich, daß er mehr zum Humanismus als zum Christentum tendiert. Und der Gott des Humanismus ist jedenfalls nicht der Gott der Bibel, den Protestanten, Katholiken und Juden gleichermaßen anbeten.

Die Bibel sagt ganz eindeutig, daß Jesus *einmal für alle*

das vollkommene Sühnopfer gebracht hat. Im Gegensatz dazu erklärt Hesburgh:

> „Die Erlösung umfaßt die Gesamtheit der Schöpfung, und die, die an einem neuen Menschen und an einer neuen Erde arbeiten, verändern und erlösen ebenso die Gegenwart.“[2]

Ein Kapitel in Hesburghs Buch trägt den Titel: „Die Macht der Ökumene“. Damit meint der Autor nicht etwa die Einheit in unserem Herrn und Heiland, die für Baptisten, Katholiken, Presbyterianer oder Episkopale gleichermaßen gelten sollte. Er stellt ganz eindeutig fest, sein ökumenisches Interesse liege nicht nur „in der christlichen, sondern in der größeren Dimension der Weltreligionen“.

Er widmet mehrere Seiten dem gemeinsamen Interesse, das Christen und nicht-christliche Religionen seiner Meinung nach verbindet. Der Jesuit und New-Age-Held Pierre Teilhard de Chardin wird von Hesburgh „der große Visionär der Einheit der Menschheit“ genannt.

Hesburgh preist die Vorzüge der Europäischen Gemeinschaft – in annähernd denselben Worten wie Foster Bailey in einer Veröffentlichung des Lucis Trust. Er wendet alle Überzeugungskraft auf, um dem Leser die Notwendigkeit der „planetarischen Staatsbürgerschaft“ und des New-Age-Manifestes „Declaration of Interdependence“ (Erklärung der gegenseitigen Abhängigkeit) vor Augen zu führen.

Bei der Lektüre von Hesburgh, Matthew Fox, Fontinell und einer Vielzahl anderer römisch-katholischer „entwickelter“ oder „transformierter“ Theologen gelangt man sehr bald zu der Überzeugung, daß Papst Pius X. nicht bloß ein Würdenträger, sondern auch ein Prophet war. Die kenntnisreichen, fundierten Warnungen dieses Papstes in der Enzyklika *Pascendi Dominici Gregis* (über den Modernismus) fanden kein Gehör, und die

Wölfe in Schafskleidern konnten ungehindert in die katholische Hierarchie eindringen. Mit ähnlichen Methoden hat eine Fülle von Mitstreitern der New-Age-Bewegung selbst in gläubigen Kreisen Zugang zu protestantischen Predigerseminaren und Kanzeln gefunden.[3]

Das New-Age-Denken hat offensichtlich einen starken Einfluß auf viele protestantische, ja sogar evangelikale Autoren ausgeübt – und durch sie sind Tausende in unterschiedlichem Maße beeinflußt worden.

Als Beispiel mag Stanley Mooneyham, der ehemalige Präsident von „World Vision", dienen. Lange Zeit war er in der christlichen Welt sehr bekannt. Aber sein Buch „What Do you say to a Hungry World?" (Was sagen wir einer hungernden Welt?) vertritt viele von den politischen Programmpunkten der New-Age-Bewegung. Obwohl Mooneyham in dem Ruf steht, ein großer Wohltäter zu sein, stimmen die Aussagen seiner Bücher mit einigen der erschreckenden Ziele der New-Age-Bewegung überein. Mooneyham schreibt:

> „Kommen wir zu einem anderen Thema: Bevölkerung. Das ist ein heikles Thema. Niemand läßt sich gerne vorschreiben, wie viele kleine Füßchen in seinem eigenen Haus umhertapsen dürfen. Aber gerade das ist die entscheidende Frage. Wie viele Menschen pro Quadratmeter kann diese Welt ernähren?"
>
> „Wenn Sie dieses Problem in ihrem Wohnbereich für dringend erachten, wäre es von Vorteil, etwas über Familienplanungszentren in Ihrer näheren Umgebung in Erfahrung zu bringen. Wenn nötig, setzen Sie sich nachdrücklich für die Errichtung von entsprechenden Einrichtungen ein."
>
> „Bestehen Sie auf öffentlichen Diskussionsveranstaltungen zum Thema Geburtenkontrolle, Abtreibung, künstliche Befruchtung, genetische Manipulation und Sterbehilfe. Leider scheinen einige dieser Themen außerhalb des Interesses evangelikaler christlicher Kreise zu liegen."[4]

Es überrascht nicht, daß Theodore Hesburgh in Mooneyhams Buch zustimmend zitiert wird.[5] Erstaunlicher sind da schon die Zitate von den New-Age-Mitgliedern Barbara Ward, Richard J. Barnet und E.F. Schumacher. Die neue Weltordnung wird ohne jede Einschränkung als wünschenswertes Ziel der Christenheit dargestellt.

Mehrere Länder haben eine bestimmte Kinderzahl gesetzlich vorgeschrieben – mit erschreckenden Konsequenzen! Oft führen solche Bestimmungen zu Zwangssterilisation, Kindesmord und Abtreibung. Den Familien drohen bei der Geburt eines weiteren Kindes häufig wirtschaftliche Nachteile seitens der Regierung. Mooneyham jedoch hält diese Maßnahmen nicht für problematisch:

> „Einige Regierungen erwägen eine Gesetzgebung zur Beschränkung der Kinderzahl: Abzüge vom Einkommen oder höhere Steuern für jedes über die offiziell erlaubte Anzahl hinaus geborene Kind. Sollte Ihnen das wie eine Einschränkung der persönlichen Freiheit anmuten, dann denken Sie daran, daß die meisten Regierungen auch die Bigamie für illegal erklärt haben."[6]

Mooneyhams Haltung zu sozialen Fragen und seine geistlich-kulturellen Methoden und Praktiken gleichen denen von New-Age-Mitgliedern. Die okkulte, pseudo-medizinische Praktik der Akupunktur – eine Manipulation der „Kraft" – und die ihr zugrunde liegende okkulte chinesische Lehre von Yin und Yang werden in den glühendsten Farben geschildert. Denn schließlich hat ja, sagt Mooneyham, Aldous Huxley (ein Verfechter der Evolutionstheorie und ein Okkultist) auch daran geglaubt![7]

Als „Fehler", die westliche Missionare in China angeblich begangen haben, führt Mooneyham unter anderem an: „Aggressive Verkündigung westlicher Werte; öffentliche Verurteilung der Götzenanbetung; Verwerfung des Ahnenkultes; Kampf gegen die örtliche Religion sowie allzu leichtfertiger Gebrauch der Schrift."[8]

Da überrascht es kaum, daß das „World Vision" – Magazin während Mooneyhams Amtszeit als Präsident über gemeinsame Projekte mit Hindu-Ashrams berichtete[9] und seine Leser aufforderte, „für das direkte Engagement Ihrer Gemeinde im holistischen Dienst zu beten".[10]

Es ist oft schwierig, die Standpunkte einiger christlicher Autoren richtig einzuschätzen, zumal heute allgemein die Tendenz zu einer sozialen Auslegung des Evangeliums besteht. Folglich werden in die Texte Begriffe und Vorstellungen eingebaut, deren eigentliche Bedeutung die Autoren höchstens oberflächlich kennen. Es ist nicht meine Absicht, anklagend meinen Finger auf bestimmte Christen und ihre Bücher zu richten und zu behaupten, diese Autoren gehörten mit Sicherheit zur New-Age-Bewegung. Ich will vielmehr dem Leser die Augen öffnen für einen gefährlichen Trend in Richtung New-Age-Denken, der unter Evangelikalen um sich greift. In den Sprüchen heißt es: „Ein Weg mag dem Menschen richtig erscheinen, und schließlich ist es doch der Weg zum Tod" (16,25). Körperliche Gesundheit zum Beispiel ist sicherlich eine gute Sache, aber wie viele überzeugte Christen wurden zu regelrechten Hindus, nachdem sie begonnen hatten, Yoga „nur" zum Zweck der körperlichen und geistigen Entspannung zu praktizieren! Den Hungernden in der Welt Nahrung zukommen zu lassen, ist ebenfalls eine großartige christliche Zielsetzung. Wer jedoch danach trachtet, dies durch zwangsweise Neuverteilung der Güter – oder anders ausgedrückt: durch Sozialismus – zu verwirklichen, handelt bestimmt nicht auf biblisches Gebot hin. Es ist mir ein dringendes Anliegen, daß wir nicht vom rechten Wege abkommen – sei es bewußt oder unbewußt.

Ronald Sider trägt einen Doktortitel der Yale-Universität, ist Theologieprofessor am Eastern Baptist Seminary und Präsident der Organisation „Evangelicals for

Social Action“. Seine Bücher werden in Buchhandlungen aller Denominationen verkauft und finden sich auch in Gemeindebibliotheken.

Eines seiner Bücher, „Rich Christians in an Age of Hunger“ (dt.: Der Weg durchs Nadelöhr), wurde von Inter-Varsity Christian Fellowship und Paulist Press gemeinsam herausgegeben. Paulist ist ein katholischer Verlag, dessen Bücher stärker zum Sozialismus und zum New-Age-Denken als zum traditionellen Christentum tendieren.

Jedem Leser, der sich in der New-Age-Lehre auskennt, fällt an Siders Buch auf den ersten Blick die Verwendung von Vokabular auf, das auch Mitglieder der New-Age-Bewegung untereinander gebrauchen. Ausdrücke wie „Raumschiff Erde“, „Vorhut“, „holistisch“, „neues Zeitalter“ und „globales Dorf“ tauchen häufig auf.

Dasselbe System einer neuen Weltordnung, das auch prominente New-Age-Anhänger und Alice Bailey in ihren Büchern verfechten, wird den Lesern eindringlich nahegelegt. Es wird sogar behauptet, es sei eine Sünde, diese neue Weltwirtschaftsordnung und neue Weltordnung nicht zu unterstützen.

Die New-Age-Mitglieder Ernest Callenbach, Peter Berger, Robert Heilbroner und E.F. Schumacher werden häufig zitiert. Erklärte Christen mit derselben Botschaft, wie zum Beispiel Stanley Mooneyham, werden zur Unterstützung der eigenen These angeführt. Das Prinzip des Erlaßjahres, ein Ergebnis von Siders Studium des alten jüdischen Gesetzeskodex, ähnelt in erschreckender Weise Benjamin Cremes Vorschlägen zur Einleitung des „neuen Zeitalters“, des Wassermann-Zeitalters. Auf Seite 223 schreibt Sider: „Das Erlaßjahr ist eine göttliche Forderung nach regelmäßiger, grundlegender Neuverteilung der Güter, um Wohlstand zu schaffen.“

Im Gegensatz zu Siders Behauptungen sind Christen in keiner Weise verpflichtet, die Entstehung von politischen Strukturen des „neuen Zeitalters“ zu fördern. Im Gegenteil: Wir haben zweifelsohne die Pflicht, ihnen zu widerstehen – wenn nötig, bis in den Tod!

Der einzige Zweck der neuen Weltordnung besteht den Schriften Alice Baileys zufolge darin, als politisches Fundament für den Christus des „neuen Zeitalters“ zu dienen.

Buckminster Fuller, der den von Sider gebrauchten Ausdruck „Raumschiff Erde“ geprägt hat, hat erklärt, daß die etablierten Religionen jammern und klagen werden, wenn die neuen Strukturen erst einmal eingeführt sind.

Die biblischen Warnungen besagen ganz eindeutig, daß das in der Offenbarung beschriebene Tier sich *von allem vorher Dagewesenen unterscheiden* wird, daß es *die ganze Welt* unter seinen Füßen zertreten und die Heiligen auf furchtbare Weise verfolgen wird. Sein Kommen mag unausweichlich sein. Trotzdem sollte es nicht mit Hilfe naiver Christen vorbereitet werden, die mehr auf die verführerischen Versprechungen der New-Age-Bewegung als auf die klaren biblischen Warnungen hören.

David Bryant arbeitet eng mit der Inter-Varsity Christian Fellowship zusammen und wirkt aktiv im Bereich der Ausbildung von Missionaren. Seine Botschaft an die Gemeinde lautet, sie müsse lernen, die Welt zu lieben. Außerdem behauptet er, wir müßten uns zweimal bekehren – einmal zu Christus und dann wieder zurück zur Welt![11]

Jesus sagte ganz eindringlich, daß die Zustände in der Welt bis zu seiner Wiederkunft immer schlimmer werden würden. Trotzdem sieht es Bryant – ähnlich wie andere Evangelikale – nicht so. In seinem Buch „In the Gap:

What it means to be a World Christian" (Im Riß: Was es bedeutet, ein Weltchrist zu sein) heißt es:

> „Es bedeutet, das Evangelium durch neue Gemeinden von Gläubigen auszustreuen, die sich zu erlösenden Kräften entwickeln. Dann werden sie ihrerseits den Status Quo des Weltsystems umstürzen und die Lebensbedingungen der Menschen innerhalb ihres Umfeldes verändern" (S. XIII-XIV).

Bryant zitiert beifällig die Arbeiten von Ron Sider, Stanley Mooneyham und dem Nationalen Kirchenrat der USA. „Sojourners", eine christlich-soziale Aktionsgruppe mit New-Age-ähnlichen Programmen, wird erwähnt; Christen wird die Mitwirkung in dieser Organisation empfohlen.

Auf Seite 39 hat er geschickt gleich mehrere New-Age-„Signalwörter" in einen einzigen Absatz gepackt:

> „Ich glaube, es läuft auf folgendes hinaus, Bill: In unserem modernen *globalen Dorf* sind alle Nationen und Gesellschaften auf vielfältige Weise *miteinander verknüpft* und *interdependent*. Es ist also keine Frage des *Entweder – Oder*. Vom Engagement amerikanischer Christen für eine *globale Sache* in einem *globalen Rahmen* wird ihr Einfluß auf ihre eigene Gesellschaft stark abhängig sein" (Hervorhebungen nicht im Original).

Bryant setzt seine Hoffnung auf gerade *die* Entwicklungen, die viele Christen als sichere Zeichen der Endzeit deuten:

> „Und doch, aus diesem Schweigen ist eine große Anzahl sehr verschiedenartiger Aktivisten hervorgegangen, wie die Feministinnen, die Homosexuellen, Gruppen von Schwarzen und Juden, Umweltschützer, radikale Abtreibungsgegner, Atomkraftgegner und sogar frühere Anti-Kriegsgruppen, die gegen die Verantwortungslosigkeit der USA gegenüber kambodschanischen und vietnamesischen Flüchtlingen protestieren. Schlummert das Vermächtnis der Jahre der Antikriegs- und Menschenrechtsbewegungen im Unterbewußt-

sein der heutigen Studenten? Sind diese verschiedenen Aktivistengruppen die Vorboten von möglicherweise nahe bevorstehenden Studentenbewegungen?“ (S. 86).

Wenn es jemals einen Papst gab, der es zuließ, daß die Pläne der New-Age-Bewegung in der römisch-katholischen Kirche Fuß fassen konnten, dann war es Papst Johannes XXIII., über den New-Age-Anhänger und katholische Modernisten voller Verehrung sprechen. Dennoch verleiht Bryant der Überzeugung Ausdruck, Papst Johannes XXIII. habe einen Höhepunkt der christlichen Kirchengeschichte verkörpert (S. 125).

Es sollte an dieser Stelle angemerkt werden, daß die Zielsetzungen der meisten New-Age-Anhänger aufrichtig sind, die der Planer jedoch nicht. Im Endeffekt sind ihre Ziele nichts anderes als Propaganda für eine Weltrevolution und für die Errichtung globaler Verwaltungszentren, die u.a. Lebensmittel zuteilen. Es überrascht nicht, daß Bryant seinen Studenten die Lektüre von Ronald Siders Buch „Rich Christians in an Age of Hunger“ (Der Weg durchs Nadelöhr) ans Herz legt.

Eine andere Bezeichnung für die „Gruppe der neuen Weltdiener“ lautet „Diener der Welt“. Auf Seite 146 seines Buches meint Bryant:

> „Wir müssen aufhören, die Welt immer nur vom Lehnstuhl aus zu betrachten. Wir müssen die Welt studieren, bevor wir ihre Diener werden.“

Ich weiß nicht, was in Bryants Bibel steht, aber in meiner heißt es, ich soll Gott dienen – nicht der Welt. Ich soll meinen Nächsten lieben wie mich selbst, aber es heißt: „Habt nicht lieb die Welt, noch was in der Welt ist.“ Es fällt auf, wie sehr Bryant sich im Widerspruch zu diesem Bibelwort befindet, wenn er auf Seite 146 behauptet: „Wir müssen die Welt lieben mit unserem Verstand und unserem Herzen.“

Man fragt sich unwillkürlich, ob Bryant Theodore Hesburghs Schriften studiert hat, denn auch er zählt angebliche Gemeinsamkeiten des Christentums mit anderen Religionen auf. Im selben Abschnitt vertritt er die von Alice Bailey stammende New-Age-Lehre vom Einssein bzw. der Einheit allen Lebens.

Der Ausdruck „Einheit in der Vielfalt" wurde von Alice Bailey geprägt; er war ihr von dem „Tibeter" eingegeben worden. Es ist ein bekanntes New-Age-Signalwort. Der „International Cooperation Council" hat seinen Namen in „Unity-in-Diversity Council" (Rat der Einheit in der Vielfalt) umgeändert. „Interdependent" ist ein weiteres Signalwort. Auf den Seiten 172-173 schreibt Bryant:

> „Innerhalb dieser Familie gibt es viele Dienste, aber nur eine Mission. Innerhalb dieser Familie besteht eine wunderbare Vielfalt, aber Gott will, daß eine *Einheit in der Vielfalt* herrscht, denn wir sind in derselben globalen Sache vereint. All unsere weltweiten Teile sind *interdependent* und unentbehrlich für unsere Gesamtmission" (Hervorhebungen nicht im Original).

Alice Bailey lehrte, das „neue Zeitalter" werde ein Zeitalter des Gruppenbewußtseins und der „Synergy" (des Zusammenwirkens) sein. Einzelbestrebungen im Dienste der Sache sollten vermieden werden. Dasselbe Prinzip kommt auch in David Bryants Schriften zum Ausdruck.

Auf Seite 205 werden die Sünden der Homosexualität und des Drogenmißbrauchs beschönigend als „alternative Lebensstile" bezeichnet.

Bryant mahnt eindringlich zur Beteiligung an Projekten gegen den Hunger in der Welt. Das ist zwar an sich keine schlechte Zielsetzung, aber eine der Gruppen, die er uns ans Herz legt, ist die amerikanische Organisation „Bread for the World of America"[12]. Dieser Organisation waren mindestens zwei Artikel in Veröffentlichungen des Lucis Trust gewidmet, in denen sie als „charakteristisch“ für die Bemühungen der Gruppe der neuen Weltdiener bezeichnet wird. „Bread for the World of America“ hat niemals auch nur ein Reiskorn für irgend jemanden gekauft. Ihre Gelder werden ganz strikt nur dafür verwendet, auf bestimmte nationale und internationale Maßnahmen zu dringen – unter anderem auf die Schaffung globaler Vorratslager und die Errichtung von Verwaltungszentren, die die Verteilung der Güter der Welt vornehmen sollen.

In einer Veranstaltung meiner eigenen Gemeinde forderte Bryant alle Christen auf, sich an der Neuverteilung ihrer Güter zu beteiligen. Der Vortrag war natürlich eine willkommene Interessenvertretung derer, die die neue Weltordnung Cremes, Maitreyas und der New-Age-Bewegung zu errichten trachten.

Sein Buch spricht zweifelsohne vieles nur sehr vorsichtig an, aber für einen mit New-Age-Denken vertrauten Leser sind die Parallelen sofort ersichtlich. Wer die Richtlinien für Diskussionsleiter der Planetarischen Initiative kennt, merkt sofort, daß Bryants Anweisungen zum Studium in kleinen Gruppen nahezu die gleichen Prinzipien beinhalten.

Ich schreibe nicht in dieser Ausführlichkeit über Bryants Buch, um ihn als Sonderfall herauszustellen. Es ist jedoch ein Meisterwerk der subtilen Beeinflussung, das – ob gewollt oder ungewollt – völlig durchtränkt ist mit versteckter Indoktrination für die neue Weltordnung und die New-Age-Bewegung.

Wichtig ist in diesem Zusammenhang, daß die Unterwanderung unserer Gemeinden als ein sicheres Zeichen dafür angesehen werden kann, daß die Zeit der Trübsal und das Kommen unseres Herrn Jesus unmittelbar bevorstehen.

Wir sollten unser Augenmerk auch auf jene Aktivitäten richten, die innerhalb unserer Predigerseminare stattfinden. In den USA verharmlosen beispielsweise die Studenten des Calvin College die Gefahren, die von der New-Age-Bewegung ausgehen. Aber sie brauchen sich nur in ihrer eigenen Institution umzusehen, um festzustellen, daß die Bewegung in Wahrheit blüht und gedeiht. Anhand einiger Beispiele will ich Ihnen zeigen, wie das aussehen kann.

Die wissenschaftlichen Mitarbeiter des Stipendienzentrums am Calvin College haben 1980 bei der „Wm.B. Eerdmans Verlagsgesellschaft" ein Buch mit dem Titel „Earthkeeping" (deutsch etwa: Haushalt Erde) herausgebracht. Auf Seite 4 dieses Buches wird Pierre Teilhard de Chardin als „christlicher Denker" bezeichnet. Das politische Programm der New-Age-Bewegung wird in seiner Gesamtheit dargestellt – einschließlich der *Pflicht* der Christen, die Globalisierung der politischen Strukturen zu unterstützen.[13]

Die Bibel sagt ganz eindeutig, daß *Gott* einen neuen Himmel und eine neue Erde schaffen wird. Die Autoren von „Earthkeeping" versuchen jedoch, die Bibel so umzuinterpretieren, daß dadurch der vom Calvin College neuentdeckte Internationalismus untermauert wird. Ihre Einstellung gleicht der der Findhorn-Familie:

> „Die Schreiber des Neuen Testamentes verkünden Jesus von Nazareth als den Friedefürst. Er ruft die Welt zu sich hin, erlöst sie zu sich hin. Und er ruft uns zur Mitarbeit in seinem großartigen Werk auf: ‚Denn die gespannte Erwartung der Kreatur sehnt die Offenbarung der Kinder Gottes herbei.'
> Sein Königreich des Friedens wird kommen. Der König ist bereits gekommen und regiert. In Galiäa hat er seine Macht bewiesen über Wasser, Wind, Pflanzen, Tiere – selbst über den Tod. Er regiert, und sein Frieden wird mit ihm regieren: ‚Der Eifer des Herrn der Heerscharen wird dies vollbringen.'

> Durch die gesamte Schrift hindurch sind die Visionen vom Königreich Gottes *Visionen vom Menschen im Einklang mit der Natur*. Ralph Smith bringt das in ‚Alttestamentliche Prinzipien der Verwalterschaft' hervorragend zum Ausdruck, wenn er bemerkt: ‚Wenn der biblische Mensch damals nicht vorhersehen konnte, daß eines Tages der Mensch der Natur nicht mehr bedarf, sollte vielleicht der moderne Mensch jetzt beginnen, mit ihr Frieden zu schließen'"[14] (Hervorhebungen nicht im Original).

Wenn man den Autoren glauben will, dann sind auch wir Menschen „Erretter".[15]

Sie fordern uns auf, ein „planetarisches Bewußtsein" zu entwickeln. Genau dieselbe universelle Parole wird von Tausenden aktiver New-Age-Zentren an die Mitglieder ihrer Bewegung ausgegeben. Mehrere New-Age-Mitglieder werden beifällig zitiert. Auf der Einbandrückseite des Buches steht ein zustimmender Kommentar von Senator Mark Hatfield, der bereits viele begeisterte Beurteilungen New-Age-orientierter christlicher Bücher verfaßt hat.

Alice Bailey zufolge soll das „neue Zeitalter" ein Zeitalter des Gruppenbewußtseins sein und durch Gruppenaktivitäten ins Leben gerufen werden. Die Autoren von „Earthkeeping" glauben anscheinend dasselbe, denn sie raten den Christen, die gute Verwalter der Erde sein wollen, kollektive Anstrengungen zur Veränderung wirtschaftlicher und politischer Strukturen zu unterstützen.[16]

„Bread for the World of America" wird von der Aktion „Internationaler Guter Wille" des Lucis Trust als „charakteristisch für die Gruppe der neuen Weltdiener" angepriesen. Die Autoren von „Earthkeeping" fordern Christen auf, diese Organisation zu unterstützen. Die New-Age-Bewegung verlangt von ihren Mitgliedern, daß sie zu „Agenten der Veränderung" werden. „Earthkeeping" legt uns nahe, „aktive Agenten in örtlichen, nationalen oder internationalen, politischen, wirtschaftlichen, kirchlichen oder zum Bildungsbereich gehörenden Strukturen" zu werden.[17]

Eine grundlegende Lehre der New-Age-Bewegung besagt, daß Gott allen Dingen innewohnt. Alice Bailey meinte sogar, diese „Doktrin vom immanenten Gott" *müsse* gelehrt werden, um die Welt auf den neuen „Christus" vorzubereiten:

> „Der transzendente Gott, größer, weiter und umfassender als die von ihm geschaffene Welt, ist universell anerkannt und wird allgemein hervorgehoben; alle Religionen können mit Shri Krishna (der als Schöpfergott spricht) sagen: ‚Ich habe das ganze Universum mit einem Teil meiner Selbst durchdrungen, ich habe Bestand!' Dieser transzendente Gott hat das religiöse Denken von einfachen und geistlich gesinnten Menschen Jahrhunderte hindurch beherrscht, seit die Menschheit begann, nach Göttlichkeit zu streben.
>
> Langsam erwacht das Bewußtsein der Menschheit: die große, gemeinsame Wahrheit vom immanenten Gott, der mit seiner Göttlichkeit alle Lebensformen durchdringt, der von innen heraus alle Königreiche in der Natur beeinflußt, der seine ihm innewohnende Göttlichkeit durch Menschen ausdrückt und der – vor zweitausend Jahren – das Wesen dieser göttlichen Immanenz in der Person des Christus dargestellt hat. Als Ergebnis dieser Entfaltung göttlicher Gegenwart findet heute eine neue Vorstellung Zugang zum Denken von Menschen in der ganzen Welt: ‚Christus in uns, die Hoffnung der Herrlichkeit' (Kolosser 1,27). Der Glaube wächst und entwickelt sich, *daß Christus in uns ist, wie er im Meister Jesus war, und dieser Glaube wird das Weltgeschehen und die gesamte Lebenseinstellung der Menschheit verändern*" (Hervorhebung nicht im Original).[18]

Diese Lehre vom immanenten Gott ist gemeinsamer Bestandteil nahezu aller heidnischen, auch der östlichen Religionen. Sie besagt, daß Gott die Welt schuf und sich dann selbst in alle Teile des Universums verströmte. Religionen, die diese Lehre vertreten, werden als „monistische Religionen" bezeichnet. Die uralte Lüge der

Schlange – „Ihr werdet sein wie Gott!" – erscheint in neuer Aufmachung für das „neue Zeitalter"!

Es braucht nicht betont zu werden, was für ein Schock es für mich war, daß ein College wie Calvin solch eine Lehre verbreitet. Auf Seite 218 von „Earthkeeping" stellen die Autoren fest:

> „Die Betrachtung der Fleischwerdung zeigt jedoch, daß in Christus als dem Schöpfer und Erlöser Gott in der Schöpfung immanent ist. Die ‚Gleichstellung mit Gott' ermöglicht es dem schöpferischen Wort, am Fleisch seiner Schöpfung in einer immanenten Form teilzunehmen, die weder nach Ehre noch nach Überleben strebt, sondern letztlich zum Tode führt. Obgleich sie die Welt transzendieren, sind Christen ebenso angeleitet, ein erlösender Teil des von ihnen Transzendierten zu werden. *Menschen sollen die Erretter der Natur werden, so wie Christus der Erretter der Menschheit ist* (und damit durch die Menschen der Erretter der Natur).
> Diese Vorstellung vom Menschen als Erretter der Natur ist keine bloße theologische Spekulation. Sie ist in all den vielen Passagen der Schrift enthalten, die von erlösten Menschen als den ‚Miterben' Christi sprechen. Wie Christus der Beherrscher, Schöpfer und Erhalter der Welt ist, so soll es auch der Mensch sein. Miterben Christi zu sein beinhaltet (wie Paulus sagt), mit Christus gekreuzigt zu sein; *es beinhaltet auch die Teilnahme am erhaltenden Wirken Christi, des Schöpfers, in der Natur*" (Hervorhebungen nicht im Original).

Die Autoren geben natürlich Gründe für das mangelhafte Verständnis der Christen in dieser Sache an; sie ähneln denen, die New-Age-Anhänger vorbringen:

> „Diese Vorstellung von der Transzendenz des Menschen wurde seit den frühen Jahren der Kirche mit der vorherrschenden platonischen Lehre vermischt, wonach die physische Natur eine Quelle der Unwissenheit und ein Fallstrick für die Seele ist."[19]

New-Age-Mitglieder betonen immer wieder, wir müßten unser „dualistisches, mechanistisches Denken“ überwinden.

Christen, die gute Verwalter der Erde sein wollen, werden aufgefordert, die Bestrebungen des Internationalismus zu unterstützen. Ihnen wird natürlich nicht gesagt, daß die Persönlichkeiten, die solche Bemühungen anführen – Donald Keys, David Spangler und die übrige Truppe der Planetarischen Initiative – erklärte Luzifer-Verehrer sind. Selbst wenn Franz von Assisi an der Spitze internationaler Gebilde stünde – sobald sie einmal errichtet sind, besteht die Möglichkeit der Machtübernahme durch die, die eine alleinige Weltregierung des Antichristen nach Offenbarung 13 anstreben.

Die Schrift sagt uns eindeutig, daß wir die Welt nicht lieben sollen:

> „Habt nicht lieb die Welt, noch was in der Welt ist! Wenn jemand die Welt lieb hat, so ist die Liebe zum Vater nicht in ihm. Denn alles, was in der Welt ist, die Fleischeslust, die Augenlust und das hoffärtige Leben, kommt nicht vom Vater her, sondern von der Welt, und die Welt vergeht mit ihrer Lust; wer aber den Willen Gottes tut, der bleibt in Ewigkeit“ (1. Johannes 2,15-17).

Die Aussage von David Bryant („Earthkeeping“) und vielen anderen evangelikalen Autoren lautet jedoch, daß wir nunmehr die Welt lieben und Diener der Welt werden sollen.

Das „Humanistische Manifest“ verkündete, Religionen, die auf der Vorstellung einer notwendigen Errettung gegründet sind, seien für die Zukunft der Welt schädlich, weil sie die Menschen veranlaßten, sich mehr auf eine jenseitige Welt als auf die hiesige zu konzentrieren. Das Calvin College wiederholt begeistert denselben Gedanken:

„Und doch haben sich die Christen, mit einigen wichtigen Ausnahmen, kaum für das Wohlergehen der Welt eingesetzt. Denn das christliche Denken hat immer weitaus mehr die persönliche Errettung als die kosmische Errettung betont. In der Tat, eine eingeengte Bedeutung des Wortes ‚Welt' findet sich in Erklärungen, daß Christen aus der Welt herausgerettet seien."[20]

Alice Bailey wies die Getreuen des „neuen Zeitalters" an, die Welt durch die Lehre, alle Dinge seien Teil eines Ganzen, auf den „neuen Christus" vorzubereiten. Angesichts der allgemeinen New-Age-Tendenz des Buches vom Calvin College erstaunt es nicht, daß die pseudowissenschaftliche Schrift „The Live of a Cell" (Das Leben überlebt. Geheimnis der Zellen) des New-Age-Autors Lewis Thomas zur Unterstützung dieser Auffassung herangezogen wird.[21] Es verwundert auch nicht, den folgenden, etwas eigenartigen theologischen Standpunkt anzutreffen, der genau dieser Theorie entspringt:

„Wir können einfach nicht unserem Eingebettetsein in die Natur oder dem Eingebettetsein der Natur in uns entfliehen. Unserem Wissen nach können wir anscheinend nicht länger davon sprechen, daß die Menschheit aus der Natur herausgerettet ist: Wir sind *in* der Natur erlöst, nicht außerhalb von ihr. Auf irgendeine Weise muß der Christ den Rest der Schöpfung mit in seine Erlösung einbeziehen."[22]

Natürlich kommt das Prinzip des Erlaßjahres – Bestandteil des alttestamentlichen Gesetzeskodex – den New-Agern von der Planetary Initiative höchst gelegen, die alles daransetzen, eine neue Weltordnung mit zwangsweiser Neuverteilung der Güter zu errichten.[23]

Selbst der Ruf nach einer neuen Weltreligion, der der New-Age-Bewegung so sehr am Herzen liegt, ist bei den wissenschaftlichen Mitarbeitern des Calvin College nicht ungehört verhallt:

„Wenn wir uns einer Betrachtung der Theologie des Ostens zuwenden, entdecken wir, daß ihre Stärke genau in dem Bereich liegt, in dem das westliche Denken am schwächsten ist: in ihrer Einbeziehung der gesamten Schöpfung – nicht nur der Menschen – in die Erlösung. Anstelle des allgemeinen Mißtrauens, das die westliche Christenheit beherrscht, wird das Gute in der Materie und ihre Erlösbarkeit hervorgehoben und die Tatsache betont, daß der Zugang der Materie zur göttlichen Erlösung von Menschen abhängig ist. Solch einem Denken zufolge sind die Menschen nicht so sehr Pilger, die die Welt hinter sich lassen. Statt dessen heben sie durch ihre priesterlichen Handlungen alles empor, so daß es zu einer Form göttlichen Lebens wird ... Daher sind im östlichen Denken Menschen die wirkende Kraft zur ‚Vergöttlichung der Natur' und heben alle Schöpfung in die Göttlichkeit empor. Das ist keine unreflektierte Übernahme von Gedankengut, sondern vielmehr eine Weiterentwicklung der Idee, daß Menschen ‚Erben' mit Christus sind, dem zweiten Adam in der voll erlösten Schöpfung."[24]

Das Herzstück der New-Age-Bewegung ist althergebrachter Hindu-Okkultismus, der die uralte Lüge der Schlange im Garten Eden vertritt. Dieses Versprechen der Göttlichkeit, das Eva so fesselte, übt auch heute noch auf die Menschheit einen unglaublich starken Reiz aus.

Anmerkungen

[1] McCoy, Charles: When Gods Change, Hope for Theology (Wenn Götter sich ändern – Hoffnung für die Theologie). McCoy ist Professor für Theologische Ethik an der Pacific School of Religion der Theologischen Graduiertenunion von Berkeley und hat außerdem einen Doktortitel an der Yale-Universität erworben. Er wird in Berkeley als führender Theologe angesehen und hält weltweit Vorträge.
[2] Hesburgh, Theodore M.: The Humane Imperative, herausgegeben 1974 von der Yale-Universität, 2. Auflage 1975, S. 11
[3] Siehe Lemius, J.B.: A Catechism of Modernism, gegründet auf der Enzyklika Pascendi Dominici Gregis (über den Moder-

nismus) von Papst Pius X. Diese Zwei-Dollar-Ausgabe, die mir von einem Priester in Detroit gegeben wurde, ist wahrscheinlich einer der besten Kommentare über die Methoden von New-Age-Mitgliedern und Abtrünnigen sowohl in der katholischen als auch in der protestantischen Kirche. Lemius zitiert folgende treffende Aussage von Papst Pius X.: „Wir müssen jetzt das Schweigen brechen, um vor der ganzen Kirche den wahren Charakter derer bloßzustellen, die diese üble Verkleidung zur Tarnung angelegt haben." Der Katechismus wird von Tan Books and Publishers, Rockford, Illinois, herausgegeben; die letzte Auflage erschien 1980.

4 Mooneyham, Stanley: What Do you say to a Hungry World? Waco, Texas 1975, S. 241

5 ebenda, S. 22, 267

6 ebenda, S. 151

7 Mooneyham, Stanley: China a New Day, Plainfield, New Jersey 1979, vgl. S. 197-201

8 ebenda, S. 153-156

9 World Vision, Band 26, Nr. 9 (September 1982), S. 21: Eine Frage: „Wer wird hier verherrlicht? Jesus oder Krishna?"

10 ebenda

11 Diese erstaunlichen theologischen Positionen vertrat David Bryant im April 1982 in der Baptistengemeinde Highland Park in Michigan – meiner eigenen Gemeinde!

12 Amerikanische Lobby-Organisation, nicht identisch mit der deutschen Organisation „Brot für die Welt".

13 The Calvin Center for Christian Scholarship: Earthkeeping, S. 236-237. Wir Christen werden belehrt, daß wir „internationale Anstrengungen zur Errichtung und Durchsetzung von Maßstäben zur angemessenen Nutzbarmachung des Ozeans und zur gerechten Ausbeutung seiner Rohstoffe unterstützen" sollen. „Diese Art der Unterstützung und der politischen Zustimmung unsererseits ist möglicherweise das, was Verwalterschaft heutzutage vom Einzelnen fordert." Die Autoren machen dann deutlich, daß sie von gemeinsamer Verwalterschaft sprechen: „Denn es steht fest, daß wir Verwalterschaft über die Natur nicht nur als Individuen ausüben, sondern als Mitglieder verschiedener Gruppen, denen die Verantwortung für große Bestandteile der Rohstoffe anvertraut ist."

14 ebenda, S. 238. Wenn ich meine Bibel richtig lese, heißt es dort, wir sollen Frieden schließen mit Gott – nicht mit der Natur. Die Haltung des Calvin College hat ganz entschieden den

Beigeschmack sowohl des Monismus (Lehre, daß Gott die Welt schuf und sich dann selbst in das Universum verströmte) und des Animismus. *Gottes Absicht war es, alle Dinge neu zu machen – nicht, die Natur zusammen mit dem Menschen zu erlösen.*

[15] ebenda, S. 238

[16] ebenda, S. 307

[17] ebenda, S. 306

[18] Bailey, Alice: The Reappearance of the Christ, New York, Lucis Publishing Company 1948 und 1976, S. 36

[19] The Calvin Center ..., a.a.O., S. 219

[20] ebenda, S. 3

[21] ebenda

[22] ebenda, S. 3-4

[23] Planetary Initiative wird von Donald Keys geleitet, einem erklärten Jünger von Alice Bailey/Djawal Khul. Er wird von David Spangler und Peter Caddy unterstützt – beides Alice Bailey/Djawal Khul-Jünger und offene Verehrer Luzifers. Bei den Vereinten Nationen werden sie durch Robert Muller unterstützt. In Mullers letztem Buch „New Genesis: Reshaping a Global Spirituality" (dt.: Die Neuerschaffung der Welt, München, 1985) trägt ein Kapitel den Titel „Die Wiederkunft des Christus". Es ist die Mitschrift einer Rede, die der Autor *vor der Arkanschule* gehalten hat. Sie erinnern sich: Die Arkanschule ist Teil von Lucis Trust (früher bekannt unter dem Namen „Lucifer Publishing Company"), dem Verwalter der Schriften von Alice Bailey/Djawal Khul. Diese Schriften bilden das Fundament der Pläne, auf die die New-Age-Bewegung und besonders die Planetarische Initiative ihre Bemühungen gründen. Muller hat übrigens öffentlich Benjamin Creme unterstützt – den Sprecher für „Maitreya Christus"!

[24] The Calvin Center ..., a.a.O., S. 222

Die alte Lüge: Gott in sich selbst finden

Ein Buch zu lesen, mit dessen Hilfe man durch raffinierte Gedankenspiralen auf serpentinen-ähnlichen Pfaden immer mehr in das New-Age-Denken hineingeführt werden soll, ist *eine* Sache. Etwas ganz anderes ist es, ein Buch in der Hand zu halten, das so dreist daherkommt wie eine Kobra, die ihr Gift an den Haustüren feilbietet. „Journey to Inner Space: Finding God in Us" (Reise in das innere Weltall: Gott in uns finden) ist ein solches Buch. Ich habe an okkulter Literatur kaum Schlimmeres gefunden.

„Journey to Inner Space" ist aber keine Veröffentlichung irgendeiner Hindu-Sekte. So unglaublich es klingt – der Verfasser, R. Romney, ist leitender Pastor der „First Baptist Church" in Seattle im US-Bundesstaat Washington! Wie das Buch „Earthkeeping" des Calvin College, nur auf ganz offen hinduistisch-okkulte Weise, bringt Dr. Romney dem Leser die Lehre vom immanenten[1] und transzendenten Gott nahe.

Die Behauptung, daß Jesus nicht der Christus sei, ist ein biblisches Kennzeichen des Antichristen. Die Vorstellung, der Mensch könne selbst wie Gott sein, war eine der altbekannten Lügen der Schlange im Garten Eden. Dr. Romney nun wiederholt typische New-Age-Irrlehren, wenn er von Jesus sagt:

> „Niemand hat seine Zeitgenossen so bewegt wie dieser Mann Jesus. Das größere Wunder besteht darin, daß er zweitausend Jahre später immer noch die Menschen bewegt. Er war

kein radikaler Aufrührer oder polemischer Revolutionär. *Er war einfach ein Mensch, der die Gesetze Gottes kannte und so vollständig innerhalb ihres Gefüges lebte, daß sein ganzes Leben ein Gebet des Gehorsams und des Glaubens an Gott war.* Er bewegte die Menschen, weil er ihnen zeigte, was das Leben wirklich für sie sein könnte. Er tut dies auch heute noch.

Dieser Jesus wurde dann der Christus genannt, der Gesalbte Gottes. Er hat diesen Titel weder erbeten noch abgelehnt. Aber was er tat, war noch erstaunlicher. *Er gab zu verstehen, jeder Mensch sei ein möglicher Christus.* Er behauptete von sich nichts, das er nicht auch von seinen Jüngern behauptete. Er bezeichnete sich selbst als das Licht der Welt und sagte seinen Jüngern, auch sie seien das Licht der Welt. Er sagte, er sei eins mit Gott, und betete, daß die Jünger ihr Einssein mit Gott annehmen möchten. Er sagte ihnen, sie könnten nicht nur ähnliche Erlebnisse haben wie er, sondern sie würden sogar größere Dinge tun als er. *Er verdammte die Menschen in ihrer Verderbtheit nicht, sondern trachtete danach, ihnen die Herrlichkeit der in ihnen angelegten Göttlichkeit ins Bewußtsein zu rufen. Er stellte seinen Nachfolgern die Aufgabe, den Christus in ihrem eigenen Bewußtsein zu erkennen und zu begreifen, daß das Reich Gottes in ihnen ist. Wenn sie es außerhalb ihrer selbst suchen, werden sie es niemals finden*" (Hervorhebungen nicht im Original).[2]

Inwiefern hat dann die Christenheit nachfolgender Zeiten das Ziel verfehlt? Dr. Romney zufolge liegt es daran, daß „der größte Teil der Christus-Nachfolger die eigene Christusschaft nicht erkannte ..."[3]

War es Jesus gleichgültig, ob man ihn den Christus – den Gesalbten Gottes – nannte, wie Dr. Romney andeutet? Jesu Verhalten sagt ganz klar etwas anderes:

„Als er sich aber schon dem Abhang des Oelberges näherte, fing die ganze Menge der Jünger freudig an, Gott zu loben mit lauter Stimme wegen all der Taten, die sie gesehen hatten, und sprachen: Gepriesen sei der König, der da kommt im Namen des Herrn! Friede im Himmel und Ehre in der Höhe! Und etliche der Pharisäer unter dem Volk sprachen zu ihm: Meister, weise deine Jünger zurecht! Und er antwortete und sprach: Ich sage euch, wenn diese schweigen, so werden die Steine schreien“ (Lukas 19,37-40).

Dr. Romney zufolge kam Jesus, um „eine Weltreligion“ zu errichten, „die jede Seele einbezieht und jedes Glaubensbekenntnis vereint“. Obwohl Jesus am Kreuz ausrief: „Es ist vollbracht!“, behauptet Dr. Romney: „Sein Werk wird nicht vollendet sein, bis er gerade dies getan hat“[4] (eine Weltreligion errichten, die jedes Glaubensbekenntnis vereint).

Romney meint sogar, Jesus habe nie erklärt, er sei „der Weg“:

> „Jeder von uns muß seinen eigenen Weg zu dem WEG finden, und wir würden gut daran tun, dabei die Hand des WEG-Weisers zu ergreifen, denn er zeigt uns Gott wie nie ein anderer zuvor. Aber wir sollten nicht abirren und uns von irgendwelchen menschlichen Formen oder Formeln, die den WEG darstellen wollen, überwältigen lassen. Einige dieser Formen sind nicht mehr als Jesus-Kulte, die den WEG nicht bis zum Ende gehen, weil sie den WEG-Weiser anbeten und sich beinahe ausschließlich mit dem Aspekt der Wunder beschäftigen, die er wirkte, und nicht mit dem ethischen und dem mystischen Aspekt seines Lebens. Wir sollten uns daran erinnern, daß Jesus kam, um uns Gott zu zeigen, um uns zu helfen, an Gottes Leben teilzuhaben, und uns zu inspirieren, zuerst und vor allen Dingen nach dem Reich Gottes zu trachten. Er widersetzte sich allen Versuchen, ihn anzubeten oder ihn zum Gott zu erheben. Er sagte zwar: ‚Ich bin der Weg‘, aber er meinte damit, daß er der WEG-Weiser zu Gott sei. Er war nicht Gott und hat dies auch nie behauptet“ (S. 30).

In seinem Irrglauben behauptet Romney, Jesus sei „seinem Wesen nach ein Mystiker, der die Tiefen seines Inneren erforschte, die Quelle seines eigenen Geistes fand und so erkannte, daß er der Sohn Gottes war“. Romney zufolge können wir alle selbst zu Christussen werden:

> „Ich lade Sie dazu ein, die Hand des WEG-Weisers zu ergreifen und sie bei jedem Schritt Ihrer inneren Reise festzuhal-

ten, denn mehr als jeder andere sehnt er die Veränderung Ihres Lebens herbei; mehr als jeder andere sehnt er sich nach Ihrer *Selbst-Läuterung;* mehr als jeder andere wünscht er, *daß Sie die Fülle und die Pracht Ihrer eigenen Christusschaft entdecken*" (S. 36).

Ich habe selbst mit Dr. Romney gesprochen, und er scheint – wenigstens am Telefon – wirklich aufrichtig und charmant zu sein. Aber er befindet sich ganz entschieden im Irrtum!

Das verbindende Element, das die New-Age-Mitglieder zusammenhält, sind gemeinsame mystische Erfahrungen. Sie sind wirklich überzeugt, daß sie Dinge sehen und hören, die wir anderen nicht wahrnehmen. Bei einem Geistlichen wie Dr. Romney und bei Hunderten von anderen, die wie er in okkulte Mystik verwickelt sind, beginnt es vielleicht als Folge der bekannten Berufskrankheit des „Ausgebranntseins durch Überarbeitung".

In den letzten Jahren konnte man einen wahren Ansturm von populärwissenschaftlichen Psychotechniken und Kursen in Bewußtseinskontrolle beobachten, die einen wesentlichen Bestandteil der Vorbereitung auf die neue Weltordnung und den Christus des „neuen Zeitalters" bilden.

Das okkulte Prinzip, das all diesem zugrunde liegt, wird als das „Gesetz der Wiedergeburt" („rebirthing") bezeichnet. Darunter verstehen die New-Age-Anhänger aber nicht den Vorgang, den Jesus als „von neuem geboren werden" bezeichnete. Bei der echten Wiedergeburt wird ein Mensch mit Gott versöhnt, weil er den Geist Jesu Christi in sein Herz aufnimmt. Er geht ein neues Abhängigkeitsverhältnis ein – zu Christus.

Beim „rebirthing", der sogenannten „Wiedergeburt", wird man durch Indoktrination zu der Überzeugung gebracht, daß alle Weisheit im eigenen Inneren verborgen liegt. Wie die Yogis und Mystiker aller Zeiten richten die

New-Age-Leute ihren Blick nach innen, in das Zentrum ihres Ichs, um „Weisheit" und Wissen zu erlangen.

Von der Schrift her steht es jedoch eindeutig fest, daß Weisheit nicht aus dem Inneren des Menschen kommt:

> „Überaus trügerisch ist das Herz und bösartig; wer kann es ergründen?" (Jeremia 17,9)

Diese Art von innerer Reise wird im allgemeinen durch eine Vielzahl von Psychotechniken angestrebt, die geradezu darauf angelegt sind, zu dämonischer Besessenheit zu führen. Marilyn Ferguson zählt in ihrem Buch „Die sanfte Verschwörung" jede Menge dieser „Psychotechniken" auf.[5] Die Jünger von Alice Bailey/Djawal Khul wurden aufgefordert, ein „geistliches Tagebuch" zu führen, in dem sie alle ihre Erfahrungen mit Meditation und Psychotechniken aufzeichnen sollten. Der Tagebuch-Schreiber sollte Erlebnisse wie den Kontakt mit „Geistwesen" oder den „Meistern" festhalten. „Erleuchtung" hinsichtlich bestimmter Probleme, telepathische Erlebnisse und mystische Erfahrungen wie das Erblicken eines Lichtes sollten ebenfalls aufgezeichnet werden.[6]

Jeder, der sich in der Bibel auskennt, horcht jetzt vermutlich auf, denn Satan selbst erscheint denen, die er verführen will, als Engel des Lichts.[7] Anhängern der New-Age-Bewegung wird oft eine Erfahrung zuteil, die sie als ein Erlebnis von überwältigender Schönheit und Herrlichkeit beschreiben. Wegen der ungeheueren Größe dieser Erfahrung nehmen sie an, sie seien mit dem Herrn in Kontakt getreten. Gott erkannte unsere Verwundbarkeit auf diesem Gebiet und hat es in seiner Weisheit seinem Volk daher untersagt, sich mit okkulten Praktiken einzulassen. Seit der Zeit des Gartens Eden führt Satan Betrug im Schilde, und da bildet unsere Zeit keine Ausnahme. Die Schrift sagt, daß der Antichrist mit großen Zeichen und Wundern kommen wird: es wird so überwältigend sein, daß selbst die Auserwählten verführt würden, „wenn es möglich wäre“.[8] Diejenigen, die sich mit New-Age-Psychotechniken einlassen – darunter auch viele Geistliche, die die klare Lehre der Bibel außer acht lassen – sind bereits vor dem großen Schlußakt endzeitlichen Verführungen zum Opfer gefallen.

Wir werden auch aufgefordert, die Geister zu prüfen:

> „Geliebte, glaubet nicht jedem Geist, sondern prüfet die Geister, ob sie von Gott sind! Denn es sind viele falsche Propheten hinausgegangen in die Welt. Daran erkennet ihr den Geist Gottes: Jeder Geist, der bekennt: ‚Jesus ist der im Fleisch gekommene Christus‘, der ist von Gott; und jeder Geist, der Jesus nicht bekennt, der ist nicht von Gott. Und das ist der Geist des Antichrists, von welchem ihr gehört habt, daß er kommt; und jetzt schon ist er in der Welt“ (1. Johannes 4,1-3).

Die Bibel besteht aus 66 Büchern, die einander nicht widersprechen. Der Grund hierfür liegt in der Unwandelbarkeit des Heiligen Geistes. Obwohl okkulte Lehren aus unterschiedlichen Quellen und aus allen Kulturen der Erde zu stammen scheinen, zeichnen auch sie sich durch eine bemerkenswerte Übereinstimmung aus. In seinem „Katechismus über Modernismus“ beschreibt Papst Pius X. in hervorragender Weise die wahre Übereinstimmung solcher Lehren, die sich hinter dieser Fassade von scheinbar weit verstreuten Quellen und voneinander völlig unabhängigen Kulturen verbirgt:

> „Die Modernisten wenden eine überaus schlaue List an: Sie präsentieren nämlich ihre Lehren ohne irgendeine Ordnung und nicht in systematischer Aufmachung als geschlossenes System, sondern als verstreut und voneinander unabhängig, damit sie als zweifelnd und unsicher erscheinen, während sie in Wahrheit fest und beständig sind. Aufgrund dieser Taktik wird es sich als vorteilhaft erweisen, ihre Lehren hier als gemeinsames Ganzes darzustellen und die Verbindungen zwischen ihnen zu verdeutlichen …“[9]

Die Lehren des Okkultismus sind denen der Bibel diametral entgegengesetzt:

- Die Bibel lehrt, daß jeder Mensch einmal sterben muß und daß danach das Gericht kommt.[10] Der Okkultismus lehrt, daß jeder von uns viele Male leben und sterben muß und dann – vielleicht – ins Nirwana eingeht.
- Die Bibel lehrt, daß Jesus ein für allemal das vollkommene Sühneopfer darbrachte.[13] Die Okkultisten lehren, daß jedermann im Rahmen des unerforschlichen Gesetzes des Karma sühnen muß.
- Die Bibel sagt, daß Jesus das Licht der Welt ist. Die Okkultisten behaupten, daß Licht komme aus unserem eigenen „höheren Selbst".
- Die Bibel sagt, daß Jesus der einzige Christus ist. Die Okkultisten behaupten, daß es viele Christusse gegeben hat.

Die Apostel und Propheten haben die starke Verbreitung solcher Lehren innerhalb der endzeitlichen Gemeinde vorhergesagt. Paulus schrieb den Thessalonichern, vor dem Ende müsse zuerst der Abfall vom Glauben kommen.[12] Timotheus, seinem Schützling im Herrn, teilte er mit, „daß in späteren Zeiten etliche vom Glauben abfallen und verführerischen Geistern und Lehren der Dämonen anhangen werden".[13]

Im Alten Testament erfuhr Daniel von einem Engel, daß der König die, „welche gegen den Bund freveln, durch Schmeicheleien zum Abfall verleiten wird". [14]

Der Prophet Jesaja erhielt vom Heiligen Geist einen Ratschlag, wie man falsche Propheten von Botschaftern des Herrn unterscheiden kann:

> „‚Hin zur Weisung und hin zur Offenbarung!' Werden sie das nicht sagen, so wird ihnen kein Morgenrot scheinen ..."[15]

Viele Menschen, selbst sympathische Geistliche wie Dr. Romney, haben sich auf vom Herrn verbotene Dinge eingelassen und es versäumt, die Geister zu prüfen. Dadurch sind sie ungewollt zur Dämonenanbetung verführt worden.

Auch heute noch spielt die Schlange bei den Verführungskünsten der Dämonen eine wichtige Rolle. Der zukünftige Initiat ergreift nämlich die verbotenen Früchte des Okkultismus, wenn er – wie die „Eingeweihten" sagen – die „Schlangenkraft Kundalini" vom unteren Ende der Wirbelsäule in die sogenannten „Chakras" (Nervenzentren) aufsteigen läßt. Dr. Romney beschreibt diesen Vorgang freimütig:

> „In bezug auf die Meditationserfahrung habe ich vieles noch nicht abgedeckt. Ich habe noch nicht über die sieben Nervenzentren (Chakras) und die ihnen entsprechenden Farben gesprochen. Auch habe ich nicht die Kräfte in unserem Gehirn- und Rückenmarkssystem beschrieben, die als Kundalini bekannt sind – ein geheimnisvolles Feuer der Liebe, das durch tägliche, ernsthafte Meditation in uns aufsteigt und uns in ein neues Land des erweiterten Bewußtseins versetzt."[16]

Dr. Romney berichtet, daß er sich gen Osten wendet, um diesen Zustand des erweiterten Bewußtseins zu erlangen:

> „Ich sitze, wenn möglich, stets in demselben Stuhl, der gen Osten gerichtet ist. Sich während des Gebets gen Osten zu wenden, ist eine uralte Praktik, die auf den symbolhaften Zusammenhang zwischen der aufgehenden Sonne und dem Dämmern des göttlichen Lichtes im eigenen Bewußtsein hinweist. Andere behaupten, man setze sich dadurch außerdem größeren Formen kosmischer Energie aus."[17]

Der Herr zeigte seinem Propheten Hesekiel, wie die Israeliten und das Haus Juda ähnliche Praktiken ausübten:

> „Da sprach er zu mir: Hast du das gesehen, Menschensohn? Du wirst noch größere Greuel sehen, als diese sind! Und er führte mich in den innern Vorhof des Hauses des Herrn; und

siehe, am Eingang zum Tempel des Herrn, zwischen der Halle und dem Altar, waren etwa fünfundzwanzig Männer; die kehrten dem Tempel des Herrn den Rücken, ihr Angesicht aber gegen Aufgang, und sie beteten gegen Aufgang die Sonne an" (Hesekiel 8,15-16).

Ein herausragendes Ziel des Okkultismus besteht darin, zu lernen, wie man die Kraft bzw. Macht (engl.: force) manipuliert.[19] Allem Anschein nach gibt sich auch Dr. Romney dem Irrtum hin, Gott sei eine Kraft – was ebenfalls ein hervorragendes Beispiel für die Tatsache ist, daß die, die sich mit Okkultismus einlassen, Dinge sehen und hören, die wir anderen nicht wahrnehmen:

„Gott schuf also zuerst das Licht als geistliche Energie, und aus diesem Licht erschuf er dann alle Dinge. Wir bestehen also nicht aus fester, undurchdringlicher Materie, sondern aus Lichtenergie. *Diese ursprüngliche Kraft der Energie ist es, was wir Gott nennen.* Wenn die Bibel sagt, wir seien nach dem Bilde Gottes geschaffen, so ist gemeint, daß wir aus eben dieser Energiekraft gebildet sind, die Gott heißt. Wenn wir eine Verbindung zu Gott aufbauen, erhalten wir einen erhöhten Zufluß dieser Energie ...
Wenn Menschen in höhere Bereiche des geistlichen Bewußtseins aufsteigen, nehmen sie oftmals dieses Licht durch ihren geistlichen Sinn wahr; manchmal erscheint es in leuchtenden Farben, die über alle je zuvor wahrgenommenen Farbtöne und Farbschattierungen hinausgehen, genauso wie sie oftmals Töne hören, die das menschliche Ohr normalerweise nicht registrieren kann ... Das tiefste Zentrum unseres inneren Weltalls, wo uns das Erfülltsein mit Gott bewußt wird, übersteigt alle Begrenzungen des Irdischen und läßt uns zu Wahrnehmungen gelangen, die auf jeder anderen Ebene unmöglich wären.
Jahrhundertelang war in den Ländern des Orients bekannt, daß eine mächtige, unsichtbare Kraft durch die Arme und Hände der sogenannten heiligen Menschen zu fließen schien. Menschen, die sich bewußt mit Gott identifizierten, schienen über eine Energiefülle zu verfügen, die sich heilend auswirkte. Dies traf mit Sicherheit auf Jesus zu"[20] (Hervorhebungen nicht im Original).

Als ich mit Dr. Romney, dem Prediger einer amerikanischen Baptistengemeinde, sprach, gab er ganz unumwunden zu, daß er sein Buch als zur New-Age-Literatur gehörig bezeichnen würde. In seinem Buch spricht er sogar andeutungsweise über dieses kommende „neue Zeitalter“:

> „Die meisten Schüler der geistlichen Ebene stimmen darin überein, daß wir heutzutage auf diesem Planeten in ein neues Zeitalter des Lichts eingehen. Dieses Licht beginnt, Störfaktoren innerhalb der Schöpfungsordnung zu offenbaren und zu korrigieren. Das Resultat mag ein vorläufiges Ansteigen von Leid und Krankheit sein. Menschen, die in der Dunkelheit leben, werden mit Feindseligkeit und kriminellen Handlungen reagieren, wenn das Licht stärker wird. In den Elementen der Natur werden ähnliche Störungen durch Unwetter, Dürrekatastrophen, Erdbeben und andere Zeichen der Vernichtung auftreten. Diese Umwälzungen werden bei den Menschen vielleicht Verzweiflung und Resignation hervorrufen, weil sie fürchten, das Ende der Welt sei herbeigekommen, wie es beschränkte Gedankenformen vor langer Zeit irrtümlicherweise vorhersagten. Aber dieses Zeitalter sollte keine Furcht, sondern Freude auslösen. Das Licht reinigt und läutert die Dunkelheit, wir spüren das Todesröcheln eines alten und die Geburtswehen eines neuen Zeitalters, in dem die höchsten Ziele und Möglichkeiten der Schöpfung offenbar werden.“[21]

Der nächste Absatz erinnert auf beunruhigende Weise an Alice Baileys Belehrung der New-Age-Jünger zur Frage, wie man „das Licht hält“.[22]

> „Wer um das Prinzip des Lichts weiß und das Licht in einen Zustand zu projizieren und es dort zu halten vermag, wer weiß, daß dieses Licht von Gott und Gottes unsichtbaren Arbeitern auf dieser Erde stammt, der wird entdecken, daß es ihm möglich ist, Zustände in positiver Richtung zu verändern und das Zeitalter des beständigen Friedens auf dieser Erde einzuleiten.“[23]

Den Aussagen der Bibel zufolge *ist Jesus das Licht der Welt.* Dr. Romney sieht das etwas anders. Er sagt: „Jesus brachte das Christus-Licht des Kosmos auf den Planeten Erde und zu jedem einzelnen von uns."[24] Das gehört eindeutig zu jenem Teil der schlimmsten aller Irrlehren, von dem es bei Daniel heißt: „... und er wird die, welche gegen den Bund freveln, durch Schmeicheleien zum Abfall verleiten." Was sollte zu den Schmeicheleien gehören, wenn nicht die okkulte Lehre, der Mensch könne selbst Gott sein! Auch in Dr. Romneys Schrift taucht diese Behauptung auf:

> „Ich – Christus. Jesus erkannte nicht nur den Christus in sich selbst, er sah den Christus in jedem anderen Menschen. Jesus wurde zu dem, was jeder von uns seiner Bestimmung nach sein sollte: ein Christus. Im Geist ist er immer noch bei uns, um uns den Weg zu Gott und zu dem Christus in uns zu zeigen. Der Christus hat viele Formen angenommen und war unter verschiedenen Namen bekannt, aber das braucht uns nicht zu kümmern. Wir kennen den Christus als Jesus, der mit der glorreichen Botschaft von der Liebe Gottes vor zweitausend Jahren auf diese Erde kam. Er führte uns gemeinsam in die Wirklichkeit unserer wahren Identität. Wenn wir dies wissen, dann hören alle Illusionen auf, und wir begreifen die Herrlichkeit unserer Bestimmung und nehmen unsere wahre Göttlichkeit als heiliger Sohn oder heilige Tochter Gottes an. Wir stehen nunmehr auf der höchsten Sprosse der Gebetsleiter. Diese letzte Sprosse ist der Ort, an dem wir Christus völlig gleich sind, an dem wir den Christus in uns selbst und in allen anderen erkennen."[25]

Es ist leider wahr, daß zwischen den Aussagen Dr. Romneys in dem eben zitierten Abschnitt und den öffentlichen Erklärungen Benjamin Cremes wenig Unterschiede bestehen. Creme gibt eine Behauptung des sogenannten „Maitreya Christus" weiter und sagt: „Es hat viele Christusse gegeben." Auch dies ist ein klares Merkmal des Antichristen: zu leugnen, daß Jesus *der eine* Christus ist.

Nach Aussagen der Caddys wurde Findhorn aufgrund von „Weisungen" gegründet, die Eileen Caddy von ihren spirituellen Führern erhielt. Den Caddys wurde mitgeteilt, sie sollten dazu beitragen, den „Plan" auf Erden zu verankern. Es überrascht nicht, daß diese Art von Schriften von Menschen veröffentlicht wird, die seit langem im Buddhismus tibetanischer Prägung und in anderen esoterischen Gedankenschulen verwurzelt sind. Schockieren muß aber die Tatsache, daß ein Prediger einer anerkannten amerikanischen Baptistengemeinde eine fast identische „Weisung" erhalten hat. Romneys „spirituelle Führer" berichteten ihm von dem „Plan" in nahezu denselben Worten und mit denselben Begriffen wie in den unzähligen Findhorn-Botschaften, von denen es in okkulten Buchhandlungen und Unity-Buchläden in ganz Amerika nur so wimmelt:

> „Vertraue deiner eigenen Reife und dem göttlich vorherbestimmten Plan. Nur indem du zu mir kommst und dich der besinnlichen Stille hingibst, wirst du erkennen können, daß ich herrsche, daß ich letztlich meinen Willen durchsetzen werde und daß Zeit für mich kein Faktor ist. Lerne, in Zusammenarbeit mit meinem Plan zu leben."[26]

Beim Studium der New-Age-Bewegung und sektenähnlichen Organisationen ist mir aufgefallen, wie sehr ihre Aussagen sich von den Botschaften Gottes in der Bibel unterscheiden, die immer erfüllt sind von liebender Fürsorge und Wärme. Luzifer oder Satan kann dagegen nicht anders als prahlerisch klingen.

Die Anhänger der New-Age-Bewegung arbeiten in dem falschen Glauben, sie würden zur Verbesserung der Gesellschaft beitragen. Ein Kernstück ihrer Lehre ist jedoch das „Gesetz des Karma": Jedes Ereignis im Leben eines Menschen ist eine Auswirkung seines eigenen guten oder schlechten Karmas. Die Vernichtung der Juden im Zweiten Weltkrieg zum Beispiel erfolgte demnach als ein Resultat ihres „schlechten nationalen Karmas"![27]

Diese Lehre rein hinduistischen, okkulten Ursprungs läßt sich auch in Romneys „Weisung“ erkennen:

„‚Aber was ist mit den Unschuldigen?‘ wirst du fragen. ‚Was ist mit denen, denen ungerechterweise von der Hand eines Missetäters Leid zugefügt wird?‘ So etwas wie reine Unschuld gibt es nicht, auch nicht im kleinsten Säugling. Jede Seele trägt in sich die Narben von Jahrhunderten falschen Denkens und böser Taten. Es gibt ein Karmagesetz der Verschuldung, das viele jetzt verstehen; sie nehmen freiwillig einen Pfad des Leidens auf sich, der einer höheren Evolution der Seele Bahn bricht.“[28]

Romney erfährt sogar, daß „Geister“ um ihn seien. In einem Abschnitt, der in bemerkenswerter Weise den Botschaften über helfende Geister ähnelt, die Eileen Caddy in Findhorn erhielt, wird ihm gesagt:

„Naturgeister sind oft um dich, und es ist ihre Liebe zu dir und ihre Hingabe an deine Mission, die in dir eine zärtliche Verbundenheit mit der ganzen Natur erweckt ...“[29]

Die Dämonen flüstern Dr. Romney sehr bald ein, wem er nachfolgen soll:

„Es ist nicht deine Aufgabe, irgendeinem irdischen Lehrer oder Guru auf dem Erdenpfad zu folgen. Es ist deine Aufgabe, den Christus in deinem Inneren zu entdecken ... Lehre dich selbst! Sei dein eigener Meister! Heile dich selbst! Finde den Christus in dir!“[30]

Dr. Romney hört in den Botschaften auch, daß wir eine neue Weltreligion brauchen und daß „die Religion“ – einschließlich des Christentums – sich immer noch „entwikkelt“:

„Wenn du lernst, dein Urteil über andere beiseite zu legen, dann lerne auch, damit aufzuhören, Religionen, Denominationen oder theologische Systeme zu beurteilen. Ich habe eine höhere Berufung für dich. Es gibt Gutes in jeder Religion. Aber jeder ermangelt es an vollständiger Wahrheit. Ja, selbst im Christentum, so wie es sich entwickelt hat, gibt es

Irrtümer und Abweichungen von der unverfälschten Wahrheit, die Jesus ausgesprochen hat. Du mußt lernen, die äußere Aufmachung und Ausstattung der organisierten Institutionen und von Menschen gemachten religiösen Systeme beiseite zu legen und über diese hinaus aufzusteigen in eine allumfassende Religion. Halte dich nicht mehr für einen Baptisten, ja nicht einmal mehr für einen Christen. Du bist mehr als das. Jesus erhob sich über solche Begrenzungen und wurde der eingeborene Sohn. Er überstieg alle Religionen und wurde der eingeborene Sohn. Er überstieg alle Religionen. Folge ihm zu dem Christus deines eigenen Wesens. Wenn du dies tust, wirst du jubeln in der neuen Freiheit, die anbricht, wenn Titel und Unterscheidungen dahinschwinden."[31]

Dr. Romney ist leitender Pastor in der American Baptist Convention. Denjenigen, die eine Erklärung dafür verlangen, warum es zugelassen wird, daß diese falsche Lehre sich ungehindert weiter ausbreiten kann, wird scharf entgegengehalten, Dr. Romney sei ein untadeliger Christ. Er ist ein charmanter Mensch und – wie ich glaube – auch aufrichtig. Aber es sollte nicht geduldet werden, daß solche Ketzereien weiterhin unter der Schirmherrschaft unserer Gemeinden bestehen können – zum Schaden von Dr. Romneys eigener Gemeinde und den Zehntausenden von Menschen in seiner Zuhörerschaft. Im Interesse von Dr. Romneys eigenem Seelenheil und dem der anderen Lehrer und Mitglieder, die durch solches Denken beeinflußt werden, sollte es nicht länger toleriert werden. Es ist weitaus gefährlicher, wenn solches Gedankengut von einer christlichen Kanzel ausgeht als von einer okkulten Buchhandlung. Die Menschen, die eine okkulte Buchhandlung aufsuchen, wissen wenigstens, was sie zu erwarten haben (sie sollten es jedenfalls wissen). Die Menschen haben jedoch ein Recht darauf, innerhalb ihrer Gemeinde eine Belehrung im Einklang mit Gottes Wort zu erhalten.

Die Zeit für Buße und echte Versöhnung mit Gott ist

gekommen – nicht für die Versöhnung, die uns von manchen evangelikalen und New-Age-Denkern nahegelegt wird, sondern eine Versöhnung, die zustandekommt, wenn wir der Warnung des Engels Folge leisten: *„Gehet aus ihr heraus, mein Volk, damit ihr nicht ihrer Sünden teilhaftig werdet und damit ihr nicht von ihren Plagen empfanget!"*

In dieser Zeit sollten wir uns nicht selbstzufrieden der Vorstellung hingeben, wir seien ja besser als diese Unglückseligen. Wir müssen vielmehr ernsthaft ermahnen und die Wahrheit in Liebe aussprechen.

> „Es ist keiner gerecht, auch nicht einer; es ist keiner verständig, keiner fragt nach Gott; alle sind abgewichen, sie taugen alle zusammen nichts; es ist keiner, der Gutes tut, auch nicht einer" (Römer 3,10-12).

Viele unserer Leiter, die ihre Arbeit mit den besten Absichten begonnen haben, sind zu Opfern geworden – manche wissentlich, aber viele auch unwissentlich. Das kann nicht überraschen. Satan greift zuerst und am liebsten unsere Gemeinden an. Ob der bereits angerichtete Schaden wieder gutgemacht werden kann, liegt in Gottes Hand. Wenn nach seiner Uhr die letzten Geschehnisse der Endzeit bevorstehen, können die Zeiger vielleicht nicht mehr zurückgestellt werden. Aber auch unsere geistlichen Leiter haben Anspruch darauf, im Geiste christlicher Liebe gewarnt zu werden. Einige haben im Weinberg des Herrn hart gearbeitet, einige sind gestrauchelt. Nur die Gnade Gottes kann jeden einzelnen von uns davor bewahren.

Anmerkungen

1 Romney, Dr. Rodney: Journey to Inner Space: Finding God in Us, Nashville, Tennessee, S. 15 und 43
2 ebenda, S. 28-29

[3] ebenda, S. 29
[4] ebenda, S. 31
[5] Ferguson, Marilyn: a.a.O., S. 96-97. Die Psychotechniken reichen von Hypnose, Sufismus und Biofeedback bis zu Transzendentaler Meditation und Yoga.
[6] Bailey, Alice A.: Discipleship in the New Age, Band 1, New York 1972 (Lucis Publishing Company), S. 14-15
[7] 2. Korinther 11,14
[8] Markus 13,22
[9] Lemius, J.B.: a.a.O., S. 18
[10] Hebräer 9,27
[11] siehe Hebräer 9,24-28 und 10,10-14
[12] 2. Thessalonicher 2,3
[13] 1. Timotheus 4,1
[14] Daniel 11,32
[15] Jesaja 8,20 (Luther-Übersetzung)
[16] Romney, Dr. Rodney: a.a.O.
[17] ebenda, S. 88
[18] Hesekiel 8,15-16
[19] Der „Master Index" von Alice Bailey enthält allein mehrere Seiten mit Verweisen auf „Kräfte".
[20] Romney, Dr. Rodney: a.a.O., S. 72-73
[21] ebenda, S. 74-75. Vergleichen Sie die genannten Zeichen einmal mit Matthäus 24 und den Gerichten in der Offenbarung!
[22] Bailey, Alice: Discipleship ..., Band I. Auf Seite 298 werden verschiedene Techniken erörtert, wie man „den Geist beständig im Licht hält". Es handelt sich um okkulte Techniken der Beschwörung von luziferischen Energien.
[23] Romney, Dr. Rodney: a.a.O., S. 75
[24] ebenda, S. 76
[25] ebenda, S. 106-107
[26] ebenda, S. 126
[27] Bailey, Alice: Esoteric Healing, New York 1953 (Lucis Publishing Company). Besonders auf den Seiten 263-267 findet sich die bizarre okkulte Lehre, das Schicksal der Juden sei das Resultat ihres „bösen Karmas" gewesen.
[28] Romney, Dr. Rodney: a.a.O., S. 127
[29] ebenda, S. 129
[30] ebenda, S. 130
[31] ebenda, S. 131

Wie können wir Anhängern der New-Age-Bewegung helfen?

Es stimmt traurig, daß die große Mehrheit ihrer Anhänger der New-Age-Bewegung ganz unwissend ins Netz geraten ist. Sie handeln oft aus einem Gefühl der Nächstenliebe heraus, möchten ihren Mitmenschen helfen und nicht schaden. Die meisten haben aber keinen Einblick in die eigentlichen Ziele der Bewegung.

Viele, die diesen Einblick gewonnen haben, sind dennoch nicht imstande, die schrecklichen Konsequenzen zu erkennen. Immer mehr Menschen werden durch außerordentlich raffinierte Formen der Bewußtseinskontrolle manipuliert. Als Grundlage dient sicherlich die vorbereitende Indoktrination mit Hilfe von Meditation und anderen psycho-spirituellen Techniken.

Meine Untersuchungen der Hypnose haben mich nicht von ihrer angeblich wissenschaftlichen Grundlage überzeugen können. Meiner Meinung nach stellt Hypnose schlichtweg eine – wenn auch vorübergehende – Form der Inbesitznahme durch dämonische Kräfte dar.

Ich war Zeuge vieler „göttlicher" New-Age-Sitzungen, bei denen die Anwesenden augenscheinlich in immer tiefere Hypnosezustände versetzt wurden. Unter dieser Beeinflussung wurde ihnen eingeschärft,

- daß ein Weltlehrer oder „Christus" kommen würde;
- daß sie selbst Göttlichkeit oder das „Christusbewußtsein" besäßen;
- daß Christus nicht ein einzelner Mensch sei und daß

kein Prediger sie retten könne – sie müßten sich selbst retten;
– daß eine Säuberungsaktion stattfinden müsse, bevor das „neue Zeitalter“ anbrechen könne.

Viel wichtiger als diese unter Hypnose eingeflüsterten Behauptungen ist jedoch die Tatsache, daß *die Teilnehmer anschließend nicht aus dem hypnotischen Zustand aufgeweckt werden!*

Als Benjamin Creme in Detroit sprach, schien er die Zuhörerschaft zu „beherrschen“. Während der Versammlung erschienen viele Teilnehmer mit geröteten Augen und starrem Blick. Die traumhafte Leichtigkeit, mit der einige zu „schweben“ schienen, deutete darauf hin, daß sie vorher bereits manipulativen Techniken ausgesetzt worden waren. Es war erschreckend zu sehen, wie Hunderte intelligenter, reifer Menschen mit stehenden Ovationen auf die Nachricht reagierten, daß diejenigen, „die falsche Lehren über den Christus verbreiten“ (also gläubige Christen), in Zukunft verschwinden würden!

Es wird einen gläubigen Juden oder Christen schockieren, wenn er die grundlegenden Quellen der Bewegung studiert – die Schriften von Alice Bailey, David Spangler, H.G. Wells, den Theosophen und den Rosenkreuzern – und darin kaltblütige Pläne für eine bevorstehende „Säuberungsaktion“ entdeckt. Es muß ihn entsetzen, daß er selbst einer derjenigen ist, die dieser „Säuberung“ zum Opfer fallen sollen. Dann stellt er bei seiner Lektüre fest, daß alle, die sich dem Christus des „neuen Zeitalters“ widersetzen, „aus der physischen Verkörperung befreit und in eine andere Dimension außerhalb jeder physischen Inkarnation gesandt“ werden sollen. Auch dies trägt gewiß nicht dazu bei, beim Lesen freundschaftliche Gefühle für die Autoren und ihre Anhänger, die New-Age-Mitglieder, zu wecken.

Wir sollten uns jedoch stets verpflichtet fühlen, die Wahrheit in Liebe auszusprechen, wenn wir denen helfen wollen, die der Verschwörung im Zeichen des Wassermanns bereits zum Opfer gefallen sind – den Mitgliedern der New-Age-Bewegung selbst. Vielleicht sind sie raffinierten Verführungstechniken erlegen. Vielleicht sind sie zu Opfern geworden, weil ihnen nicht der volle Einblick gewährt, sondern nur das offenbart wird, was sie nach dem Willen ihrer Leiter wissen dürfen.

Sie beziehen ihre Informationen aus gelenkten „Studienprogrammen" und nicht aus einem sachlichen Überblick über alle zur Verfügung stehenden Quellen, einschließlich der jüdisch-christlichen Lehre. Es ist zum Beispiel nicht ungewöhnlich, daß Jugendliche in der New-Age-Bewegung davor gewarnt werden, die Bibel in ihrer Gesamtheit zu lesen. Eine solche Warnung wurde im „The Next Whole Earth Catalog" ausgesprochen, einer bekannten New-Age-Veröffentlichung des Point-Verlages, die von Random House vertrieben wird:

> „Wenn du jemals versucht hast, die Bibel von der ersten bis zur letzten Seite zu lesen, so laß dir sagen, daß das eine ziemlich schlechte Idee ist. Die Bibel wurde von vielen verschiedenen Autoren vieler völlig unterschiedlicher Zeitepochen verfaßt; daher sollte man sie nicht wie ein Buch lesen, sondern eher wie ein Magazin. Blättere ein wenig hier und da, finde heraus, was dir interessant vorkommt und laß die langweiligen Stellen aus."[1]

Abgesehen von den New-Age-orientierten Theologen, die mit voller Absicht dem New-Age-Denken Eingang in unsere Gemeinden und Pastorenseminare verschafft haben, trifft die große Mehrheit der Anhänger der New-Age-Bewegung keine Schuld. Die Einsamen, die Verwirrten und Haltlosen, die Jungen und die Naiven – auf sie haben es die Organisatoren der Bewegung vor allem abgesehen. Daher sollten wir uns als Christen gerade diesen Menschen in besonderem Maße zuwenden. Wir sollten viel Einfühlungsvermögen zeigen, wenn wir auf sie zugehen, um sie zu Christus zurückzugewinnen, zu dem sie ja gehören – er gab sein Leben auch für sie und liebt sie immer noch!

Häufig werden Menschen für die Bewegung und ihre unterschiedlichen Programme gewonnen, weil ihnen das Christentum und seine Grundlage, die Bibel, in verzerrter Form dargeboten wurde. Zukünftige Jünger erfahren beispielsweise, alle Weltreligionen enthielten in ihrem Kern dieselben „Wahrheiten". Es gibt zwar zwischen den meisten Religionen gewisse oberflächliche Ähnlichkeiten, das Judentum und das Christentum stehen jedoch in direktem Gegensatz zu jedem anderen Glaubenssystem. Wenn nahezu alle nicht-jüdisch/christlichen Religionen weitgehende Ähnlichkeiten aufweisen, dann deshalb, weil sie – wie die Bibel zu verstehen gibt – alle derselben Quelle entspringen: dem „Gott dieser Welt", Satan selbst.

Die Lehre von der Reinkarnation und der Selbstverwirklichung (der Göttlichkeit des Menschen) bildet das Herzstück der New-Age-Doktrin. Es kann wohl kaum Zufall sein, daß viele dieser Lehren sich im Zusammenhang mit einer Schlange präsentieren. Zahlreiche New-Age-Mitglieder verfechten leidenschaftlich den Glauben, sie würden daran arbeiten, „die Feuer von Kundalini (einer Göttin in Gestalt einer zusammengerollten Schlange, die am unteren Ende der Wirbelsäule liegt) aufsteigen zu lassen".

Viele gerieten durch ihr Bedürfnis, zur Lösung der Weltprobleme und insbesondere des Hungerproblems beizutragen, in den Bannkreis der Bewegung. Sie wissen nicht, daß einer zentralen Lehre der Bewegung zufolge die gegenwärtigen Rassen, also die Menschen, denen sie jetzt angeblich helfen, durch eine neue Wurzelrasse ersetzt werden sollen.

Viele kennen die politischen Ziele der Bewegung nicht: Bis zum Jahre 2000 soll die Weltbevölkerung um Milliarden und die Bevölkerung beispielsweise der USA um Millionen verringert werden – ein Vorhaben, das nur durch Gruppen- oder Völkermord verwirklicht werden kann. Selbst angeblich christliche Hungerhilfsorganisationen konnten sich dem Einfluß der New-Age-Lehren nicht entziehen.

Erschreckende Maßnahmen wie Abtreibung, künstliche Befruchtung, genetische Manipulation und Sterbehilfe liegen den „Friends of the Earth" (dt: Freunde der Erde), einer bekannten New-Age-Organisation, besonders am Herzen. Man fragt sich, wie viele Anhänger dieser Gruppe wissen, daß genau dieselben Programmpunkte einen zentralen Bestandteil des Nationalsozialismus bildeten.

Gelegentlich enthalten Broschüren wahrheitsgetreue Aussagen über die Absichten der New-Age-Bewegung. Das Heft „Cosmic Countdown" wurde 1982 von „Guardian Action Publication" herausgegeben und stellt angeblich eine Botschaft von einer „höheren Intelligenz" dar. In bezug auf das Hungerproblem in der Dritten Welt heißt es darin:

> „Die Welt sollte vor Krankheiten auf der Hut sein, die jahrelang unterdrückt worden waren, jetzt aber plötzlich zum Durchbruch kommen und in den Ländern der Dritten Welt große Bevölkerungsteile vernichten, die sich am Rande des Verhungers befinden. Obwohl diese Völker letztlich durch die neue Wurzelrasse ersetzt werden, die in einer neuen, geläuterten Welt zutage treten wird, stellt dies jedoch im Augenblick eine Tragödie dar" (S. 12).

Der beste Weg, Menschen zu helfen, die das Problem des Hungers in der Welt betroffen macht, besteht vielleicht darin, ihnen zu zeigen, wie wenig von den Hunger-Hilfsorganisationen der New-Age-Bewegung wirklich für

Nahrungsmittelhilfe ausgegeben wird. Viele Organisationen, die über enorme Geldsummen verfügen, wenden sehr wenig davon auf, um hungernden Menschen zu helfen. Das „Hunger Project“ und das amerikanische „Bread for the World“ investieren ihre Zeit und ihre Mittel entweder in politische Einflußnahme zugunsten struktureller Änderungen oder in die Werbung weiterer Anhänger für diese Projekte.

Viele aufrichtige New-Age-Mitglieder beschäftigen sich mit der Frage der Abrüstung. Die New-Age-Bewegung gibt sich nach außen hin den Anschein, als sei sie gegen Kernwaffen. In den Schriften Alice Baileys (auf Seite 548 von „The Externalisation of the Hierarchy“) kommt jedoch ganz deutlich zum Ausdruck, daß die Bewegung ihrer Meinung nach keine Hemmungen haben sollte, diese Waffen gegenüber religiösen Gruppen einzusetzen, falls sie versuchen, politisch Einfluß zu nehmen; zumindest sollte sie sich nicht scheuen, mit dem Gebrauch dieser Waffen zu drohen. Dieser innere Widerspruch in den Aussagen der New-Age-Bewegung könnte hilfreich sein, wenn man aufrichtige New-Age-Anhänger über die wahre Natur der Bewegung aufklären will.

Viele, wenn nicht die meisten New-Age-Mitglieder wären zutiefst erschrocken, wenn sie über die weitgehende Übereinstimmung ihrer Bewegung mit der nationalsozialistischen Bewegung aufgeklärt würden. Dieser Punkt muß sehr vorsichtig und diplomatisch angegangen werden, damit der Betreffende die Unterhaltung nicht einfach abbricht. In einem Kapitel dieses Buches sind die Übereinstimmungen einander tabellarisch gegenübergestellt (S. 132 ff.).

New-Age-Anhänger, die von Mystik und von Sehern wie Nostradamus fasziniert sind, werden sich für den direkten Zusammenhang zwischen biblischer Prophetie und der New-Age-Bewegung interessieren. Auch zu diesem Thema finden interessierte Leser eine Tabelle, die ihnen hilft, Anhänger aus ihrem Bekanntenkreis anzusprechen (S. 86 ff.).

Schließlich sollten wir auch nicht die Macht des Gebetes unterschätzen. Sprechen Sie in der Unterhaltung mit einem New-Age-Anhänger offen und furchtlos; denken Sie daran, daß uns im Namen Jesu die Autorität gegeben ist, Menschen von dämonischer Macht und Verführung zu befreien, falls sie selbst frei werden wollen.

Der Kampf findet im geistlichen Bereich statt. Daher sollten Sie – selbst wenn Sie Zeugnis geben – „ohne Unterlaß" um die Führung und Weisheit des Heiligen Geistes beten und darum, daß die Augen ihres Gesprächspartners geöffnet werden. Sprechen Sie die Wahrheit *immer in Liebe* aus. Denken Sie daran, daß Jesus die New-Age-Anhänger liebt und sein Leben für sie gegeben hat. Bis das Gegenteil bewiesen ist, sollten wir jeden von ihnen als Opfer und nicht als Verführer ansehen.

Anmerkung

1 Seite 591 der 2. Auflage, Point-Verlag 1980-1981.

Anhang

Einige wichtige New-Age-Organisationen

Dies ist keine vollständige Zusammenstellung von New-Age-Organisationen. Trotzdem kann sie dem Leser einige wertvolle Anhaltspunkte zum weiteren Studium des Themas geben. Die nachfolgend aufgeführten Organisationen sind alle von großer Bedeutung innerhalb des New-Age Netzwerkes.

Man sollte nicht vergessen, daß die Bewegung nicht hierarchisch aufgebaut ist, sondern sich aus Tausenden von netzartig verknüpften Organisationen zusammensetzt. Unter ihnen stellen aber die folgenden wichtige Knotenpunkte dar.

Lucis Trust

Diese Organisation war ursprünglich unter dem Namen „Lucifer Publishing Company“ gegründet worden und nahm ein Jahr später den etwas unauffälligeren Namen „Lucis Trust“ an. Unter der Schirmherrschaft dieser Organisation arbeiten die Lucis Verlagsgesellschaft, World Goodwill (Weltweiter guter Wille), sowie die Arkanschule[1], die Triangles und die zahlreichen Alice Bailey Meditationsklubs. Die Schriften Alice Baileys wurden oder werden von ihnen in mehrere Sprachen übersetzt, u.a. ins Englische, Deutsche, Französische, Spanische, Italienische, Niederländische, Griechische, Polnische und Russische. Sie finanzieren die Veröffentlichung ihrer Bücher – meist handelt es sich um Schriften Alice Baileys – durch Spenden. Die Verlagsrechte gehören stets dem Lucis Trust. In den USA *genießt der Trust den Status der Gemeinnützigkeit und der Steuerfreiheit.* Alice Baileys „Unfinished Autobiography" (Unvollendete Autobiographie) zufolge sollen *bereits im Jahre 1945 zwanzigtausend Schüler die Arkanschule mit einem Abschluß verlassen haben.* Die Arkanschule bereitet Menschen auf die aktive New-Age-Jüngerschaft und auf leitende Positionen in der New-Age-Bewegung vor. Auf Seite 286 der „Autobiography" heißt es, zur Arkanschule gehörten Theosophen, Rosenkreuzer und Anhänger der Christlichen Wissenschaft, Geistliche aller Denominationen – protestantische und katholische – und Männer und Frauen aller religiösen und politischen Überzeugungen. Man kann wohl sagen, *daß Lucis Trust – jedenfalls als okkultes Planungszentrum – das eigentliche Gehirn der New-Age-Bewegung ist.* Man braucht nur die Geschichte der Bewegung zu betrachten, um zu erkennen, daß Alice Baileys Anweisungen an die New-Age-„Jünger" bis ins Detail befolgt wurden.

Pacific Institute

Obwohl das Pacific Institute offiziell jede Zugehörigkeit zur New-Age-Bewegung abstreitet, weist es New-Age-Charakteristika auf, die es geschickt hinter Phrasen mit Begriffen aus dem Bereich der Persönlichkeitsentwicklung zu verbergen weiß. Es ist ihm gelungen, sonst unzugängliche Bastionen der Wirtschaft mit New-Age-Philosophie und New-Age-Vorstellungen zu infiltrieren. Sein

Kurs mit dem Titel „New Age Thinking" (New-Age-Denken) wurde in so unterschiedlichen Firmen wie General Motors, AT & T (American Telephone & Telegraph) und Amway gehalten. Obwohl das Pacific Institute behauptet, der Name dieses Kurses sei rein zufälliger Natur, sind die darin enthaltenen Vorstellungen eindeutig New-Age-geprägt. Oft sind die Kurse Pflicht für Angestellte des höheren und mittleren Managements; sie werden außerdem aufgefordert, ihre Familien zum Unterricht mitzubringen. Die Teilnehmer werden u.a. belehrt, daß ihre Welt durch ihr Denken geschaffen und/oder bestimmt wird. Techniken der Visualisation, der Selbsthypnose sowie Einprägungs- und Autosuggestionstechniken werden angewandt – alles Standardtechniken der Okkultisten. Ein Abschnitt ihres Kurshandbuchs trägt den Titel „Literaturvorschläge" und enthält viele New-Age-Bücher, zum Beispiel Werke von Pierre Teilhard de Chardin, dem „Schutzheiligen" der New-Age-Bewegung. Obwohl das Pacific Institute es kürzlich dementierte, hat es die Veröffentlichung von Jim Channons *„Evolutionary Tactics Manual"* (Gebrauchsanweisung evolutionärer Taktiken) für sein mit der New-Age-Bewegung verbundenes „First Earth Battalion" finanziell unterstützt. Das Pacific Institute hat jedoch zugegeben, Channon die Summe von 40000 US-Dollar für nicht näher bezeichnete Dienste ausgezahlt zu haben. Es ist bestrebt, seine zunehmend populären Kurse über Bewußtseinstraining ganz unterschiedlichen Gruppen – wie etwa Militärpersonal oder straffällig gewordenen Jugendlichen – anzubieten.

New Group of World Servers
(Gruppe der neuen Weltdiener)

Diese etwas amorph anmutende Organisation wurde im Jahre 1925 von Alice Bailey angeblich unter der Leitung der „Hierarchie" gegründet, um als Vorhut für die Wiederkunft „des Christus" und „seiner großen Jünger, der Meister der Weisheit", zu dienen. Laut Benjamin Creme gibt es eine innere und eine äußere Organisation – die äußere Organisation verfolgt bewußt die Ziele der NGWS, während die innere Gruppe lediglich empfänglich ist für „Eingebungen der Hierarchie". Lucis Trust verteilt regelmäßig auf Anfrage Informationen, die für die NGWS von Bedeutung sind. Benjamin Creme verteilt eine Broschüre über die NGWS bei seinen Vorträgen. Darin werden alle Interessierten aufgefordert, zur weiteren Information *„Die sanfte Verschwörung"* von Marilyn Ferguson sowie einige der Bücher von Alice A. Bailey zu lesen. Dem Flugblatt ist zu entnehmen, daß es „auf der Grundlage der Lehren Alice Baileys" erstellt wurde. Es ist interessant, daß die „Planetary Citizens", das Sekretariat der „Planetary Initiative for the World We Choose" (Planetarische Initiative für die Welt, die wir uns wünschen), es als eines ihrer Ziele bezeichnen, „die Weltdiener auf der ganzen Erde zu unterstützen". Noch interessanter ist es, daß die „Planetary Initiative" einem Aufruf in ihrer Zeitung *Initiator* den Titel gab: „Weltdiener zum Handeln aufgerufen." Eine der Organisationen, die mit den neuen Weltdienern zusammenarbeiten, ist Lucis Trust.

Planetary Citizens
(Planetarische Bürger)

„Planetary Citizens" genießt die Unterstützung vieler prominenter Persönlichkeiten aus den unterschiedlichsten Bereichen auf dem gesamten Erdball. David Spangler ist Mitglied des Vorstands. Donald Keys, der ebenfalls mit der Findhorn Foundation in Verbindung steht, gehört zusammen mit Norman Cousins, dem Vorsitzenden des Einladungskomitees des „World Council of Wise Persons“ (Weltrat der Weisen) zu den Gründern dieser Organisation. Auch U Thant (ehemaliger UNO-Generalsekretär) war an den organisatorischen Aufbauarbeiten beteiligt. Theodor Hesburgh von der Notre-Dame-Universität und Peter Caddy, der Gründer der Findhorn Foundation, sind als Komiteevorsitzende beteiligt. Laut einer Beschreibung der Planetary Citizens, die Mark Satin in *New Age Politics* abgab, besteht das Ziel dieser Gruppe darin, „die Weltdiener auf der ganzen Erde zu unterstützen“. Das Ziel der Weltdiener wiederum besteht ja darin, als Vorhut für die „Wiederkunft des Christus“ (der nach Aussagen dieser Gruppe nicht Jesus ist) zu dienen; also kann man unschwer daraus schließen, daß die Planetary Citizens dasselbe Ziel verfolgen.

Planetary Initiative for the World We Choose
(Planetarische Initiative für die Welt,
die wir uns wünschen)

Dies ist ein wahrhaft erstaunliches Konsortium von über 300 Sponsorgruppen. Ihr offizielles Organ heißt *Initiator*. Und dies ist noch erstaunlicher angesichts der Tatsache, daß es in einer von Cremes Botschaften von „Maitreya“ heißt: „Ich bin der *Initiator* der Kleinen.“ Außerdem hat David Spangler, der mit diesem Projekt sehr eng verbunden ist, die Initiation in seinem Buch *Reflections on the Christ* als „luziferisch“ bezeichnet. Das ist wahrscheinlich die ehrlichste Aussage, die jemand aus dieser Organisation jemals gemacht hat! Planetary Initiative baut gerade einen „World Council of Wise Persons“ (Weltrat der Weisen) auf. Der Vorsitzende des Einladungskomitees für dieses Projekt ist Norman Cousins. Bis jetzt haben laut Band 1, Nr. 2 des *Initiator* Buckminster Fuller und der inzwischen verstorbene Dr. Carlos Romulo von den

Philippinen die Einladung angenommen, einen Sitz in diesem „erlesenen“ Rat einzunehmen.

Unity-In-Diversity Council
(Rat der Einheit in der Vielfalt)

Dieses Netzwerk gleicht praktisch in jeder Hinsicht seinem Vorgänger, dem „International Cooperation Council“ (Internationaler Rat für Zusammenarbeit). Zu seinem Beraterstab zählen solche New-Age-Leuchten wie Peter Caddy (Gründer der Findhorn Foundation in Schottland), Robert Muller (von den Vereinten Nationen, ein überzeugter Verbündeter von Benjamin Creme), Dr. Ira Progoff *(The Progoff Journals* – Pflichtlektüre in vielen College-Kursen). Nach einem finanziellen Fiasko der Vorgängerorganisation wurden die Aktivitäten einfach auf eine ihrer Tochterorganisationen, eben den „Unity-in-Diversity Council“, übertragen. Unity-in-Diversity finanzierte ein riesiges Festival für „Denken-Körper-Geist“ in Los Angeles und San Francisco, an dem Zehntausende von Menschen teilnahmen. Sie unterstützten auch Benjamin Creme, damit ihn auch diejenigen ihrer Mitglieder hören konnten, die bisher noch nicht in den Genuß seines Vortrages über „Maitreya Christus“ gekommen waren. Alle Unity-in-Diversity-Mitglieder wurden zur Teilnahme aufgefordert. Das Unity-in-Diversity-Rundschreiben *Spectrum* hat weltweit eine Auflage von 35 000 Exemplaren und erscheint vierteljährlich.

Auch die Entstehungsgeschichte des Unity-in-Diversity Council ist interessant. Seine Mutterorganisation, der International Cooperation Council, wurde ins Leben gerufen, um die Arbeit fortzusetzen, die während des „International Cooperation Year“ (Jahr der internationalen Zusammenarbeit) der Vereinten Nationen 1965 begonnen wurde.

Eine der Mitgliedsorganisationen des Unity-in-Diversity Council ist übrigens das Tara Center! Auch die Findhorn Foundation ist Mitglied; Marilyn Fergusons *Leading Edge Bulletin* und *Brain Mind Bulletin* sind als assoziierte Mitglieder angeschlossen.

Der organisatorische Aufbau des Rates und die Reichweite seiner Aktivitäten sind wirklich erstaunlich. Zusätzlich zu den ungefähr 200 Mitgliedsorganisationen führte das alte Handbuch des „International Cooperation Council" noch ungefähr 600 weitere Organisationen mit identischen Zielen auf: „Eine weltweit koordinierende Körperschaft von Organisationen und Individuen; sie fördern das Entstehen einer neuen, universellen Persönlichkeit und Zivilisation, die auf der Einheit in der Vielfalt aller Völker beruhen." John White stellte dementsprechend in seiner Einleitung zum Handbuch des „International Cooperation Council" von 1979 fest, daß er und seinesgleichen als eine „neue Spezies" anzusehen seien – als *homo noeticus* im Gegensatz zum *homo sapiens!* Sie beabsichtigen, einen „Krieg der Arten" gegen den *homo sapiens* zu führen und zu gewinnen! Ganz recht, diese Töne kommen Ihnen sicher bekannt vor.

Anmerkungen

[1] Nach Miers, Lexikon des Geheimwissens, erfolgt der Unterricht durch Fernlehrbriefe, die von Zentren in New York, London, Genf und Buenos Aires versandt werden. Der Schüler ist verpflichtet, seine Teilnahme geheimzuhalten. Miers zufolge ist der Genfer Leiter der Arkanschule gleichzeitig Generalsekretär der Universellen Freimaurerliga: „Die Arkanschule betrachtet sich daher als ‚magnetisches Zentrum' der gesamten Freimaurerei" (S. 41 der 5. Auflage 1982).

Symbole der New-Age-Bewegung

Die New-Age-Bewegung benutzt einige wichtige Symbole als Erkennungsmerkmale oder zu mystischen (hypnotischen) Zwecken. Sie werden nicht alle stets zur gleichen Zeit verwendet, aber von allen wird innerhalb der Bewegung ausgiebig Gebrauch gemacht:

- Regenbogen (auch Antahkarana oder Regenbogenbrücke genannt): dieses Symbol wird zur Hypnose verwendet. Mitglieder der Bewegung bezeichnen es auch als „Internationales Zeichen des Friedens". Sie behaupten, daß sie eine Regenbogenbrücke zwischen der Persönlichkeit (sich selbst) und der Überseele bzw. dem „Großen Universalgeist" (eigentlich Sanat Kumara, also Luzifer!) errichten. In Jesaja 24,5 heißt es, daß Gott die Erde in den letzten Tagen unter anderem deshalb zerstören wird, weil der ewige Bund gebrochen wurde. Nach 1. Mose, Kapitel 9, ist der Regenbogen das Zeichen des ewigen Bundes!
- Dreieck
- Mittelpunkt-Symbol: umschlossen von einem größeren Kreis eine Reihe von immer kleiner werdenden Kreisen, die auf ein entferntes dunkles (oder helles) Zentrum zulaufen.
- Lichtstrahlen: zur Darstellung der sieben Strahlen, von denen die „New-Ager" glauben, daß sie im Regenbogen und anderswo in der Natur vorkommen.
- Kreuz mit vorgesetzten Diagonalen
- Kreis

- Kreis mit einem Punkt in der Mitte (siehe auch das Mittelpunktsymbol)
- halbierter Kreis
- geviertelter Kreis
- Hakenkreuz (siehe die Seiten 161 und 172 von Alice Baileys Buch „A Treatise on Cosmic Fire“ und ihr Buch „Esoteric Astrology“). Der Gebrauch des Hakenkreuzes ist auch in der Theosophischen Gesellschaft weit verbreitet.
- 666: Ja, es ist wahr! Selbst das Zeichen auf dem Einband von Marilyn Fergusons Buch „Die sanfte Verschwörung“ ähnelt dem 666-Symbol. Auf Seite 79 des Buches „The Rays and the Initiations“ von A. Bailey werden Bedeutung und „heilige Eigenschaften“ der Zahl 666 erläutert. Eine andere wichtige New-Age-„Bibel“, „The Keys of Enoch: The Book of Knowledge“, fordert Initiaten auf, diese Zahlenfolge so oft wie möglich zu gebrauchen, um die Ankunft des „neuen Zeitalters“ zu beschleunigen. Diese Anweisung befindet sich auf Seite 391 des Buches.

Das Handbuch zur Verbreitung der „Großen Invokation“ (Auszüge)

(Das Handbuch wurde von „World Goodwill“ herausgegeben. Sie werden feststellen, daß diese Organisation gewaltige Anstrengungen unternimmt, um eine „Invokation“ – also eine „Anrufung“ – zu verbreiten, die gläubige Christen niemals akzeptieren können.)

Die Verbreitung der „Großen Invokation“

Die weltweite Verbreitung der Großen Invokation beweist, daß diese Anrufung der Macht und des Lichts von Männern und Frauen jedes Glaubens in jedem Land akzeptiert worden ist. Die große Invokation ist in der Tat ein Weltgebet, ein Ausdruck des großen Bedürfnisses der Menschen nach göttlicher Hilfe und Führung bei der Errichtung rechter Beziehungen zwischen Menschen und Nationen.

Jeder, der die Große Invokation gebraucht, erhält die Gelegenheit, seinen Dienst zu erweitern, indem er aktiv dazu beiträgt, die Invokation allen Menschen auf der Welt nahezubringen. Die Teilnehmer der Aktion Weltweiter Guter Wille, die mitwirkenden Gruppen und Diensteinheiten, erfinden ständig neue Methoden zur Verbreitung der Invokation. Wann immer die von ihnen versandte Literatur oder die Worte, die sie sprechen, das Herz oder den Verstand eines Menschen ansprechen, wird das Neue Zeitalter und das damit verbundene Bewußtsein gestärkt. Die Person, deren Bewußtsein erreicht wurde, wird für geistlichen Einfluß zunehmend empfänglicher, besonders wenn sie positiv auf die „Große Invokation" reagiert.

Dieses Handbuch zur Verbreitung der Invokation ist in zwei größere Abschnitte eingeteilt. Der erste Abschnitt enthält Informationen zur früheren und gegenwärtigen Verbreitungsarbeit sowie eine Liste der Übersetzungen, des Aufbaus und der Methoden der weltweiten Verbreitungsprogramme. Der Abschnitt „Aktionsvorschläge" gibt eine Übersicht über die bei World Goodwill erhältlichen Materialien und empfiehlt praktische Techniken und Methoden zur Veröffentlichung der Invokation in Presse, Radio und Fernsehen.

Die Arbeit wird in der ganzen Welt beständig von all denen ausgeführt, die die Macht und die Wirkung der Großen Invokation kennen; sie verändert allmählich die gedankliche Atmosphäre auf unserem Planeten. Sie ist eine Vorbereitung auf das Neue Zeitalter der Wahrheit, der Gerechtigkeit und des harmonischen Zusammenlebens.

Die Große Invokation

Aus dem Quell des Lichts im Denken Gottes
ströme Licht herab ins Menschen-Denken.
Es werde Licht auf Erden!

Aus dem Quell der Liebe im Herzen Gottes
ströme Liebe aus in alle Menschenherzen.
Möge Christus wiederkommen auf die Erde!

Aus dem Zentrum, wo der Wille Gottes thront,
lenke Plan-beseelte Kraft die kleinen Menschenwillen
zu dem Endziel, dem die Meister wissend dienen!

Durch das Zentrum, das wir Menschheit nennen,
entfalte sich der Plan der Liebe und des Lichts
und siegle zu die Tür zum Übel.

Mögen Licht und Liebe und Kraft
den Plan auf Erden wiederherstellen!

Einführung

Die Große Invokation wurde im Jahre 1945 zum ersten Mal veröffentlicht und gebraucht. Seitdem haben Millionen von Menschen sie kennengelernt und sprechen sie täglich aus. Dieses Weltgebet drückt zentrale Wahrheiten aller großen Religionen aus und basiert auf der wahren inneren Einheit aller Religionen und Philosophien, die heutzutage von Millionen Menschen anerkannt wird. Durch den Gebrauch der Invokation können Männer und Frauen guten Willens zu einer Einheit gelangen, die alle Unterschiede der äußerlichen Glaubenssysteme überwindet. Ihr gemeinsames tägliches Gebet, ihre Anrufung der Göttlichkeit, öffnet einen Kanal zum menschlichen Bewußtsein, durch den geistliche Energien strömen, um eine von Problemen bedrängte Welt zu heilen und wieder neu aufzurichten.

Die Invokation im Zeitalter des Wassermanns

Im beginnenden Zyklus des Wassermanns bringt die Invokation ein dreifaches Flehen der Menschheit zum Ausdruck. Es ist ein Flehen, daß Licht auf unseren Weg strömen möge; es ist das Flehen um mehr Liebe in der Welt, das Menschen guten Willens und menschenfreundlicher Gesinnung in Worte fassen; es ist schließlich der unmittelbare Aufruf an alle Lehrlinge und Jünger der Welt, in Zeit und Raum den Willen zum Guten, den Willen Gottes, voll zum Ausdruck zu bringen. Die durchschnittliche, von Instinkten geleitete Menschheit, die Männer und Frauen guten Willens und die Jünger der Welt sind alle am Prozeß der Invokation beteiligt und bringen die Eigenschaften des Instinktes, der Intelligenz und der Intuition ein. In der Großen Invokation verschmelzen diese drei Eigenschaften miteinander. Diese grundlegende Verschmelzung, die jetzt ihren verbalen Ausdruck findet, sollten wir stets vor Augen haben; wir sollten uns durch die Tatsache ermutigen lassen, daß wir uns mit unzähligen anderen der Quelle allen Lebens, aller Liebe und allen Lichts nähern. Dem vereinten Verlangen von Menschen in ihren geordneten und dicht geschlossenen Reihen überall in der ganzen Welt kann nichts widerstehen.

Die Invokation und der Christus

Es heißt, daß die Große Invokation bei weiter Verbreitung für die kommende neue Weltreligion dieselbe Bedeutung erlangen kann, wie sie das Vaterunser für den Christen und der dreiundzwanzigste Psalm für den geistlich gesinnten Juden innehat. Es vergeht kein Tag, an dem Christus sie nicht ausspricht. Der Gebrauch dieser Invokation und die wachsende Erwartung auf das Kommen des Christus stellt die größte Hoffnung für die Menschheit unserer Tage dar. Große Söhne Gottes sind stets auf das Verlangen der Menschheit in die Welt gekommen, und so wird es auch in Zukunft immer sein. Er, auf den alle Menschen heute warten, ist bereits auf dem Weg.

Übersetzungen und Verteilungsstrategien

Seit ihrem ersten Erscheinen ist die Invokation auf allen Kontinenten des Erdballs verbreitet worden, wobei jedes erdenkliche Medium der Kommunikation eingesetzt wurde. Dazu gehören Postsendungen, Plakate, Handzettel, Interviews, öffentliche Vorträge, Radio- und Fernsehsendungen, Veröffentlichungen in Büchern und Zeitungen sowie Werbung und Verteilung durch Kirchen und viele andere Gruppen verschiedener Art. Die Invokation ist mittlerweile in weiten Kreisen anerkannt und wird von einer ständig wachsenden Anzahl von Menschen täglich gesprochen.

Die Invokation ist gemeinsamer Besitz aller Gruppen, Organisationen und Glaubensrichtungen. Ein großer Anteil der Übersetzungs-, Druck- und Verteilungsarbeit wurde von einzelnen Mitarbeitern, Gruppen guten Willens und Dienstorganisationen in vielen verschiedenen Ländern geleistet. Daher kann an dieser Stelle nicht das gesamte Werk der Verbreitung der Invokation dargestellt werden; ein Großteil des Werkes und allgemeine Tendenzen der Arbeit sind aus den World Goodwill zugänglichen Berichten jedoch ersichtlich.

Übersetzungen

Übersetzungen und Veröffentlichungen sind in den folgenden Sprachen bekannt: (Es folgt eine Liste mit 52 Sprachen.)

Die Übersetzung der Invokation aus dem englischen Original in eine andere Sprache muß eine genaue und inhaltsgetreue Wiedergabe des Englischen mit den linguistischen und rhythmischen Gegebenheiten der neuen Sprache verbinden. Jede dieser neuen Sprachen weist besondere Eigenschaften und ihren eigenen Charakter auf, der Ausdruck des Denkens und der Psyche der Menschen des betreffenden Landes ist. Diese Arbeit wurde geleistet, obwohl es für bestimmte, in der Invokation verwendete englische Worte keine echten Entsprechungen gibt. Es wird besonders darauf geachtet, daß in jeder Sprache erst die bestmögliche Übersetzung vorliegt, bevor Werbung und Verteilung weiträumig in Angriff genommen werden.

Verbreitungsstrategien

Die Strategien der Verbreitung sind notwendigerweise stark vom Sprachfaktor abhängig. Eine weiträumige und beständige Verbreitung wurde erreicht und wird ständig weiter ausgebaut in: Nordamerika, Mittel- und Südamerika, Australien und Neuseeland, Süd- und Westafrika und Europa.

Der Schwerpunkt der Veröffentlichung und Massenverbreitung lag jedoch auf den „europäischen" Sprachen Holländisch, Englisch, Französisch, Deutsch, Griechisch, Italienisch, Polnisch, Portugiesisch und Spanisch.

In Zukunft muß die Verbreitung der Invokation sich in einem neuen, weitgesteckten Rahmen auf die bisher nicht erreichten Gebiete ausdehnen. Das wird hohe Auflagen des gesamten Spektrums der Invokationsliteratur in Sprachen wie Russisch, Arabisch, Persisch, Hindi, Urdu, Gujarati, Tamil, Indonesisch und Chinesisch erforderlich machen; so können Millionen von Menschen erreicht werden. Wir benötigen auch neue Mitarbeiter, die in der Lage sind, als Korrespondenten in diesen Sprachen zu fungieren und Fragen hinsichtlich der Invokation, ihres Ursprungs und ihrer Verbreitung zu beantworten. Gleichzeitig sollte der Gebrauch und die Verbreitung in den Ländern, wo die Invokation bereits in weiten Kreisen anerkannt ist, noch verstärkt und erweitert werden.

Das Herzstück dieser Bestrebungen bildet ein weltweites Programm zur Werbung und Verbreitung der Invokation, das seit 1945 ununterbrochen beibehalten worden ist. Fast ohne bezahlte Mitarbeiter und nur durch den hingebungsvollen und selbstlosen Dienst von freiwilligen Mitarbeitern in vielen Ländern der Welt konnte diese Arbeit Fortschritte machen. Menschen guten Willens opfern ihre Zeit, ihre Kraft und ihr Geld als Beitrag zu diesem bedeutenden Dienst an der Menschheit.

Der Postversand

Heute trägt ein Netzwerk aus einzelnen Mitarbeitern, Diensteinheiten und Vereinigungen von Goodwill die Verantwortung für ein weltweites Programm zur Verbreitung der Invokation. Der Postversand bildet immer noch den zentralen Bestandteil dieses Programmes, in dem hauptsächlich zweierlei Arbeiten von den Mitarbeitern bewältigt werden müssen, nämlich das Erstellen von Anschriftenlisten und der Versand selbst.

Erstellen von Anschriftenlisten

Die hierauf spezialisierte Gruppe bereitet Anschriftenlisten vor und sammelt Namen und Adressen aus einer Vielzahl von Quellen: persönliche Kontakte und persönliche Informationen, Briefkolumnen in der Presse, Adressbücher, Jahrbücher und Listen mit den Anschriften ehemaliger Schüler und Studenten.

Versand und Verteilung von Broschüren

Mitglieder der hierauf spezialisierten Gruppe versenden regelmäßig Invokationsmaterial an die Adressen aus den vorbereiteten Listen. Einige Mitglieder dieser Gruppen stellen auch eigene Adressenlisten zur Verfügung. Jeder trägt zu den Portokosten der eigenen Versandarbeit bei.

Geldspenden

Das Geld, das für den Druck so großer Mengen an Literatur in verschiedenen Sprachen benötigt wird, stammt aus vielen unterschiedlichen Quellen. Dazu zählen die Mitarbeiter des Versands ebenso wie

wie die Empfänger, die Literatur erhalten und darauf antworten.

* Weitere Einzelheiten in bezug auf Materialien und Möglichkeiten zur Mitarbeit entnehmen Sie bitte den Abschnitten „Materialien“ und „Aktionsvorschläge“.

Der Welt-Invokationstag

Am Fest des Christus, am Welt-Invokationstag, vertritt Christus die Menschheit vor dem Angesicht Gottes und erzeugt eine gewaltige Woge der Liebe. Diese Liebe soll die Menschheit in Form von gutem Willen bei der Errichtung rechter menschlicher Beziehungen und bei der Schaffung gerechter Verhältnisse auf dieser Welt einsetzen. Es ist ein Fest der Invokation, des grundlegenden Strebens nach Brüderschaft und menschlicher und geistlicher Einheit. Es wurde 1952 als Welt-Invokationstag eingeführt.

Der Welt-Invokationstag, an dem sich Gruppen von Menschen zusammenfinden, um zu meditieren und sich der Großen Invokation zu bedienen, bietet eine einzigartige Gelegenheit, den Gebrauch und die Bedeutung der Großen Invokation durch Presse und Rundfunk bekannt zu machen. In Leserbriefen an Zeitungen wird um Berichterstattung über diese örtlichen Versammlungen in Form von Reportagen oder Veranstaltungshinweisen gebeten. Es wird für die Veranstaltungen geworben und über den Gebrauch der Invokation und die Bedeutung des Welt-Invokationstages aufgeklärt. Zeitungen berichten oft über Gruppen, die sich versammeln, um den Welt-Invokationstag zu begehen. Presseberichte, Anzeigen in Zeitungen und Zeitschriften, Briefe an Kirchen und Geistliche – all diese Methoden werden eingesetzt, um die Gelegenheit zu nutzen, bei diesem jährlichen Anlaß auf die Invokation, ihren Gebrauch und ihre Bedeutung hinzuweisen.

Pressearbeit

Die Invokation wird in vielen Ländern der Welt immer wieder zu den verschiedensten Anlässen in der Presse abgedruckt. Jedes Jahr nehmen Ausmaß und Reichweite der Berichterstattung zu. Die Invokation erscheint in Tageszeitungen, in Magazinen und Kirchenblättern, in kulturellen und akademischen Veröffentlichungen, in Veranstaltungskalendern und Programmheften. Sie erscheint in Reportagen und wird in Kommentaren besprochen. Werbeanzeigen und Hinweise auf die Invokation in Leserbriefen gehen in die Tausende. Zeitschriften oder Mitteilungsblättern bestimmter Organisationen werden Invokationskarten und Prospekte beigefügt. Am Welt-Invokationstag erreicht die Berichterstattung jedes Jahr ihren Höhepunkt.
* Weitere Informationen entnehmen sie bitte dem Abschnitt „Aktionsvorschläge“.

Radio und Fernsehen

Der beständig wachsende Gebrauch der Invokation im Rahmen von Radiosendungen und inzwischen auch im Fernsehen verdeutlicht, wie sehr sie bereits von Zuhörern und Zuschauern anerkannt wird. Manche Rundfunkstationen übertragen die Invokation regelmäßig, blenden sie in Gesprächsrunden oder Musikprogramme ein oder verwenden sie als Anfangs- oder Schlußsignal des Senders für das Tagesprogramm oder für eine besondere Sendung. Manche Mitarbeiter ergreifen in Gesprächsrunden die Möglichkeit, die Invokation über den Rundfunksender vorzutragen und ihre Bedeutung zu erklären. Der Gebrauch der Invokation in Rundfunk- und Fernsehen hat in erster Linie in den Ländern Fortschritte machen können, in denen die Mehrzahl der Rundfunk- und Fernsehstationen und Sendenetze in privater Hand sind, d.h. vornehmlich in Nord-, Mittel- und Südamerika und besonders in Ländern wie Argentinien, Brasilien, Kanada, Chile, Venezuela und in den USA. Es gibt jedoch Anzeichen dafür, daß auch in Ländern mit ein oder zwei öffentlichen, vom Staat kontrollierten Sendern restriktive Programmpolitik in bezug auf Religion gelokkert werden kann, so daß bessere Möglichkeiten zur Übertragung der Invokation bestehen.

* Bitte entnehmen Sie weitere Details dem Abschnitt „Aktionsvorschläge“.

Der Gebrauch der Invokation in Kirchen und Gruppen

Eine der ermutigendsten Reaktionen auf die Invokation kommt aus den Kirchen und religiösen Gruppierungen vieler Denominationen, die Material in Form von Invokationskarten und Prospekten anfordern und an Gemeinde- und Gruppenmitglieder, an Männervereine, Jugendgruppen, Frauenverbände usw. verteilen. Viele Gruppen und Organisationen in der ganzen Welt drucken die Invokation regelmäßig in ihren Veröffentlichungen und auf ihren eigenen Invokationshandzetteln und -karten ab.

Die Große Invokation –
Zusammenarbeit mit den Vereinten Nationen

Die Große Invokation wurde im Jahre 1945, also im Gründungsjahr der Vereinten Nationen, zum ersten Mal gebraucht. Zwanzig Jahre später wurde eine Broschüre herausgebracht, die verdeutlicht, auf welche Weise die Große Invokation von Männern und Frauen guten Willens dazu eingesetzt werden kann, die Vereinten Nationen zu unterstützen. Die Broschüre erläutert kurz den Zusammenhang zwischen der Großen Invokation und den Vereinten Nationen. Sie enthält außerdem den Text der UN-Charta mit den Grundsätzen der Vereinten Nationen.

Programm zur Übersendung von Handzetteln

- Stellen Sie eine Anschriftenliste von Geistlichen, Schulleitern und Gruppen zusammen, denen Sie Material über die Große Invokation zusenden möchten. Es wäre hilfreich, wenn Sie das Hauptquartier darüber informierten, welches Gebiet Sie für Ihre Aktivitäten vorgesehen haben, damit sich Überschneidungen vermeiden lassen.
- Fordern Sie eine Anschriftenliste vom World-Goodwill-Hauptquartier an. An diese Anschriften können Sie dann die Invokations-Handzettel versenden, wobei Sie die Portokosten übernehmen.
- Stellen Sie Ihre Zeit zur Verfügung und helfen Sie mit, anhand von dem Hauptquartier zugänglichen Quellen Anschriftenlisten zusammenzustellen. Sie können lediglich Schreibarbeiten, aber auf Wunsch auch andere Arbeiten übernehmen.
- Unterstützen Sie das Verbreitungsprogramm der Großen Invokation durch Geldspenden.

  BITTE BEACHTEN SIE: Ausführliche Informationen über das Erstellen von Anschriftenlisten, das Briefprogramm und andere Verfahren sind auf Wunsch erhältlich.

Pressearbeit

- Setzen Sie Anzeigen mit der Großen Invokation in Zeitungen und Zeitschriften. Photosatzreife Filme der vorgedruckten Anzeigen werden auf Wunsch vom World-Goodwill-Hauptquartier in New York zugesandt. Für kleine Anzeigen eignet sich das Invokations-Lesezeichen als Druckvorlage.
- Reichen Sie bei Zeitungen Reportagen ein, die über den Gebrauch der Invokation im Rahmen örtlicher Gruppen berichten. Diese Technik hat sich besonders

zu den Zeiten der „Drei geistlichen Feste“ bewährt. Weitere Einzelheiten finden Sie in dem „Handbuch der drei geistlichen Feste“, das Beispiele für Reportagen und Briefe enthält.

- Schreiben Sie Leserbriefe, in denen Sie auf den Gebrauch und die Bedeutung der Invokation hinweisen, und nehmen Sie dabei Bezug auf aktuelle, lokale Probleme, kirchliche Aktivitäten, Gebetsgruppen oder auf die allgemeinen Probleme unserer Zeit.
- Bieten sie die Invokation als Beilage für die Ausgabe einer Zeitschrift, eines Mitteilungsblattes oder anderer Rundschreiben einer Organisation an.

Radioarbeit

- Bieten Sie die zehnminütige Invokations-Kassette an.
- Nutzen Sie Gesprächsrunden bei lokalen Radiosendern.
- Reichen Sie, besonders am Welt-Invokationstag, Berichte über die Große Invokation ein...
- Kaufen Sie Sendezeit...
- Machen Sie von der Möglichkeit öffentlicher Veranstaltungshinweise Gebrauch, um die Invokation kostenlos im Rahmen öffentlicher und gemeinnütziger Dienste vorzustellen...

Fernseharbeit

Diejenigen, die über die nötige Erfahrung und die Möglichkeiten verfügen, können Veranstaltungshinweise und kurze Werbesendungen vorbereiten.

Weitere Vorschläge

- Bringen Sie die Invokation in Form von Postern oder anderen Materialien in Studentenvereinen, in Parkanlagen, öffentlichen Gebäuden und Plätzen an, um die

Aufmerksamkeit auf von Ihnen ausgelegte Handzettel zu lenken, die Sie nach Bedarf erneuern.

- Setzen Sie bei verschiedenen öffentlichen Veranstaltungen Musik ein, um Menschen auf Ihren Stand oder Ihre Poster aufmerksam zu machen.
- Verteilen Sie Flugblätter über die Invokation, die auf die Tatsache hinweisen, daß sie in über 60 Ländern und in 52 Sprachen verbreitet ist...

Lucis Trust – World Goodwill Newsletter

(Rundschreiben der Organisation „Weltweiter Guter Wille“, ein vierteljährlich erscheinendes Informationsblatt, das Kommentare und Nachrichten über das Weltgeschehen mit detaillierten Berichten über die Arbeit und das Programm von World Goodwill verbindet. Ausgabe Juli/August/September 1982 in Auszügen.

Besonders interessant sind hier die Informationen zwischen den Zeilen. Viele Gedanken gehören heute zum politischen Allgemeingut und sind dennoch vor Jahrzehnten mit hinterlistiger Absicht in die Welt gesetzt worden. Lucis Trust schwärmt geradezu von der „neuen Welt“; in der Bibel dagegen steht, daß unsere Erde nicht von Menschen, sondern von Gott erneuert werden wird. Das Rundschreiben offenbart außerdem Hintergründe praktischer Politik – beispielsweise beim Seerechtsabkommen – und zeigt, zu welchen Zwecken globale Probleme genutzt werden. Erschreckend ist besonders der Abschnitt über „religiösen Fundamentalismus“. Alle, die in der Bibel das unfehlbare Wort Gottes sehen und Jesus Christus als ihren Herrn bekennen, sollten ihn aufmerksam lesen. Jeder gläubige Christ wird erkennen, daß diese Zeilen direkt gegen ihn und seine Glaubensgrundlagen gerichtet sind. Der Text wird ohne Kommentar in leicht gekürzter Form abgedruckt.)

Die Welt nach dem Jahr 2000

Wir stehen „zwischen dem Tod und einer schwierigen Geburt.“ Samuel Beckett

Das Jahr 2000 ragt vor der Menschheit wie ein gewaltiger Meilenstein auf, der sowohl ein Ende als auch einen Anfang markiert. Es markiert das Ende eines unbeständigen

Jahrtausends, in dem ein enormes Maß an Fortschritt und Veränderung auf dem Gebiet der Wissenschaft, der Technologie, der Erziehung und der politischen Verhältnisse stattgefunden hat. Aber weitaus wichtiger ist, daß das Jahr 2000 ein symbolisches Eingangstor darstellt, durch das die Menschheit in ein Neues Zeitalter des wahren Friedens, der Zusammenarbeit und der Kreativität eingehen kann – falls sie dazu bereit ist.

Wenn wir tausend Jahre zurückblicken, sehen wir eine Welt, die in erster Linie von Agrarwissenschaft und Nomadentum geprägt und durch religiöse Überzeugungen und kulturelle Einflüsse lose verbunden war. Während im Fernen Osten eine hochentwickelte Zivilisation gedieh und die islamische Kunst und Kultur sich auf ihrem Höhepunkt befand, erlebte Europa jenes Zeitalter, das wir heute das finstere Mittelalter nennen, als Feudalgesellschaft mit wenig ausgeprägtem Gemeinschaftsgefühl und ohne jeden Nationalgeist. Die große Mehrheit der Menschen lebte in relativer Abgeschiedenheit voneinander. Die breite Masse war ungebildet, dem Klassen- und Kastensystem unterworfen und lebte ohne Gesundheitsfürsorge unter den schlechtesten hygienischen Verhältnissen.

Heute leben wir in einer Welt, die in hohem Maße interdependent und technologisch hervorragend entwickelt ist. Unsere Welt ist von einem umfassenden, direkten Kommunikationsnetz überzogen. Heutzutage kann man Ozeane und Kontinente in nur wenigen Stunden überqueren; die Menschen leben nicht länger voneinander isoliert wie früher; Kulturen und Rassen vermischen sich und bilden die Anfänge einer neuen, planetarischen Zivilisation.

Im Bereich der politischen Herrschaft sind die Menschen heute größtenteils nicht länger der Gewaltherrschaft eines Monarchen oder sonstigen Herrschers ausgesetzt. Ideen und Ideologien sind auch den Regierten bewußt geworden, und politische Experimente wie Demokratie, Sozialismus und Kommunismus sind jetzt die wesentlichen Herrschaftsformen. Selbst in Ländern, in denen ein Diktator herrscht, ist die Regierung in größerem Maße als je zuvor von der Zustimmung der Regierten abhängig und kann bei veränderter politischer Lage gestört werden. Im Erziehungsbereich hat sich das öffentliche Schulsystem und das Prinzip des Grundrechts auf Bildung durchgesetzt. Daher ist heute der durchschnittliche Bürger gebildeter als der Intellektuelle vor wenigen Jahrhunderten.

Im Hinblick auf die Wissenschaft kann man wohl mit Sicherheit behaupten, daß sie den wichtigsten Beitrag der westlichen Kultur zu unserer gegenwärtigen Zivilisation leistet. Sie hat uns die Möglichkeit eröffnet, in die Welt des unendlich Kleinen – der Atome und Quarks – und in die Welt des unendlichen Großen – der ehrfurchtgebietenden Kosmologie des Universums – einzudringen. Die Wissenschaft hat die moderne Zivilisation in demselben Maße beeinflußt, wie es die Religion als hauptsächliches verbindendes Element der Vergangenheit getan hat. Theodore Roszak drückt dies so aus: „Wissenschaft ist meiner Ansicht nach kein *weiteres* Diskussionsthema. Sie ist *das einzige* Thema. Sie ist der wichtigste Ausdruck der kulturellen Einzigartigkeit des Westens, das Geheimnis unserer außergewöhnlichen Dynamik, der Grundpfeiler unserer technokratischen Politik, Fluch und Segen, die wir über die Menschheit bringen" (Theodore Roszak: Where the Wasteland Ends, Anchor Books 1973, S. XIX).

All dies bedeutet natürlich nicht, daß die Menschheit einen utopischen Endzustand erreicht hat. Ganz im Gegenteil! Die Wissenschaft ist in Wahrheit ein zweischneidiges Schwert, denn sie brachte eine technologische Welt hervor, die nun außer Kontrolle zu geraten droht. Die Fortschritte auf dem Gebiet der Nuklearforschung zum Beispiel brachten die Freisetzung der Atomenergie und damit eine produktive Nukleartechnologie. Sie könnten einen Neubeginn und die Errichtung einer neuen Weltordnung einleiten. Statt dessen wurde eine Technologie der Massenvernichtung geschaffen, die unsere gesamte Zivilisation zerstören könnte.

Nicht allein, daß wir unsere hervorragenden wissenschaftlichen Erkenntnisse dazu eingesetzt haben, eine Technologie zu schaffen, durch die jedes Leben auf unserem Planeten vernichtet werden kann, es ist uns auch nicht gelungen, allen Menschen einen fairen und gerechten Lebensstandard zu sichern. Die Reichtümer befinden sich noch immer in den Händen einiger weniger, während Millionen von Menschen noch nicht einmal genug Nahrung zum Überleben haben. Es wird geschätzt, daß täglich bis zu 35 000 Kinder verhungern.

Außer der unzureichenden Versorgung mit Nahrungsmitteln leiden diese benachteiligten Menschen unter Mangel an sauberem Trinkwasser und unter schlechten hygienischen Verhältnissen. Krankheiten breiten sich rasch aus, und medizinische Versorgung ist ein Luxus, der nur einigen wenigen vorbehalten bleibt. Analphabetentum ist weit verbreitet, ebenso Arbeitslosigkeit und Kriminalität. Millionen und Abermillionen Menschen strömen auf ihrer Suche nach einem besseren Leben in bereits überlastete und überfüllte Großstädte.

All dies kann nur zu einem Schluß führen: der materielle Fortschritt hat der Menschheit keine gerechte Welt des Friedens und des Wohlstands bringen können. Fragt man sich nach dem Grund, so kann man wohl mit Sicherheit sagen, daß das Wachstum unseres Bewußtseins und unserer Wahrnehmungsfähigkeit mit dem beschleunigten Anstieg des technologischen Fortschritts nicht Schritt halten konnte. Wir haben der Welt die wunderbarsten technischen Errungenschaften beschert, aber es gleichzeitig versäumt, diese zum Wohle der gesamten Menschheit einzusetzen. Wir haben viel Wissen, aber keine Weisheit; wir sind unserem Verstand gefolgt und haben nicht auf unser Herz gehört; wir haben außerhalb unseres Selbst nach Glück gesucht und nicht erkannt, daß wir in uns Freude finden können.

Das ist die große Herausforderung, der sich die Menschheit am Ende dieses Jahrtausends gegenübersieht – die Transformation des menschlichen Bewußtseins. Wenn wir die Hoffnung in uns tragen, daß die Welt nach dem Jahr 2000 eine Welt des Friedens, der Gerechtigkeit und des Fortschritts sein wird, dann müssen wir beginnen, diese Welt zu bauen, indem wir uns selbst von innen heraus verändern. Eine neue Zivilisation wird nicht allein durch neue äußere Formen errichtet. Wir können es heute überall beobachten, daß keine äußere Form, gleichgültig wie fortschrittlich sie ist, der Menschheit von Nutzen sein kann oder zur Errichtung einer neuen Welt beiträgt, wenn sie auf den alten Werten der Vergangenheit gegründet ist.

Durch die neu errichteten Institutionen wird die lebendige Energie einer neuen, bewußteren, warmherzigeren Menschheit Gestalt annehmen. Unser wichtigstes Ziel sollte daher eine Veränderung des Bewußtseins sein, denn äußere Formen werden immer aufgrund von Gedanken und Zielvorstellungen gestaltet. Auf diese Weise werden neue Zivilisationen errichtet.

Wir leben heute in der wichtigsten Epoche der Menschheitsgeschichte. Der Menschheit steht die Möglichkeit offen, ganz bewußt am Prozeß der planetarischen Evolution mitzuarbeiten. Wir müssen nicht länger ohnmächtig den Launen von Kräften und Energien unterworfen sein, auf die wir keinen Einfluß nehmen können. Heute sind wir intelligent und einsichtig genug, um die Prinzipien und Zyklen zu erkennen, die das menschliche Schicksal bestimmen. Heute kann die Menschheit auf ihr Schicksal aktiv und formend Einfluß nehmen und braucht nicht länger willenloser Spielball der Mächte der Veränderung zu sein.

Wenn wir unsere neue Zivilisation ganz bewußt aufbauen wollen, ist es von entscheidender Bedeutung, daß wir die Vergangenheit, die Gegenwart und die Zukunft als Gesamtheit betrachten. Wir müssen in die Vergangenheit blicken, um zu entscheiden, was gut war und die Fackel des Fortschritts weitergetragen hat. Wir müssen die Gegenwart klar beurteilen können, so daß wir auf den guten Fundamenten der Vergangenheit weiterbauen und die negativen und schädlichen Ansätze abbauen können. Wir müssen eine deutliche Vision von der Zukunft haben und das Bewußtsein in uns tragen, daß unsere Gedanken und Träume von heute die Samen der zukünftigen Welt sind, die wir schaffen wollen.

Einsicht in die heutigen Verhältnisse und eine klare Vision von der Welt, die wir für das Jahr 2000 anstreben – in diesem Geist wollen wir auf vier Themen, die für diese Epoche der Umwälzung entscheidend sind, ausführlicher eingehen: Wirtschaft, Menschenrechte, Umwelt und das neue Phänomen des aktiven religiösen Fundamentalismus und seine Auswirkungen auf das Weltgeschehen. Diese vier Themen sind natürlich nicht die einzigen, die in unserer Zeit für die Menschheit von Bedeutung sind. Was zuerst ins Auge fällt, ist die Tatsache, daß das überaus wichtige Thema „Weltfrieden“ in dieser Aufzählung fehlt. Der Grund hierfür ist, daß die gesamte nächste Ausgabe dieses Rundschreibens dem Thema des Friedens und dem Problem der weltweiten Abrüstung gewidmet sein wird.

Es heißt, daß „die Macht der Gedanken das auslösende

Prinzip der neuen Welt" sein wird. Wenn das wahr ist, dann können und sollten wir uns der Tatsache bewußt sein, daß jeder von uns durch seine Gedanken und Handlungen an der Gestaltung der Welt, in der wir leben, mitwirkt. Wir alle können versuchen, ganz bewußt unseren Beitrag zu der neu entstehenden Zivilisation zu leisten und auf unsere Umwelt Einfluß zu nehmen. Die neue Welt wird das Resultat unserer Vision und unserer Vorbereitungen sein.

Wirtschaft

Es besteht kein Zweifel daran, daß das Wirtschaftsproblem eines der komplexesten und schwierigsten Probleme darstellt, denen sich die Menschheit heute gegenübersieht. Seit vor etwas mehr als zwei Jahrhunderten die Disziplin der Wirtschafts-„Wissenschaft" entstand, war die Wirtschaft noch nie in einer so unübersichtlichen, so verwirrenden und so gefährlichen Lage wie heute. Die weltweit auftretenden Probleme der Inflation und der Arbeitslosigkeit lösen bei den Wirtschaftswissenschaftlern der alten Schule verlegene Ratlosigkeit aus. Sie sind noch immer nicht auf eine Formel gestoßen, mit deren Hilfe sie so lange am Staatshaushalt und am Währungssystem herumbasteln können, bis die Wirtschaft wieder ins Lot kommt.

Aber die wirtschaftlichen Probleme sind nicht durch Herumbasteln zu lösen. Wir sollten auch nicht auf einen Messias der Wirtschaft warten, der uns den Weg weist und unseren Haushalt in Ordnung bringt. Die heutige Weltwirtschaftslage ist das Ergebnis der uralten menschlichen Eigenschaften Selbstsucht und Habgier, und nur durch Abbau dieser Eigenschaften kann eine dauerhafte Lösung der gegenwärtigen Krise erreicht werden. Erst wenn in der Weltwirtschaft die Prinzipien des Teilens und der Zusammenarbeit angewandt werden, können Gleichgewicht und Harmonie zwischen den Nationen allmählich wiederhergestellt werden.

Der gefährlichste und zerstörerischste Aspekt des Problems besteht in der Kluft zwischen Nord und Süd – zwischen den Industriestaaten und den Entwicklungsländern. Die Reichtümer – und damit die Macht – sind im Norden konzentriert. Daher sehen sich die Entwicklungsländer in bezug auf Handels- und Rohstoffabkommen, Energie, Entwicklung, Technologie, Investitionen und Weltwährungspolitik einer nahezu unüberwindlichen Benachteiligung gegenüber. Die wirtschaftlichen Nachteile tragen auf vielfältige Weise dazu bei, Wachstum und Wohlstand in den Entwicklungsländern zu hemmen. Das tragischste und verabscheuenswürdigste Resultat dieser Ungleichheit sind jedoch die hungernden und verhungernden Menschen dieser Welt. Es ist nicht möglich, genau zu sagen, wieviel Menschen auf der Welt an Hunger und Unterernährung leiden, aber alle Schätzungen sprechen von Millionen von Menschen, die entweder an Nahrungsmangel sterben oder deren Gesundheit beeinträchtigt ist (North-South: A Program for Survival, MIT-Press 1970, S. 90; dt.: Der Brandt-Report). Dies geschieht in einer Welt, in der genug Nahrungsmittel produziert werden, um jedem Menschen täglich 3000 Kalorien zuzuführen. Das eigentliche Problem liegt also keineswegs im Nahrungsmangel, sondern in der richtigen Verteilung und Produktion der Nahrung.

Zu diesem tragischen Problem kommt noch die ständig wachsende Weltbevölkerung hinzu. Bis zum Jahr 2000 werden schätzungsweise zwei Milliarden Menschen mehr die Erde bevölkern; sie alle haben ein Recht auf ausreichend Nahrung, Bildung, medizinische Versorgung und Arbeit. Der Planet kann dieses Bevölkerungswachstum bewältigen, aber eine angemessene Planung, wie wir unsere Ressourcen und unsere Technologien zur Befriedigung der zukünftigen Bedürfnisse einsetzen können, ist seit langem überfällig.

Wenn wir das Problem der Weltwirtschaft lösen wollen, wird jeder von uns seine Prioritäten neu überdenken müssen. Dieses Problem kann nicht allein den Wirtschaftswissenschaftlern überlassen bleiben, denn es kann nicht durch wissenschaftliche Methoden oder geringfügige Änderungen in der Finanz- und Währungspolitik gelöst werden. Es ist ein Problem der Werte und Prinzipien. Die Güter dieses Planeten gehören allen Menschen; wenn die Menschheit dieses einfache, grundlegende Prinzip verwirklicht, werden wir eine neue Weltwirtschaftsordnung erleben. Willy Brandt stellt fest: „Die Gestaltung unserer gemeinsamen Zukunft ist viel zu wichtig, um sie allein den Experten und Regierungen zu überlassen. Daher richten wir unseren Aufruf an die Jugend, an die Frauen- und Arbeiterbewegungen, an politische, intellektuelle und religiöse Führer, an Wissenschaftler und Pädagogen, an Techniker und Manager, an Angehörige des Agrar- und des Industriebereichs. Es bleibt zu hoffen, daß sie alle zu dieser Einsicht gelangen und ihre Aufgaben im Lichte dieser neuen Herausforderung ausüben“ (North-South ..., S. 29).

Menschenrechte

In dieser Epoche, in der wir die Brücke zu der Welt jenseits des Jahres 2000 schlagen, sind Menschenrechte von entscheidender Bedeutung. Sie werden bedauerlicherweise vielen unserer Völker vorenthalten, bilden aber das Fundament, auf das jede Gemeinschaft gegründet sein sollte, ob es nun ein abgelegenes Dorf oder die globale Gemeinschaft ist.

Menschenrechte sind unser Geburtsrecht. Aufgrund des rapiden Fortschritts im Bereich der Kommunikationstechnologie wächst unsere Welt immer mehr zusammen. Trotz der Untergangsprophezeiungen vieler Futuristen verfügen wir über ein ausreichendes Maß an Wissen und Gütern, um jeden Menschen auf diesem Planeten mit dem Notwendigsten an Nahrung, Obdach, Bildung, Arbeit und medizinischer Versorgung ausstatten zu können. Die Zukunft könnte glänzend sein, aber gegenwärtig haben die Völker der Welt immer noch nicht in ausreichendem Maße ihre Stimme erhoben, um ihrem Wunsch nach Beendigung des Leidens Ausdruck zu verleihen. Vielleicht haben wir uns zu sehr darauf verlassen, daß andere etwas verändern, anstatt für uns selbst die Verantwortung zu übernehmen.

Durch die Jahrhunderte hindurch haben Menschen immer wieder den Kampf gegen Verhältnisse aufgenommen, in denen ihnen ihr grundlegender Anspruch auf Menschenwürde verweigert wurde. Es waren die Denker der Aufklärung im Frankreich des 18. Jahrhunderts, die den ersten Anstoß für das Ringen um die Menschenrechte gegeben hatten. Die Idee der Freiheit, der Gleichheit und der Brüderlichkeit eroberte den europäischen Kontinent. Zur selben Zeit wurden in den Vereinigten Staaten die Rechte des Individuums durch eine verfassungsmäßige Regierung und die Zusatzartikel zur Verfassung verankert.

Freiheit und Sicherheit sind zwei der wesentlichen Ideale, auf die die kommende Zivilisation sich gründen muß. Mit Freiheit ist hier nicht Anarchie gemeint, sondern vielmehr die stolze Erkenntnis der Völker, daß die einzelnen Menschen und ihr Land als Gesamtheit einen Beitrag zur Bereicherung der globalen Gemeinschaft leisten können. Es wird eine Welt sein, die nicht von sturer Gleichgültigkeit, sondern von Reichtum und Schönheit in Vielfalt geprägt ist. Die gegenwärtige Einschränkung der Freiheit des einzelnen in so vielen Teilen der Welt steht jedoch der Flut der Evolution entgegen, die stets durch das Gesetz der Liebe wirkt. Leider erleben wir heutzutage, daß in vielen Nationen die Rechte des einzelnen, Kreativität und freier Zugang zu Informationen von angsterfüllten Regimes unterdrückt werden. Die Unterdrückung kommt in verschiedenster Gestalt zum Ausdruck; sie existiert unter der Flagge des Kommunismus, des Sozialismus, der Demokratie und der Militärdiktatur. Aber die Symptome sind stets die gleichen. Wir mußten erleben, wie viele, die die Autorität in Frage stellten und Veränderungen forderten, ins Gefängnis geworfen und/ oder ausgeschaltet wurden. Aber gerade diese mutigen Einzelkämpfer, die trotz allen Widerstandes ihre Ziele verfolgen, sind die Vorboten jener Ideale, die im nächsten Jahrhundert den gesamten Planeten beherrschen werden. Es besteht die Hoffnung, daß die Lage sich jetzt verbessert. Viele Gruppen üben auf die Regierungen Druck aus, politische Gefangene freizulassen. In vielen Fällen ist die Erfolgsquote hoch – ein weiterer Beweis für die Macht, die einzelne ausüben können, um Veränderungen herbeizuführen. Auch die Entstehung verschiedener Doktrinen wie die Universale Erklärung der Menschenrechte haben den Nationen der Welt die Dringlichkeit dieses Problems vor Augen geführt. Einzelne Länder haben diese Erklärung sogar als Vorbild für ihre eigene Verfassung genommen.

Rückblickend kann man das gegenwärtige Jahrhundert wohl als die dunkelste Epoche in der Geschichte der Menschheit bezeichnen. Soll die Menschheit diesen unheilvollen Kurs verlassen, muß lediglich in den Völkern der Wille entfacht werden, das zu fordern, was ihnen rechtsmäßig zusteht. Das ist keine außergewöhnliche Forderung, aber wir dürfen nicht darauf warten, daß sich jemand anderes die Verantwortung auf die Schultern lädt.

Im neuen Jahrtausend werden viele Tendenzen, die jetzt erst in ihren Anfängen oder sogar nur in der Vorstellungskraft ihrer geistigen Schöpfer existieren, zu voller Entfaltung kommen. Die Menschheit wird mit ihrer Umwelt in Harmonie leben und das Naturrecht nicht länger verletzen. Die Verhältnisse werden sich in solchem Ausmaß verbessern, daß alle Menschen in einer gesunden und sauberen Umwelt leben können. Gegenwärtig sehen wir, wie Menschen in vielen Teilen der Welt beginnen, in kleinem Rahmen nach Alternativen zu unserer jetzigen verschwenderischen Lebensweise zu suchen. Mit ein wenig Weitblick können wir die Samen einer neuen Einstellung gegenüber unserer planetarischen Heimat überall aufsprießen sehen. Die Umweltschutzbewegung ist in erster Linie deshalb so stark, weil sich unsere Einstellung gegenüber unserem Planeten positiv verändert hat. An die Stelle einer ausbeuterischen Haltung gegenüber der Natur rückt jetzt allmählich wieder die Sichtweise der nordamerikanischen Indianer in den Mittelpunkt unseres Denkens: Wie können wir mit der Erde und untereinander in Harmonie leben?

In jeder Zukunftsvision im Blick auf unseren Planeten müssen Umweltbedingungen und Umweltprobleme wegen ihrer unmittelbaren Dringlichkeit eine Vorrangstellung einnehmen. Ohne einen Kurswechsel in diesem Bereich wird es vielleicht keine Weltzivilisation geben. Auf den Fundamenten einer immer mehr verfallenden Welt kann nichts Neues aufgebaut werden. Die Umweltverschmutzung, vornehmlich die der Industriestaaten, ist zunehmend zum Gegenstand öffentlichen Interesses geworden. Das Problem ist von internationalem Ausmaß, denn durch Luftverschmutzung, Meeres- und Bodenverseuchung und durch die Beeinträchtigung der den ganzen

Globus umspannenden Ozonschicht schädigen wir nicht nur einzelne Nationen, sondern den gesamten Erdball. Gegenwärtig arbeitet die „World Conservation Strategy“ mit beratender und finanzieller Unterstützung durch die Vereinten Nationen an detaillierten Plänen zur Behebung unseres jetzigen zerstörerischen Umgangs mit der Umwelt. Sie betrachtet das Problem aus einer globalen Perspektive und arbeitet Methoden der Zusammenarbeit aus, die zur Verbesserung der Lage beitragen sollen.

Der tiefverwurzelte Materialismus, der die Menschheit besonders seit dem Industriezeitalter beherrscht, spiegelt sich unmittelbar in der heutigen bedrohlichen Situation wider. Wir haben uns die Freiheit genommen, unsere Umwelt zu verschmutzen und zu zerstören, ungeachtet der daraus folgenden Konsequenzen. Erst allmählich beginnen wir zu erkennen, daß jeder Organismus, ja sogar ein Planet, so verseucht werden kann, daß sein Überleben bedroht ist. Wir sind jetzt an diesem Punkt angelangt.

Gegenwärtig konzentriert sich die Arbeit auf die Suche nach wirksamen Alternativen zum jetzigen Gebrauch von nur in begrenztem Umfang vorhandenen Energierohstoffen. Wir haben allen Grund, davon auszugehen, daß wir im nächsten Jahrhundert über einen unbegrenzten Vorrat an billigen, die Umwelt nicht belastenden Energiequellen verfügen werden. Dieser Schritt wird unsere Lebensqualität erhöhen, insbesondere, da der Luftverschmutzung durch mineralische Brennstoffe ein Ende gemacht wird. Zu den alternativen Energien, die heute getestet und verwendet werden, gehören Sonnenenergie, Windenergie, Tidenhubenergie, geothermale Energie (Erdwärme) und Nuklearenergie. Die Entwicklung neuer Transportsysteme wird diesen Veränderungen auf dem Energie-Sektor Rechnung tragen.

Im Architekturbereich streben wir die Entwicklung von bequemen, erschwinglichen und energiesparenden

Lebens- und Arbeitsstätten an. Der Trend geht in Richtung Schlichtheit; der Schwerpunkt liegt auf viel freiem Raum, viel Licht und frischer Luft. Zunehmend setzt sich die Erkenntnis durch, daß die Lebens- und Arbeitsqualität in direktem Zusammenhang mit der unmittelbaren Umgebung des einzelnen steht.

Wir erkennen mehr und mehr, daß die heutigen Agrarmethoden eine lebensbedrohende Gefahr für unsere Umwelt darstellen. Es wurde der Versuch unternommen, durch Anwendung chemischen Düngers größtmögliche Erträge zu gewinnen. Der Boden wurde seiner Mineralstoffe beraubt, und durch fehlenden Fruchtwechsel nahm die Bodenerosion ständig zu. Große Teile des Planeten werden zusehends zu Wüsten; für Millionen von Menschen bedeutet das Leiden und Hunger. Die Lösung besteht wahrscheinlich in ertragreichen organischen Anbaumethoden, die in kleinen Agrareinheiten betrieben werden. Anstatt unseren Abfall einfach auf Halden abzuladen oder das Meer damit zu verschmutzen, könnten wir das Recycling-Prinzip anwenden. Dadurch würden die Umweltprobleme drastisch verringert, und außerdem entstünden als Nebenprodukte Energiestoffe und organische Dünger.

Das sind nur einige wenige Beispiele für unsere gegenwärtigen Probleme und die möglichen Lösungsstrategien. Die größte Hoffnung liegt in der veränderten Einstellung der Menschen – eine Veränderung, die die Erkenntnis mit sich bringt, daß die Menschheit lediglich Teil eines größeren Ganzen ist. Wenn wir mit all den Königreichen der Natur auf harmonische Weise zusammenleben wollen, müssen wir unsere jetzige Lebensweise tiefgreifend ändern. Wenn wir ohne Furcht diese Notwendigkeit der Veränderung akzeptieren, können wir ein weitaus gesünderes Leben führen. Da uns mehr und mehr bewußt wird, daß wir im Grunde mit allem Leben verbunden sind, werden wir eines Tages erkennen, daß es der menschlichen Natur widerspricht, der Umwelt zu schaden.

Religiöser Fundamentalismus

Selbst vor zehn Jahren wäre es noch kaum möglich gewesen, die Welle der Wiederbelebung vorauszusehen, die einige der großen Weltreligionen erfaßt hat: das Christentum, das Judentum und der Islam sind davon stark betroffen. Die Auswirkungen dieser Entwicklung erstrecken sich weit über den religiösen Sektor hinaus. In den Vereinigten Staaten zum Beispiel sehen sich sowohl die Regierung als auch der Bildungssektor dem Druck der fundamentalistischen Meinung ausgesetzt. Auf aggressive Weise wird für die sogenannte „Wissenschaft von der Schöpfung“ als gleichberechtigte Alternative zur wissenschaftlich anerkannten Evolutionstheorie, dem Darwinismus, geworben. In einigen Fällen hat der Gesetzgeber dem Meinungsdruck nachgegeben und in den Schulbüchern entsprechende Veränderungen vorgenommen. Im gesellschaftlichen Bereich wurden die vielen bedeutenden Fortschritte, die die Frauen in den letzten zehn Jahren in ihrem Kampf um Gleichberechtigung erzielen konnten, durch die fundamentalistische Auffassung von der Rolle der Frau in Frage gestellt. In anderen Ländern, besonders in solchen, die stark vom islamischen Fundamentalismus geprägt sind, war der Widerstand gegen die volle Gleichberechtigung der Frau noch stärker. In jüngster Zeit waren wir Zeuge des dramatischen Ausbruchs von offenem Militarismus in Nationen mit einem großen fundamentalistischen Bevölkerungsanteil; das ist wahrscheinlich kein Zufall. Ganz allgemein beinhaltet fanatischer religiöser Fundamentalismus einen starken Glauben an die Gerechtigkeit der eigenen Sache sowie die Überzeugung, daß die eigene Gruppe sich vor der allgegenwärtigen, stets bedrohlichen Sündhaftigkeit der Ungläubigen schützen muß. In den Vereinigten Staaten, im Iran und in Israel (um nur drei bekannte Beispiele zu nennen) sind viele überzeugt, daß das eigene Glaubenssystem nur durch Einsatz von Waffen erfolgreich verteidigt und verbreitet werden kann. Die vielleicht erschreckendste und gefährlichste Auswirkung des religiösen Fundamentalismus auf die globale Gemeinschaft besteht in der „apokalyptischen Vision". Besonders in den Vereinigten Staaten erwarten, ja, vielleicht ersehnen sogar viele der leidenschaftlichsten Fundamentalisten die von der Bibel vorhergesagte globale Katastrophe, die als „Harmagedon" bezeichnet wird. Da die totale atomare Vernichtung zunehmend in den Bereich des Möglichen rückt, stellt der politische und soziale Einfluß von vielen Millionen Menschen, die von der biblischen Notwendigkeit eines endzeitlichen Holocaust überzeugt sind, mit Sicherheit eine starke Bedrohung des Weltfriedens dar.

Das Wachstum des Fundamentalismus ist eine direkte Folge der existentiellen Verunsicherung der Menschen. Viele Millionen Menschen fühlen sich durch die komplexen globalen Probleme, die unverständlich und unlösbar scheinen, zutiefst bedroht. Die religiösen und sozialen Strukturen, die jahrhundertelang dem Leben der Menschen Bedeutung und Maßstäbe verliehen haben, geraten jetzt ins Wanken. Diejenigen, die nicht den Glauben oder die Vision teilen, daß die Menschheit eine schönere, erleuchtetere Welt schaffen kann, fallen einer starken – wenn auch größtenteils unbewußten – Angst und Orientierungslosigkeit zum Opfer. Sie stehen zitternd am Abgrund des Unbekannten und strecken ihre Hand nach etwas aus, was einfach, wahr und für alle Zeiten beständig ist. Sie suchen absolute Sicherheit in Form von Glaubensgrundlagen, die niemals geändert oder in Frage gestellt werden können. Leider muß die Illusion der absoluten

Sicherheit mit dem Preis der Unterordnung unter eine absolute Autorität bezahlt werden.

Die psychologischen Grundlagen des Fundamentalismus bestehen nicht aus Glauben, sondern aus Angst: Angst vor der Veränderung, Angst vor dem Versagen, Angst vor der Zukunft und Angst, daß die Menschheit irgendwie zu schwach, zu verdorben oder zu hilflos ist, um auch nur die kleinste Hoffnung hegen zu dürfen, daß sie die Herausforderungen des Lebens erfolgreich bewältigen könnte. Die fundamentalistische Lehre setzt den Wert des Menschen herab, da ihr Menschenbild und ihre Vorstellung von den Möglichkeiten des Menschen von einem tiefsitzenden Minderwertigkeitskomplex durchdrungen ist. Dieser Minderwertigkeitskomplex entspringt, wenigstens teilweise, der Tendenz des Fundamentalismus, die ehrfurchtgebietende Macht und Stärke des transzendenten Gottes „über und außerhalb" seiner Schöpfung zu betonen und die liebende Gegenwart Gottes im Herzen der Menschen völlig zu übersehen.

Diese uralte falsche Vorstellung von einer Trennung zwischen Gott und der Menschheit hat viel Unheil angerichtet. Sie hat Menschen dazu gebracht, daß sie sich unbedeutend, überflüssig und völlig ohnmächtig vorkommen, wenn sie nicht strikt gewisse Regeln oder Formeln befolgen, die sie vor dem Zorn ihres übermächtigen Schöpfers „erretten".

Glücklicherweise war jedoch die Vorstellung vom immanenten Gott stets ein zentraler Bestandteil der erleuchtetsten Formen der Religion. Außerdem gehen die neuesten physikalischen Theorien von einem holistischen, lebendigen Universum aus und bestätigen somit diese unmittelbare, mystische Vorstellung von der göttlichen Quelle. Pioniere im Bereich der Psychologie haben das erstaunliche Potential des Menschen entdeckt; es kann, wenn es gezielt gefördert wird, zu Bewußtseinszuständen führen, die stets als göttlich bezeichnet wurden. Sowohl Theorie als auch Erfahrung unterstützen die Idee von einer unmittelbar erreichbaren Gottheit, die im Innern des Menschen wohnt – um mit den Worten des Mystikers zu sprechen: „Näher als Hände und Füße."

Daher braucht die Menschheit sich nicht in die Hilflosigkeit und Selbstverachtung zurückzuziehen, die heilige Schriften von ihr fordern. Das „Himmelreich" ist in jedem von uns, wie uns der größte menschliche Vertreter der göttlichen Liebe sagte. Wir sind in Wirklichkeit göttliche Wesen. Wir können gewaltigen Herausforderungen gewachsen sein, wenn wir es wagen, die ganze Fülle unseres Menschseins anzuerkennen und freizusetzen.

Wenn wir unseren Blick auf das Jahr 2000 richten, können wir die Notwendigkeit einer anderen und wahrhaft *geistlichen* Form des Fundamentalismus erkennen, der auf den wirklichen Grundlagen beruht: einem immanenten Gott, universaler Liebe, Brüderschaft, menschlicher Einheit und globaler Zusammenarbeit. Wenn wir uns auf diese Fundamente stützen, können wir eine neue geistliche, soziale, politische und moralische Ordnung aufbauen. Beim Übergang vom gegenwärtigen „Zeitalter der Autorität" in das „Zeitalter der Erfahrung" wird die Menschheit erkennen, daß man diese „neuen" fundamentalen Glaubensvorstellungen *erfahren* kann und daß sie nicht nur aufgrund von Glauben oder Autorität akzeptiert werden müssen. In unserer Zeit können wir unsere wahre Identität erleben und die wahre Autorität unseres göttlichen inneren Selbst entdecken. *Im Grunde müssen wir an die Göttlichkeit der Menschheit glauben.*

Goodwill

ist die verbindende und Verständigung schaffende Kraft zwischen Ost und West, Nord und Süd, den Reichen und den Armen, den Rassen und den Religionen, der Vergangenheit und der Zukunft.

Uno-Bericht

Das Seerechtsabkommen

Es ist „der bedeutendste Erfolg im Bereich der internationalen Beziehungen seit der Charta der Vereinten Nationen ... Eine Verfassung der Meere ..." Diese Beschreibung gab der Vorsitzende des Entwurfskomitees des Seerechtsabkommens, der Kanadier J. Alan Beesley. Elliot Richardson, der frühere Leiter der US-Delegation bei der Seerechtskonferenz in Genf, teilte diese Auffassung. Er sagte, die Verhandlungen über dieses Abkommen stellten „einen bedeutenden Erfolg der Bemühungen der Weltgemeinschaft dar, eine Rechtsordnung an die Stelle des Risikos der Anarchie zu setzen." Er fügte hinzu, daß ein erfolgreicher Ausgang der Konferenz (das heißt Ratifizierung durch mindestens sechzig Mitgliederstaaten) „die Rechtsordnung ... auf über zwei Drittel der Erdoberfläche ausdehnen würde. Es wäre eine gewaltige Ermutigung, weitere rationale Übereinkommen hinsichtlich der immer komplexer werdenden Fragen anzustreben, die sich der Welt zwangsläufig durch die unentrinnbare Tatsache unserer gegenseitigen Abhängigkeit aufdrängen."

Leider wird diese Interdependenz nicht von jedem erkannt. Als es im April zur Endabstimmung kam, stimmten 130 Nationen – darunter Frankreich und Japan – für das Abkommen; 17 Nationen – die Europäische Gemeinschaft und der Ostblock – enthielten sich der Stimme; aber die Vereinigten Staaten, Israel, Venezuela und die Türkei stimmten mit „Nein".

Das negative Votum der Vereinigten Staaten kam

ziemlich überraschend, denn sie galten als hauptsächlicher Nutznießer dieser allumfassenden internationalen Gesetzesregelung. Die zahlreichen Vorteile scheinen aber von der gegenwärtigen Regierung übersehen worden zu sein, denn letztlich wurde das Votum der Vereinigten Staaten nach achtjähriger Verhandlungsdauer nur im Hinblick auf einen Teilaspekt, die Frage der Ausbeutung des Meeresbodens, gefällt. Die US-Delegation vertrat die Auffassung von einem freien, unbeschränkten Unternehmertum und war mit gewissen zentralen Bestimmungen des Abkommens nicht einverstanden; darin ging es um die Errichtung einer internationalen Behörde zur Verwaltung des Meeresbodens, die jegliche Ausbeutung des Meeresbodens außerhalb territorialer Gerichtsbarkeit regeln soll. Auch gegen die Klausel, wonach die zur Ausbeutung des Meeresbodens benötigten Technologien der Weltgemeinschaft zugänglich gemacht und zur Verfügung gestellt werden sollen, wurde Einspruch erhoben. Diese Klausel würde zur Folge haben, daß die Länder der Dritten Welt über die Mittel verfügen würden, selbst im Meer Bodenschätze abzubauen.

Die Mitglieder der US-Delegation bestanden darauf, daß den Ländern und privaten Unternehmen, die bereits über die entsprechende Technologie verfügen und beträchtliche Summen in den Abbau und die Erforschung des Meeresbodens investiert haben, ein „Pionier-Status“ verliehen werden sollte. Sie beharrten darauf, daß jedem Pionier-Investor ein exklusives Recht auf die Suche nach Bodenschätzen in einem bestimmten Meeresbodengebiet übertragen werden sollte. Nach intensiven Verhandlungen wurden diese Bestimmungen in letzter Minute in das Abkommen aufgenommen. Trotzdem stimmten die Vereinigten Staaten gegen das Abkommen; sie waren mit den Bestimmungen nicht einverstanden, die sich ihrer Meinung nach gegen die Interessen des freien Unternehmertums und der unbeschränkten Nutzung der Meere richteten.

Das Abkommen selbst enthält mehr als 300 Artikel, denen über 150 Nationen zustimmten. Es erfaßt hinsichtlich der Weltmeere jedes nur erdenkliche Thema; es erkennt die Zwölf-Meilen-Zone und eine „exklusive Wirtschaftszone“ von 200 Meilen für jede Küstennation an; es garantiert ein „Durchfahrtsrecht“ auf hoher See sowie die ungehinderte Durchfahrt durch solche Meerengen, durch die internationale Schiffahrtsrouten führen; es garantiert Küstennationen die Fischereirechte innerhalb ihrer Wirtschaftszonen; es beinhaltet Maßnahmen zum Schutz des Meeres vor Umweltverschmutzung; es sorgt für die Verwaltung und den Schutz der lebenden Naturschätze des Meeres und für den freien Zugang der wissenschaftlichen Forschung zu den Ozeanen. Aber der umstrittenste Punkt des Abkommens beschäftigt sich mit dem Abbau von Bodenschätzen wie Mangan, Kobalt, Kupfer und Nickel.

Das grundlegende Prinzip des Abkommens lautet: „Der Meeresboden und der Grund des Ozeans, der außerhalb der Grenzen nationaler Gerichtsbarkeit liegt, ist mitsamt seinem Untergrund und allen Bodenschätzen *gemeinsames Erbe der Menschheit.*“ Demnach sind auch die Einkünfte aus dem Abbau von Mineralvorkommen außerhalb der Grenzen nationaler Gerichtsbarkeit „gemeinsames Erbe“ und sollten mit allen geteilt werden. Viele – insbesondere US-amerikanische – Unternehmensgruppen, die Abbau von Bodenschätzen auf hoher See betreiben, nehmen Anstoß an diesem Prinzip des Teilens und fordern für diese Gebiete statt dessen den Abbau nach dem Gesetz des freien Unternehmertums. Die Unternehmensgruppen fühlen sich auch noch durch andere Bestimmungen beunruhigt. Dazu gehören Produktionsbeschränkungen, die den Bodenabbau von Mineralien in Ländern wie Kanada, Zaire, Sambia und Chile schützen sollen, und ein Besteuerungssystem, das kommerzielle Abbauvorhaben besteuert und die Einnahmen an Entwicklungsländer verteilt.

Die Sorgen der privaten Unternehmensgruppen sind sicherlich berechtigt. Aber die entscheidende Frage lautet: Sollten die Sonderinteressen von Unternehmensgruppen Vorrang haben vor dem weitreichenden Nutzen für die ganze Menschheit? Einige Vorteile des Abkommens sind schon erwähnt worden; der vielleicht größte Nutzen besteht in einem für alle Mitgliederstaaten verbindlichen Gesetzesgefüge und in der Schaffung einer internationalen Behörde, die Streitigkeiten schlichten kann.

Das Seerechtsabkommen wurde durch Abstimmung ins Leben gerufen und bedarf der Ratifizierung, bevor es in Kraft treten kann. Die Frage ist nun, ob jene Länder, die dagegen gestimmt oder sich der Stimme enthalten haben, dieses internationale Gesetzespapier ignorieren werden, oder ob sie durch den Druck der Weltmeinung und ihr Interesse an harmonischen Beziehungen zur Mehrheit der Nationen zur Einhaltung der Bestimmungen gezwungen werden können. Das Abkommen wird dann vielleicht sogar auch für die nicht ratifizierenden Nationen bindenden Charakter haben.

Das Schicksal des Abkommens hängt mithin von dem Einfluß bzw. dem mangelnden Einfluß bestimmter grundlegender menschlicher Einstellungen ab: Sind wir Menschen zum ersten Mal in unserer langen Geschichte in der Lage, unsere gegenseitige Abhängigkeit zu erkennen? Und sind wir willens, die Grundsätze des Teilens und der Zusammenarbeit zu billigen und sie sogar in unserer Gesetzgebung zu verankern? Kann die Vision des „gemeinsamen Erbes", die von über 150 Nationen in einem Zeitraum von über acht Jahren ausgehandelt wurde, jetzt durch den Einfluß einer kleinen Minderheit zunichte gemacht werden? Werden die Regeln, die durch die Übereinkunft vieler zustande kamen, jetzt im beschränkten Interesse weniger unbeachtet bleiben? Diese Entscheidung mag den Ausschlag dafür geben, ob wir, die Menschheit, bereit sind, voranzuschreiten in das Zeitalter des Wassermanns, dessen Leitgedanke das Prinzip des Teilens und des selbstlosen Dienstes ist – oder ob wir es zulassen, daß wir durch die von Ausbeutung und materialistischer Selbstsucht geprägte Denkweise des 19. Jahrhunderts zurückgehalten werden.

Das Abkommen ist natürlich nicht perfekt, und selbst die, die ihm zugestimmt haben, sind nicht mit jeder Einzelheit einverstanden. Eine vollkommene Überstimmung in all den vielen komplexen Fragen ist beim jetzigen menschlichen Bewußtseinszustand nahezu unmöglich. Eigeninteresse ist immer noch die vorherrschende Antriebskraft. Aber nach Meinung der meisten Verhandlungspartner wurde angesichts der Tatsache, daß jede Nation in erster Linie ihren eigenen Vorteil im Auge hat, das bestmögliche Ergebnis erzielt. Dieser Faktor sollte nicht übersehen werden; er markiert ein bestimmtes Stadium in der Evolution des menschlichen Bewußtseins.

Um zu erfassen, was hier wirklich geschieht, muß man Abstand und einen größeren Überblick gewinnen, einen Überblick, den solche mit ausschließlich Sonderinteressen niemals bekommen können. Man spürt die Kraft des Willens zum Guten, eines Willens zum Besten des Ganzen. Sie hat die Verhandlungen in ihrer gesamten Dauer überlagert und die menschlichen Gedanken zur Universalität geführt. Es ist mit hoher Wahrscheinlichkeit dieselbe dynamische Energie, die auch zur Verfassung der Charta der Vereinten Nationen geführt hat. Durch diese beiden Beispiele aus dem Bereich der menschlichen Beziehungen – das Seerechtsabkommen und die Charta der Vereinten Nationen – wurde der Menschheit eine Vision dessen zuteil, was möglich ist; eine Vision, die uns dazu herausfordert, die konfliktgeladenen Wege der Vergangenheit zu verlassen und in das harmonische Licht des Neuen Zeitalters einzugehen.

Eine Botschaft von Benjamin Creme

(Text der Einladung zu einem Vortrag von Creme)

EINE BOTSCHAFT DER HOFFNUNG

Benjamin Creme

spricht über

Das Erscheinen des Weltlehrers

Beseitigung des Hungers in der Welt • Teilung der Güter der Welt • Antwort auf das Problem der Gewalt in unseren Tagen • Der Katastrophenkomplex • Der Dritte Weltkrieg • Zusammenbruch der alten Institutionen • Das Neue Zeitalter • Die Frauenbewegung • Eine Neue Wirtschaftsordnung • Alternativen zum Atom • Eine Neue Weltreligion •

Mittwoch, 4. November
Unity-Institut für Holistische Lebensweise
19 Uhr – Eintritt **$** *4,–*
(Personen, die nicht in der Lage sind,
das Eintrittsgeld zu zahlen, haben freien Zugang.)

Eine klare Antwort auf die Propheten des Untergangs

Benjamin Creme ist ein anerkannter Redner, Künstler und Autor. Seit 1974 hat er in Amerika und im Ausland viele Vorträge gehalten. 1980 unternahm er eine Vortragsreise, die ihn in 25 amerikanische Großstädte sowie nach England, Holland, Belgien und Deutschland führte.

Benjamin Creme schöpft sein Wissen aus der uralten Weisheit und aus zwanzigjähriger Schulung und persönlicher Erfahrung mit Menschen. Mit großer Glaubwürdigkeit spricht er über das anbrechende Neue Zeitalter und dessen soziale, politische und wirtschaftliche Ordnung.

Seine Botschaft: Im Laufe der Menschheitsgeschichte gab es immer wieder Männer und Frauen, die aufgrund ihres erweiterten Bewußtseins in der Lage waren, anderen Menschen den Weg zu weisen. Als sich ihre Schriften und Lehren verbreiteten, wurden die großen religiösen und geistlichen Bewegungen geboren. Eine Handvoll dieser Lehrer hat auf die Geschichte der Menschheit großen Einfluß ausgeübt.

Benjamin Creme zufolge stehen wir kurz davor, Zeuge des Erscheinens des größten Lehrers zu werden, den das Menschengeschlecht jemals im Laufe der Evolution hervorgebracht hat. Nach den Aussagen von Benjamin Creme ist der Weltlehrer (hier im Westen als der Christus bekannt) am 19. Juli 1977 in ein bekanntes Land der modernen Welt eingetreten. Im Laufe des Jahres 1981 wird er in diesem Land immer deutlicher als ein Sprecher für das Prinzip des Teilens hervortreten. Er beabsichtigt, seine wahre Identität bis höchstens Mitte 1982 geheimzuhalten und dann der Menschheit die Möglichkeit zu geben, ihn zu erkennen und auf seine Vorstellungen vom Prinzip des Teilens und der Zusammenarbeit zwischen allen Völkern und Nationen einzugehen.

„In der Welt lebt jetzt ein schlichter Mann Gottes,
ein Bruder unter Brüdern,
ein Sprecher für die ganze Menschheit,
der den Nationen das Bedürfnis aller Menschen
nach einer Welt des Friedens,
nach einer gerechten Verteilung der Güter,
nach Lachen und Freude,
nach der Errichtung einer Neuen Welt vor Augen stellt,
die nach dem Plan Gottes gebaut ist."

Creme sagt weiterhin, daß der Zweck der Gegenwart des Weltlehrers hauptsächlich in der Errichtung rechter Beziehungen aller Menschen untereinander besteht. Er kommt, um uns zu ermutigen, die selbstsüchtigen, vom Konkurrenzdenken geprägten Wege der Vergangenheit zugunsten einer gerechten und friedlichen Welt zu verlassen. Im Gegensatz zu den Befürchtungen vieler Menschen muß dieser Übergang nicht gewalttätig oder chaotisch sein.

Benjamin Creme ist überzeugt, daß der Weltlehrer, sein großer Jünger und gewisse fortgeschrittene Mitglieder der Menschheit Männer und Frauen in allen Bereichen menschlichen Lebens unterrichten werden, um eine allmähliche, aber vollständige Transformation der Gesellschaft herbeizuführen. Diese Architekten des Neuen Zeitalters werden aufgrund ihrer Weisheit und ihrer selbstlosen Bemühungen für das Wohl aller in Führungspositionen aufsteigen. Das bestehende gesellschaftliche Gewebe wird nur geringfügig durchbrochen, und dennoch werden durch demokratische Prozesse weitreichende Veränderungen stattfinden.

Vor kurzem schrieb der Autor Colin Wilson in einer Besprechung von Cremes erstem, bei Tara Press (London, Los Angeles) erschienenen Buch:

„Es wird bald deutlich, daß Mr. Creme keineswegs ein

Spinner oder Scharlatan ist; seine Ehrlichkeit tritt auf jeder Seite zutage. Creme scheint zu derselben Gruppe zu gehören wie William Blake, A.E. Russell, Madame Blavatsky und Alice Bailey. (Er ist) ... ein Mann, der Dinge sieht, die andere nicht sehen, und der uns davon aufrichtig und humorvoll berichtet ... Solange es Menschen wie Creme gibt, besteht, glaube ich, Hoffnung für uns alle."

Benjamin Cremes Bücher und Kassetten werden bei seinem Vortrag erhältlich sein.

Benjamin Creme spricht im Unity-Institut für Holistische Lebensweise, 17 505 Second Ave. Detroit, Michigan, Mittwoch, 4. November.
Weitere Informationen: Robert Coon 543 – 3645.

Broschüre der „Gruppe der Neuen Weltdiener"

DIE GRUPPE DER NEUEN WELTDIENER

Victor Hugo prophezeite, daß im 20. Jahrhundert der Krieg, die politischen Grenzen und die Dogmen dahinschwinden würden – und daß der Mensch wirklich leben würde.
„Er wird etwas Erhabeneres als dies alles besitzen – ein großes Land, die ganze Erde ... und eine große Hoffnung, den ganzen Himmel."
aus: „Die sanfte Verschwörung"

Zur weiteren Information

The Aquarian Conspiracy (Die sanfte Verschwörung)	von Marilyn Ferguson J.P. Tarcher, Inc., 1980
Esoteric Psychology, Bd. 2 (Esoterische Psychologie)	Von Alice A. Bailey Lucis Publishing Co., 1942
Full Moon Story (Vollmondgeschichte)	Arcana Workshop Ram's Dell Press, 1967
The Hierarchy and The Plan (Die Hierarchie und der Plan)	von H. Saraydarian, 1975

Messages from Maitreya (Botschaften von Maitreya)	Tara Center, Box 6001 N. Hollywood, CA 91603, 1980
Ponder on this and Serving Humanity	beide zusammengestellt aus den Schriften von Alice A. Bailey, Lucis Publishing Company, 1970-1972
The Reappearance of the Christ and the Masters of Wisdom (Die Wiederkunft Christi und die Meister der Weisheit)	von Benjamin Creme Tara Center, 1980

Die Große Invokation

Aus dem Quell des Lichts im Denken Gottes
ströme Licht herab ins Menschen-Denken.
Es werde Licht auf Erden!

Aus dem Quell der Liebe im Herzen Gottes
ströme Liebe aus in alle Menschenherzen.
Möge Christus wiederkommen auf die Erde!

Aus dem Zentrum, wo der Wille Gottes thront,
lenke Plan-beseelte Kraft die kleinen Menschenwillen
zu dem Endziel, dem die Meister wissend dienen!

Durch das Zentrum, das wir Menschheit nennen,
entfalte sich der Plan der Liebe und des Lichtes
und siegle zu die Tür zum Übel.

Mögen Licht und Liebe und Kraft
den Plan auf Erden wiederherstellen!

The New Group of World Servers

(Die Gruppe der Neuen Weltdiener)

Im Jahre 1925 trat eine kleine Gruppe von Menschen in die Welt, deren Leben praktischer Brüderschaft, einem Geist internationalen guten Willens und einer Empfänglichkeit für die Energien und Leitgedanken des anbrechenden Zeitalters des Wassermanns geweiht waren. Dies ist die *Gruppe der Neuen Weltdiener,* eine Gruppe ohne äußerlich erkennbare Organisation, in deren Reihen jetzt Millionen von Männern und Frauen stehen ... Sie sind die Bürger jenes grenzenlosen Landes, das Hugo die „ganze Erde" nannte.

Diese Lichtträger kennen in ihrem Inneren die Antworten auf die Probleme, denen sich die Menschheit heute gegenübersieht. Sie arbeiten jetzt in jedem Bereich menschlicher Unternehmungen, um eine neue, planetarische Zivilisation zu errichten: das Königreich Gottes auf Erden.

Mitglieder der *Gruppe der Neuen Weltdiener* kommen aus jeder Nation, jeder Rasse und jedem gedanklichen Hintergrund.

Merkmale der Weltdiener

Sie sind frei von einem kritisierenden Geist und dem Gefühl der Trennung.

Sie vertreten keinen Glauben außer dem an die Bruderschaft, die auf dem Einen Leben gegründet ist. Sie dienen keinem Meister außer der Gruppe, der sie sich entschlossen haben zu dienen, und der Menschheit, für die sie tiefe Liebe empfinden.

Sie gehören keiner bestimmten Religion an, sondern verehren die geistlichen Führer aller Rassen gleichermaßen.

Sie sind bereit, ohne äußere Anerkennung im Verborgenen zu wirken, und lassen sich hauptsächlich von Eingebungen leiten.

Sie halten die alten Methoden des Kämpfens, des Angreifens und des Partisanentums für nicht wünschenswert.

Sie erkennen keine Autorität außer der ihrer eigenen Seele an.

Sie sind bestrebt, ein Gleichgewicht zwischen äußeren und inneren Aktivitäten zu schaffen.

Sie sind frei von dem Makel des Ehrgeizes oder des Stolzes auf die eigene Rasse oder Leistung.

Sie erreichen ihre Ziele, indem sie durch Opferbereitschaft und Liebe ein Beispiel setzen.

Sie respektieren und unterstützen alle anderen Gruppen, die auf Verständnis, Synthese und Einheit hinarbeiten.

Verhaltensmaßregeln

Schade niemandem, erstrebe nichts für das getrennte Selbst und erkenne die Göttlichkeit in allen Menschen.

Halte keine Rasse oder Nation für wichtiger als irgendeine andere.

Sieh über Rassenhaß, religiöse Unterschiede und nationalen Ehrgeiz hinweg.

Miß dem organisatorischen Aspekt nicht zuviel Bedeutung bei ... Die *Gruppe der Neuen Weltdiener* ist ein Organismus, keine Organisation.

Die Mitglieder sollten sich selbst oder die Gruppe nicht mit irgendwelcher politischen, religiösen oder gesellschaftlichen Propaganda identifizieren.

Verbreite Liebe und Licht, anstatt dich dem Bösen zu widersetzen.

Vergeude deine Kräfte nicht mit unwichtigen Arbeiten.

Sprich oder veröffentliche nichts, was bei irgendeiner

Gruppe Feindseligkeit hervorrufen könnte. Bringe nur allgemein anwendbare Prinzipien zum Ausdruck.

Führe ein Leben der Meditation.

Mische dich nicht in irgendeine politische oder religiöse Gruppe ein.

Diese Broschüre soll die Leitgedanken und Ziele der *Gruppe der Neuen Weltdiener* der breiten Öffentlichkeit vorstellen und Jünger und Lehrlinge sowie Männer und Frauen guten Willens erreichen, die sich ihrer inneren Verbindung mit dieser Gruppe noch nicht bewußt sind.

Möge diese Informationsschrift dazu beitragen, ihnen ihre wahre Mission vor Augen zu stellen und ihr Interesse für den Plan, die *Gruppe der Neuen Weltdiener* und das Erscheinen des Christus und der Meister der Weisheit zu wecken.

„Die Kraft des Einen Lebens ströme durch alle echten Diener.

Die Liebe der Einen Seele gestalte das Leben all derer, die den Großen helfen möchten.

Möge ich mein Teil in dem Einen Werk vollbringen durch Selbstvergessen, Rücksichtnahme und rechte Rede."

– Mantram der *Gruppe der Neuen Weltdiener* –

(Diese Broschüre basiert auf den Lehren Alice Baileys).

Ideale

Sie glauben an eine innere Weltregierung und an einen großen Plan, der zunehmend in Erscheinung tritt.

Sie pflegen beständig einen Geist internationalen guten Willens.

Sie sind bestrebt, die Lehre zu verbreiten, daß es auf der Welt viele nationale, religiöse und soziale Experimente gibt ... Einige Aspekte dieser Experimente haben ihren festen Platz und ihre Bestimmung im Neuen Zeitalter … Andere sind nicht wünschenswert, da sie den Virus des Hasses und der Trennung verbreiten.

Ziele

Weltfrieden zu schaffen, das Schicksal der Welt zu lenken und dem Neuen Zeitalter den Weg zu bereiten.

Vorhut zu sein für das Erscheinen des Christus und seiner großen Jünger (der Meister der Weisheit).

Einzutreten für eine gerechte Verteilung der planetarischen Güter, damit jeder Mann, jede Frau und jedes Kind in ausreichendem Maße Nahrung, Unterkunft und Kleidung besitzt.

Die Furcht in der Welt zu beseitigen.

Innerhalb der Menschheit für ein Zentrum des Lichts zu sorgen und den Menschen die Vision des göttlichen Planes vor Augen zu stellen.

Eine Brücke zwischen der Menschheit und dem Königreich Gottes zu errichten.

Das menschliche Bewußtsein auf eine höhere Stufe zu heben.

Einen planetarischen Geist des guten Willens zu pflegen.

Jene Aspekte der Religion und der Regierung, die die volle Manifestation planetarischer Einheit und Liebe verzögern, zu erkennen und zu verändern.

Aufbauende Kräfte zu verkörpern, um ein Gegengewicht zu den zerstörerischen und trennenden Kräfte der Welt zu schaffen.

Bewußt teilzunehmen an den drei bedeutenden Vollmondfesten: Ostern (Widder), Wesak (Stier) und dem Fest des Guten Willens (Zwillinge) … Außerdem die übrigen, weniger bedeutenden Vollmondfeste zu begehen.

Regierungen der Welt zu gemeinsamen Zielen zusammenzuführen.

Der Unity-in-Diversity Council – Ziele und Arbeitsweise

(Der Unity-in-Diversity Council, der Rat der Einheit in der Vielfalt, ist eine weltweite Dachorganisation von Organisationen und Personen. Er fordert „die Entstehung einer neuen universalen Persönlichkeit und Zivilisation auf der Grundlage der Einheit in der Vielfalt aller Völker". Er hat sich zum Ziel gesetzt, der friedlichen Entwicklung einer erleuchteten planetarischen Gesellschaft zu dienen. Die Vollversammlung der Vereinten Nationen erklärte das Jahr 1965 zum „Jahr der menschlichen Einheit". Der „International Cooperation Council" (Rat der Internationalen Zusammenarbeit) wurde gegründet; ihm oblag die Schirmherrschaft über das jährlich stattfindende Festival. Im Jahr 1979 hat der Unity-in-Diversity Council die Arbeit des International Cooperation Council übernommen. In der nachfolgend auszugsweise abgedruckten Broschüre stellt sich der Rat anläßlich eines Festivals vor.)

Aufbau von Unity-in-Diversity
Ein synergistisches Modell für weltweite Zusammenarbeit

Ein Festival für Verstand – Körper – Geist: Wir wollen feiern und unser Leben aufs Neue weihen

Ein Ausdruck unserer Einheit in der Vielfalt geschieht durch Kunst, Medien, Unterhaltung, Vorträge und Seminare, alternative Technologien und die Erfahrung der Einheit. Jede Dimension ist eingeschlossen, die auf eine dauerhafte, praktische und liebevolle Art zur Transformation des Lebens und Förderung der neuen Zivilisation beiträgt. Das Festival wird in Zusammenarbeit mit dem Londoner Festival für Verstand, Körper und Geist gestaltet und ist das größte New-Age-Ereignis auf diesem Planeten.

Eine ganzjährige Kontaktstelle: Wir wollen die Wirksamkeit des weltweiten Netzwerkes erhöhen

- Das umfassende, jedes Jahr neu erscheinende „Anschriftenverzeichnis für eine neue Welt“ enthält Mitglieder und mitwirkende Organisationen und Einzelpersonen (weltweite Auflage 1982: 100 000).
- „Spectrum“, der vierteljährlich erscheinende Rundbrief des Rates (Auflage: 50 000).
- Die Vollversammlung und die Sonderkommissionen in immer mehr Teilen der Welt sind bemüht, kollektiv auf die Transformation des einzelnen und der Gesellschaft hinzuarbeiten, wobei ihnen die Schulung in Unity-in-Diversity-Seminaren zugute kommt.
- Informationen und Hinweise auf Netzwerk-Aktionen verwandter Organisationen und gleichgesinnter Einzelpersonen in Bereichen, auf die in der graphischen Darstellung hingewiesen wird.
- Eine umfangreiche lokale und internationale Anschriftenliste, die bestimmten Gruppen und Individuen zugänglich ist.

Um die alte Welt ersetzen zu können, muß die neue Welt erst geordnet Gestalt annehmen, um dann im Bewußtsein der Öffentlichkeit ihren Platz zu finden. Während uns trotz der anbrechenden Dämmerung eines Neuen Zeitalters noch immer Dunkelheit umgibt, tragen wir dazu bei, die einigenden Kräfte des Lichtes und der Liebe in den Brennpunkt zu rücken.

Die „Erklärung der Interdependenz" des ICC

Wir, die Menschen, erklären, daß Unterschiede hinsichtlich des Alters, der Hautfarbe und der Glaubensüberzeugung natürliche Gegebenheiten sind; daß die Verschiedenheit von Individuen, Gruppen und Ideologien notwendig ist für die schöpferische Entwicklung der Menschheit; und daß die Förderung der Einheit in der Vielfalt für uns weltweite Pflicht und Herausforderung ist.

Wir geloben daher

- die Einheit allen Lebens zu verkündigen, die jeden Namen und jede äußere Form übersteigt;
- die Gemeinschaft der Menschen untereinander durch gegenseitiges Vertrauen, Verständnis und Respekt zu fördern;
- im Geist der Liebe die Wahrheit anzustreben;
- Verstand und Glauben, Wissenschaft und Religion miteinander zu vereinen;
- dafür Sorge zu tragen, daß alle Gebiete unseres Lebens in dynamischem Gleichgewicht gehalten werden, um ein größtmögliches Ausmaß an Gesundheit und Wohlbefinden zu erreichen;
- die Lehren der Propheten und Weisen aller Epochen und Kulturen zu achten;
- voller Freude eine neue Zivilisation der Freiheit, der Gerechtigkeit und des Friedens aufzubauen, die auf der Ehrfurcht vor dem Leben gegründet ist.

Wir sind gemeinsamer heiliger Abstammung und erklären die Interdependenz, die den Weg zum Überleben und zur inneren Erfüllung weist, zur unerläßlichen, höchsten Lebensnotwendigkeit; denn wir, die Menschen, werden die Fackel der Hoffnung entzünden und uns überall auf der ganzen Erde die Hände reichen.

Die Erforschung universaler Prinzipien:

- Das Wesen des Individuums (personal/transpersonal): Erforschung der Beschaffenheit und der vollen Dimension der Psyche; Heilung der gesamten Persönlichkeit.
- Das Wesen des Universums (biologisch/physikalisch): Erforschung der Beziehungen zwischen lebenden Organismen und ihrer Umgebung, zwischen Materie, Energie und Bewußtsein.
- Das Wesen der Gesellschaft: Erforschung der Beziehungen zwischen Menschen in Gruppen und Gemeinschaften des Neuen Zeitalters sowie der Dynamik einer Weltgesellschaft.

Entwicklung neuer Bewußtseinszustände:

- Erziehung zum Neuen Zeitalter: Vermittlung des Bewußtseins des Neuen Zeitalters durch kreatives Lernen in neuen Studienzentren und Institutionen.
- Medien: Veröffentlichung und Vertrieb von New-Age-Material in Form von Büchern, Flugblättern, Magazinen, Rundbriefen, Veranstaltungsverzeichnissen, Kassetten, Rundfunk, Fernsehen.
- New-Age-Künste: Verwendung von Klang, Licht und Form, von Musik, Poesie, Malerei und Bildhauerei zur Vermittlung von Ideen des Neuen Zeitalters.

Förderung der Entwicklung der universalen Persönlichkeit:

- Bewußtseinserweiterung: das Wachstum fördern durch verstärkte innere Wahrnehmung der Einheit allen Lebens und durch Meditationstechniken.
- Wachstum/Heilung der Persönlichkeit: das Wachstum fördern durch personale, interpersonale und transpersonale psychologische Methoden, Wachstumsgruppen, Heilung.
- Geistliches Verständnis: das Wachstum fördern durch Kenntnis geistlicher Gesetze, die im Laufe der Menschheitsgeschichte enthüllt wurden.

Errichtung neuer Zivilisationen

- Kulturelles Verständnis: Brücken bauen zwischen unterschiedlichen Kulturen – Ost und West, Nord und Süd –, um weltweite Harmonie und Zusammenarbeit zu fördern.
- Mitarbeit in der Gemeinschaft: soziale Dienste leisten, neue Formen der Gemeinschaft errichten, neue Lebensweisen demonstrieren.
- Weltweite Integration: eine neue, globale Zivilisation schaffen, gegründet auf Einheit und Vielfalt eines Netzwerkes planetarischer Bürger und einer funktionalen Weltregierung.

Okkulte Wurzeln der nationalsozialistischen Bewegung

Die okkulten Wurzeln der nationalsozialistischen Bewegung sind nicht allgemein bekannt und auch nur wenig erforscht worden. Zu einem aussagekräftigen Vergleich der nationalsozialistischen mit der New-Age-Bewegung gehört aber auch eine Vorstellung von den okkulten Ursprüngen und Herrschaftsmechanismen des Dritten Reiches.

Von der Thule-Gesellschaft zur NSDAP

„Das Ei, aus welchem die nationalsozialistische Bewegung wie ihr Programm kroch, wurde in München gelegt; das Dritte Reich wurde, wenn man bis auf den ersten Ursprung zurückgeht, aus der Thule-Gesellschaft ausgebrütet" (E. Niekisch, 1935).

Die Thule-Gesellschaft führte in ihrem Wappen bereits 1919 das Hakenkreuz. Sie war eine Tarnorganisation des Germanenordens; ihre Gründung läßt sich bis auf H.P. Blavatsky zurückverfolgen.[1] Eine zentrale Rolle in der Gesellschaft spielten Rudolf von Sebottendorf und

Karl Haushofer. Sebottendorf war Mitbegründer der Rosenkreuz-Gemeinschaft und ehemaliger Theosoph.[2] Haushofer wurde besonders durch ausgedehnte Asienreisen bekannt, auf denen er sich auch okkulten Dingen widmete: „Es war im hohen Grade auf die Initiative Professor Karl Haushofers zurückzuführen, daß Forschungsgruppen nach Tibet entsandt wurden. Die deutschen Expeditionen, die sich zwischen 1926 und 1942 jährlich auf den Weg machten, versuchten Kontakte mit den Höhlengemeinschaften anzuknüpfen und sie zu überreden, die luziferischen und ahrimanischen Mächte in den Dienst des Nationalsozialismus zu stellen und die geplante Mutation zu unterstützen, welche die Geburt der neuen Rasse von Übermenschen anzeigen sollte."[3] Einige Jahre nach den ersten Kontakten tauchten in Deutschland die ersten tibetischen Gruppen auf, für die sich später Heinrich Himmler, der „Reichsführer SS", begeistern sollte: „Himmler errichtete eine okkulte Schule in der Berliner Niederlassung, und viele der führenden Mitglieder der Totenkopf-SS, des Sicherheitsdienstes und der Gestapo wurden zu Kursen in Meditation, Transzendentalismus und Magie kommandiert."[4]

Ernst Niekisch berichtet, wie man Mitglied der Thule-Gesellschaft wurde: „Aufgenommen wurde nur, wer ein Blutbekenntnis abgelegt hatte: ‚Unterzeichneter versichert nach bestem Wissen und Gewissen, daß in seinen und seiner Frau Adern kein jüdisches oder farbiges Blut fließt und daß sich unter den Vorfahren auch keine Angehörigen der farbigen Rassen befinden.' Sein Bild wurde auf rassische Reinheit untersucht; nach längerer Prüfungszeit wurde er in den Freundschaftsgrad aufgenommen. Der neue Bruder hatte dem Meister absolute Treue zu schwören. Die Zeremonie, die dabei abrollte, stellte symbolisch die Rückkehr des verirrten Ariers zum deutschen Heiligtum, zum Hakenkreuz, dar. Die Arier sollten wieder zu sich selbst zurückfinden; als Grundursache aller Krankheit und alles Elends überhaupt wurde die ‚Rassenvermanschung' betrachtet."[5] Im Auftrag der Thule-Gesellschaft führte ihr Mitglied Karl Harrer einen gewissen Anton Drexler in die Gesellschaft ein. Drexler gründete kurze Zeit später die „Deutsche Arbeiterpartei".

Die DAP war nichts anderes als „eine als Arbeiterpartei getarnte Tochter der Thule-Gesellschaft."[6]

Schließlich gründete die Thule-Gesellschaft noch die „Deutschsozialistische Partei" (DSP). Das Programm der DSP wurde in den Ordensnachrichten des Germanenordens abgedruckt.[7] Bei der Konzeption der Programme beider Parteien, DAP und DSP, hatte Friedrich Krohn, ein Mitglied des Germanen- und des Wälsungenordens, eine wichtige Rolle gespielt.

Die DAP wurde zusammen mit der anderen Thule-Schöpfung DSP zur „Keimzelle der Nationalsozialistischen Deutschen Arbeiterpartei"[8] (NSDAP).

Die DAP wandelte auf Betreiben Hitlers im Februar 1920 ihren Namen in „NSDAP" um. Die Mitglieder der DSP schlossen sich nach deren Auflösung im Herbst 1922 der NSDAP an – ein logischer Schritt, denn „in programmatischer Hinsicht unterschied sich die Deutschsozialistische Partei infolge der gleichen Herkunft und Hintermänner (Thule-Gesellschaft) kaum von der NSDAP."[9]

Das Programm der NSDAP haben die Thule-Mitglieder Dietrich Eckart, Gottfried Feder, Friedrich Krohn und Paul Tafel in Formulierung und Inhalt entscheidend beeinflußt.[10]

Die Thule-Gesellschaft sorgte auch weiterhin für den notwendigen Einfluß auf die nationalsozialistische Bewegung, u.a. durch die folgenden Mitglieder:

- Dietrich Eckart war bis zu seinem Tode Hauptschriftleiter des „Völkischen Beobachters", der Zeitung der NSDAP.

- Alfred Rosenberg, der spätere Schriftleiter des „Völkischen Beobachters“ und „Reichsminister für die besetzten Ostgebiete“, war der Chefideologe des Antisemitismus in der NSDAP.
- Gottfried Feder war der Chefprogrammatiker der NSDAP, für kurze Zeit auch Staatsminister im Reichswirtschaftsministerium.
- Rudolf Hess, „Stellvertreter des Führers“.
- Adolf Hitler, „Führer und Reichskanzler“ (ab 1928)[11].
- Heinrich Himmler, „Reichsführer SS“ (ab 1928)[11].
- Hermann Göring, Präsident des Reichstages, Reichsluftfahrtminister, Generalfeldmarschall u.a. (ab 1928)[11].

Damit sind die eindeutigen Verbindungen der Thule-Gesellschaft zur nationalsozialistischen Bewegung aber nicht erschöpft:

- Der „Völkische Beobachter“ war bis zum Verkauf an die NSDAP unter dem Namen „Münchner Beobachter“ im Besitz Sebottendorfs und – Zeitung der Thule-Gesellschaft! (Die personellen Verflechtungen in späterer Zeit sind schon erwähnt worden.)
- Das Hakenkreuz wurde ins Banner der NSDAP und später in die Reichsflagge übernommen.
- Aus dem Verlag der Thule-Gesellschaft (Eher-Verlag) wurde der Parteiverlag der NSDAP.
- Aus dem „Heil und Sieg!“ der Gesellschaft wurde „Sieg-Heil!“.

Hitler als Feldherr und Spiritist

Im Jahre 1949 stellte Abram Poljak, der Begründer der „Judenchristlichen Gemeinde“, in Jerusalem seine Broschüre „Hitler als Feldherr und Spiritist“ zusammen. Darin berichtet er über den okkulten Hintergrund, vor dem Hitler sein Unwesen entfaltete, der aber angesichts der oben aufgezeigten Verbindungen etwas Zwangsläufiges an sich hat. Poljak gibt außerdem eine aufschlußreiche Erklärung für das Mißlingen des Attentats auf Hitler im Juli 1944.

Die folgenden Auszüge wurden mit freundlicher Genehmigung des Patmos-Verlages, Möttlingen, der Auflage aus dem Jahr 1962 entnommen.

Hitler als Feldherr und Spiritist

Der Spiritismus war in Deutschland von jeher verbreitet und erlebt heute wieder eine Blütezeit. In allen Gesellschaftsschichten hat er seine Anhänger. In der vorliegenden Betrachtung müssen wir in die Zeit um 1914 zurückgehen.

Damals gab es in Berlin wie in anderen deutschen Großstädten Spiritistenlogen, denen die vornehmsten Kreise angehörten: Mitglieder des kaiserlichen Hauses, hohe Offiziere, Gelehrte, Künstler, Wirtschaftsführer usw. Der Name eines der Bedeutendsten in jenem Kreise wurde durch verschiedene Umstände der Öffentlichkeit bekannt: Graf Moltke, der Neffe des großen Feldherrn von 1870. Während des Prozesses Anna Rothe, eines bekannten Mediums, hörte man viel von einem Spiritistenkreis. Später wurde er in Verbindung mit dem Anthroposophenführer Dr. Rudolf Steiner genannt. Es wurde behauptet, daß Moltke als Chef des deutschen Generalstabes mit Steiner strategische Pläne besprochen hätte und daß auf diese Verbindung der unglückliche Ausgang der Marne-Schlacht (September 1914) zurückzuführen wäre.

Nach dem Kriege (1918) ging eine große spiritistische Welle über Deutschland. Zahllose Menschen, die im Kriege Angehörige verloren hatten, suchten nun auf diesem Wege Verbindung mit ihren Gefallenen und Verstorbenen herzustellen.

Die merkwürdigste Erscheinung jener Zeit und Geisteswelle waren die *politischen* Hellseher und Medien.

Vor allem in Norddeutschland traten Leute auf, die sich mit dem Zusammenbruch Deutschlands, den Friedensverhandlungen und dem Versailler Vertrag okkultistisch befaßten. Es erschienen eine Reihe von Schriften, die darlegten, daß in der deutschen Mythologie (Walhalla, Wotan, Siegfried usw.) alle geistigen Wahrheiten enthalten und die Deutschen ein auserwähltes Volk seien, jetzt aber von den Mächten der Finsternis, die sich besonders der Juden bedienten, vernichtet werden sollten. Unter Zuhilfenahme der Seelenwanderungslehre wurde weiter erklärt, daß alle Feinde des deutschen Geistes in den Ländern der Siegermächte wieder eingekörpert seien (Clémenceau, Lloyd George, Wilson usw.), um Deutschland zu schaden.

Diese politischen Propheten schufen sich eigene Lehrstätten, Organisationen und Bünde, die aber auf die Dauer keinen Bestand hatten. Nur einem war es beschieden, durchzudringen, weiteste Kreise des deutschen Volkes zu erfassen und das deutsche Schicksal zu bestimmen: *Arthur Dinter,* Dr. phil., Hauptmann d.R., früher Direktor des Verbandes deutscher Bühnenschriftsteller.

Durch die Medien Gräfin v.P. und Frau Asta v.D. gab sich in ihren Séancen ein Geist kund, der sich *„Segenbringer“* nannte und vorgab, aus den höchsten Höhen zu kommen, um Segen zu bringen – allen Teilnehmern des Zirkels und darüber hinaus dem ganzen deutschen Volk. Er wiederholte ständig, daß die Erlösungsstunde des deutschen Volkes nahe sei und daß von diesem Spiritistenkreis die nationale Erhebung ausgehen würde. Die Teilnehmer an den Sitzungen – Aristokraten und Akademiker – glaubten und harrten der Dinge, die angekündigt waren.

Eines Tages kam Dr. Dinter in diesen Kreis. Mit seinem Eintritt begann ein neues Kapitel nicht nur in der

Geschichte dieses Zirkels und auch nicht nur in der Geschichte der deutschen Spiritisten (Dinter wurde bald darauf Präsident des deutschen Spiritistenverbandes), sondern in der deutschen Geschichte überhaupt.

Der Geist „Segenbringer" proklamierte Dinter zum Führer der nationalen Erhebung und befahl ihm, Bücher zu schreiben, die die geistigen Grundlagen des neuen Deutschland schaffen würden. „Segenbringer" versicherte Dinter der machtvollsten geistigen Unterstützung, verlangte aber, daß Dinter sofort an die Arbeit gehe und die Bücher in kürzester Frist herausbringe. Mit der Gräfin P. als Medium schrieb Dinter nach dem Diktate „Segensbringer". Das Ziel wurde erreicht. Zu der vom Geist festgesetzten Stunde erschienen Dinters Bücher, die antisemitischen Romane „Die Sünde wider das Blut" und „Die Sünde wider den Geist". Dinters Name war in aller Munde, die Auflage der Romane stieg auf eine Viertelmillion, die antisemitische Bewegung breitete sich aus, und Dinter zog als erster nationalistischer Abgeordneter in den Thüringer Landtag in Weimar ein.

Die Tore waren gesprengt, „Segenbringer" hatte seine erste Schlacht gewonnen.

Hitler als Medium

Wer Hitler reden gehört und, was wichtiger ist, reden gesehen hat, weiß, daß er in den ersten Minuten oft stockte und nach Worten suchte. Sein Gesicht schien müde und sein Auge flackerte. Das war Hitler.

Plötzlich aber reckte er sich, seine Augen wurden klar und glänzend, sein Gesicht kühn, Gedanken und Worte überstürzten sich, eine magische Kraft strömte von ihm aus und erfaßte auch jene, die nicht seine Anhänger waren. Das war nicht mehr Hitler, sondern – „Segenbringer"; denn Hitler war ein Medium. Das war das Geheimnis des *Führers, der ein Geführter war.*

Hitler war ein geborener Okkultist. Schon als Kind hatte er geistige Erlebnisse. Im Laufe der Jahre wurde ihm seine Berufung, seine Auserwähltheit immer klarer. Er vergrub sich in die Bücher deutscher Mystiker, suchte Umgang mit Hellsehern, Astrologen usw. und konnte sich nicht satthören an der Musik Richard Wagners, die die deutsche Geister- und Götterwelt schildert.

Hitler kam mit Juden in Berührung. Er begann sie zu fürchten. Aus dieser Furcht entstand Haß, und dieser Haß wurde zur Triebkraft in seiner Seele. Hitler hatte seine geistige Ebene gefunden – und die christliche verlassen ...

Es kam der Krieg 1914. In einem Rauschzustand meldete sich Hitler freiwillig. In seiner Seele klang es: Dir wird nichts geschehen! Seine Kameraden fielen, er blieb. Im Felde erhielt er die letzten inneren „Weihen", das klare Bewußtsein, zum Führer des deutschen Volkes berufen zu sein.

Der Krieg ging zu Ende. Hitler kehrte in die Heimat zurück und suchte den Weg zum Thron, der ihm verheißen war. In München fand er eine Handvoll Leute, die sich mit antisemitischen, nationalsozialistischen Ideen trugen. In einer ihrer Versammlungen ergriff er das Wort.

Hitler erhielt die Führung. Der Siegeszug der Nationalsozialistischen Deutschen Arbeiterpartei begann.

Der Name Dinter taucht auf. Hitler liest „Die Sünde wider das Blut" und jubelt. Hier war, was er suchte: die antisemitische Bewegung, von Geistern entfacht! Judenhaß und Jenseits! Mystik und Politik! Hitler hatte seinen geistigen Führer erkannt und gefunden. „Segenbringer" weihte ihn zum Messias des deutschen Volkes!

Hanussen

Obwohl Hitler selbst ein Medium war, bediente er sich noch anderer Medien, Hellseher und Astrologen. Unter diesen war der Jude Erik Jan *Hanussen* (eigentlich Herschmann Steinschneider), der gleich nach Hitlers Machtantritt ermordet wurde.

Hanussen gab nicht nur in der Berliner „Scala" Vorstellungen, die viele Tausende von seinen Fähigkeiten als Hellseher und Gedankenleser überzeugten, sondern half Hitler in entscheidender Weise, indem er ihm die Gedanken und Absichten der Gegner offenbarte. So wußte Hitler auch, was in der Reichskanzlei (unter Brüning, Papen, Schleicher) gegen ihn gesagt und geplant wurde. Dort herrschte oft große Aufregung, wenn der Inhalt geheimer Dokumente oder Besprechungen zur Kenntnis Hitlers gelangte, und man suchte die Verräter, die geheimen Nazis in den Ämtern.

Es unterliegt keinem Zweifel, daß diese überall saßen, indessen brauchte Hitler keine Spione, solange er den Hellseher zur Verfügung hatte.

Hanussen wußte viel, sehr viel, aber nicht alles. Er sah seinen Aufstieg unter Hitler voraus (der Jude wurde „Ehrenarier"), aber nicht sein Ende. Eines Nachts wurde er von SS-Leuten abgeholt und im Grunewald erschossen. In einer öffentlichen Vorstellung hatte er in Trance, d.h. unbewußt, den Reichtagsbrand beschrieben und dabei angedeutet, daß die Nazis ihn verursacht hätten. Daraufhin befahl Hitler, ihn zu ermorden.

Der Weg zur Macht

Nach dem unglücklichen Ausgang des Münchener Aufstandes (1923) sagten die Geister durch Hitler und andere Medien, daß künftighin keine Aufstände mehr zu unternehmen seien. Die Machtergreifung Hitlers würde auf legalem Wege erfolgen. Hitler erließ einen entsprechenden Befehl an die Partei, verkündete seinen Entschluß, seine Ziele legal zu erreichen, und beschwor dies in einem Prozeß vor dem Reichsgericht.

Wer hat ihm damals geglaubt? Das Gelächter, der Hohn und der Spott waren groß. Hätte man ihm mehr geglaubt, wenn er damals erzählt hätte, daß er auf Befehl von Geistern handele? Wäre dann das Gelächter nicht noch größer geworden? Das war eben das Unglück seiner Gegner, daß sie nicht an geistige Kräfte, an Himmel und Hölle, glaubten und nicht mit ihnen rechneten.

„Die Geisterwelt ist nicht verschlossen – Dein Sinn ist zu, dein Herz ist tot", sagt Goethe im „Faust".

Die Geister hatten Hitler vorausgesagt, daß ihm Anfang 1933 die Macht zufallen würde. Je näher aber dieser Zeitpunkt kam, um so kritischer und hoffnungsloser wurde die Situation der NSDAP. Reichskanzler von Papen wußte Hitler zu begegnen und ihm das Wasser abzugraben. Die Zertrümmerung der NSDAP schien nur noch eine Frage kurzer Zeit. Der fähigste Kopf der Partei, Gregor Strasser, wandte sich ab. Die finanziellen Hilfsquellen begannen zu versiegen. Das Vermögen der Partei, die Braunen Häuser, sollten an verschiedenen Stellen gepfändet werden. Hitler geriet in Verzweiflung. War er von den Geistern betrogen worden? Er erlitt einen Nervenzusammenbruch und trug sich mit Selbstmordabsichten. Da hörte er wieder seine innere Stimme: „Der Sieg ist dein!"

Die Wahlen in Lippe standen vor der Tür. Er konzentrierte alle Kräfte auf das kleinste deutsche Ländchen und gewann. Unterdessen wurde im Reichstag auf Veranlassung des Reichskanzlers General von Schleicher der „Osthilfe"-Skandal aufgedeckt. Oberst v. Hindenburg, der Sohn des Reichspräsidenten, und Dr. Hugenberg, der Führer der Deutschnationalen, beschlossen den Sturz Schleichers und beauftragten Herrn v. Papen, mit Hitler zu verhandeln. Nach dem nationalsozialistischen Wahlsieg in Lippe rief Hindenburg Hitler und ernannte ihn zum Reichskanzler (30. Januar 1933).

Hitler hatte, *wie vorausgesagt,* die Macht legal, ohne Schwertstreich erhalten!

Abstieg

So kam Hitler zur Macht, von Geistern geführt, und so regierte er nach den Weisungen aus dem Jenseits – ohne diese Bindung zu verheimlichen. Er sprach offen von seinen „Intuitionen" und der „Sicherheit eines Nachtwandlers", die ihm eigen war. Vor großen Entscheidungen schloß er sich ein oder ging stundenlang auf und ab und diskutierte mit den Geistern – oft so laut, daß man es auf weite Entfernung hörte. „Der Führer spricht mit sich selbst!" meinten jene, die es nicht besser wußten.

So traf Hitler die wichtigsten politischen und militärischen Entscheidungen. Dann legte er sie vor seine Mitarbeiter. Und jeder Diplomat und General, der ihm nicht zustimmte, wurde sofort entlassen bzw. in den Tod geschickt.

Und immer erwies es sich, daß er recht hatte. Die Besetzung des Rheinlandes, Memels, Österreichs und der Tschechoslowakei glückte ohne Schwertstreich, dann die militärische Eroberung Polens, Dänemarks, Norwegens, Hollands, Belgiens und Frankreichs.

Hitler wußte, an welchem Tage er in Paris einziehen würde. Er nannte auch den Tag seines Einzugs in London, und er wäre in der Tat an dem genannten Tage in der englischen Hauptstadt gewesen, wenn er nicht bei *Dunkerque* zum ersten Male auf seine Generäle mehr gehört hätte als auf seine Geister.

Im Mai 1940 war die französische und belgische Armee vernichtet, und von der englischen konnten sich nur 335000 Mann retten. Vollkommen erschöpft und ohne Waffen wurden diese Ende Mai von Dunkerque nach England hinübergebracht. Wenn die Deutschen ihnen sofort nachgesetzt hätten, wäre England in einigen Tagen in ihrer Hand gewesen. Hitler wollte den Befehl geben, aber die Generäle wiesen auf die Ermüdung ihrer Truppen hin und verlangten eine Kampfpause, während Göring empfahl, vor Beginn der Invasion erst die englische Luftwaffe zu vernichten.

Deutschland

London, August 1944

Das mißlungene Attentat auf Hitler am 20. Juli 1944 erinnert uns an den Artikel „Sechs Jahre Hitler" (JCG Nr. 27, Februar 1939), in dem wir u.a. sagten:

„Für uns, die wir die biblischen Prophezeiungen in Beziehung zur Gegenwart bringen, die Entwicklung Hitlers, seine medialen Fähigkeiten und seine Verbindung mit dem Spiritismus kennen, unterlag es von Anfang an keinem Zweifel, daß mit Hitler kein bloßer Politiker, einer von vielen, in Erscheinung getreten ist, sondern eine geistige Macht, die zunächst unüberwindlich sein würde. Nicht Hitler handelt, sondern durch ihn wird gehandelt. Hitler ist in Beziehung zum Christentum ein Vorläufer des Antichristen, in Beziehung zum Judentum einer der Großen in der Linie der Tempelzerstörer und Judenverfolger wie Nebukadnezar, Titus usw.

... Hitler ist gegen Angriffe gefeit, bis er seine historische Mission erfüllt hat. Erst dann wird ihn Gott zerbrechen."

Die Tatsache, daß Hitler wieder einmal dem Tode entronnen ist, bedeutet nicht, daß er in der Gnade Gottes steht (wie er es auslegt), sondern daß er noch von den Dämonen, die ihn leiten, beschützt wird. Dieses Schutzes wird er erst dann entkleidet werden, wenn er seine historische Mission bis zum letzten erfüllt hat, d.h. wenn er, nachdem er einen Teil Europas verwüstet hat, nun dafür sorgt, daß auch ein Teil Deutschlands zum Trümmerhaufen wird und daß, nachdem „Juden und Kommunisten" von seinen Henkersknechten gefoltert und ermordet wurden, jetzt auch deutsche Aristokraten und Offiziere denselben Weg gehen. Dann erst hat sich der Kreis geschlossen. Erst wenn alle Schichten des deutschen Volkes wissen, wen sie an die Spitze des Reiches gesetzt haben, wer Hitler in Wirklichkeit ist: ein Feind Gottes, ein Feind der Menschen und ein Feind der Deutschen – erst dann kann und wird er gehen.

Was wäre geschehen, wenn das Attentat auf Hitler geglückt wäre und die rebellierenden Offiziere eine neue Regierung hätten bilden können? Die neue Regierung hätte das getan, was jeder vernünftige und vaterlandsliebende Deutsche unter den gegebenen Umständen tun muß: Sie hätten den aussichtslosen Kampf aufgegeben und um Frieden gebeten. Deutschland wäre daraufhin von den Allierten besetzt, aber nicht zerstört worden. Das Bombardement deutscher Städte hätte sofort aufgehört.

Hitlers historische Mission ist aber, dafür zu sorgen, daß Deutschland in Flammen aufgeht – wie die Synagogen, die die Nazis in der Nacht zum 10. November 1938 anzündeten. Bevor er diese Mission nicht erfüllt hat, kann er nicht umgebracht werden. Nachdem das Attentat gegen ihn mißlungen ist, wird er seine Deutschland zerstörende Politik noch einige Monate fortsetzen. Er wird von neuem Tausende und aber Tausende Deutscher in den Tod schicken und den Kampf weiterführen, bis sich die Allierten den Weg nach Deutschland hinein und durch Deutschland hindurch mit Feuer gebahnt haben.

Dieses Ende hat jeder vorausgesehen, der die göttlichen Schicksalsgesetze kennt. „Gottes Mühlen mahlen langsam, aber fein.“ Kein Volk, das die Juden verfolgte, ist der Strafe entgangen, die in der Bibel darauf gesetzt ist:

„Es wird geschehen, wenn das alles über dich kommt, der Segen und der Fluch, die ich dir vorgelegt habe, und du es zu Herzen nimmst unter all den Völkern, dahin dich der Herr, dein Gott, verstoßen hat, und du dich bekehrst zu dem Herrn, deinem Gott, und seiner Stimme gehorchst, so wird der Herr dein Gott, dein Gefängnis wenden und sich deiner erbarmen. Aber all diese Flüche wird der Herr, dein Gott, auf deine Feinde legen, auf die, welche dich hassen und verfolgen" (5. Mose 30).

Für die Wahrheit dieser Worte zeugen Ägypten, Babylon, Rom, Spanien, das zaristische Rußland und andere Länder. Der Zeuge zu dieser Stunde ist Deutschland.

Anmerkungen

[1] Miers, Horst E.: Lexikon des Geheimwissens, S. 406 und 115; s. auch Toland, John: Adolf Hitler, Bergisch Gladbach 1977, S. 117

[2] Miers, a.a.O., S. 366

[3] Ravenscroft, Trevor: Der Speer des Schicksals, Zug 1974, S. 262

[4] ebenda, S. 263

[5] Niekisch, Ernst: Das Reich der niederen Dämonen, Berlin 1980, S. 34

[6] Maser, Werner: Die Frühgeschichte der NSDAP, Frankfurt/M.-Bonn 1965, S. 151

[7] ebenda, S. 227

[8] ebenda, S. 221

[9] ebenda, S. 231

[10] ebenda, S. 207

[11] Miers, a.a.O., S. 404

SACH- UND NAMENSVERZEICHNIS

LITERATURHINWEISE

Bailey, Alice A.: Initiation – Menschliche und solare Einweihung, Lorch-Württemberg 1952

Berger, Klaus: New Age – Ausweg oder Irrweg?, Asslar 1987

Blavatsky, Helena Petrovna: Die Geheimlehre, Leipzig 1919

Capra, Fritjof: Bausteine für ein neues Weltbild, 2. Aufl., Berlin, München, Wien 1983

Ferguson, Marilyn: Die sanfte Verschwörung. Persönliche und Gesellschaftliche Transformation im Zeitalter des Wassermanns, München 1985

Ferguson, Marilyn: Geist und Evolution. Die Revolution der Gehirnforschung, München 1986

Gamm, Hans Jochen: Der braune Kult. Das Dritte Reich und seine Ersatzreligion, Hamburg 1962

Hawken, Paul: Der Zauber von Findhorn, München 1980

Heide, Manfred: Irrwege des Heils, 2. Aufl., Aßlar 1985

Kater, Michael H.: Das „Ahnenerbe" der SS. 1933-1945. Ein Beitrag zur Kulturpolitik des Dritten Reiches, Stuttgart 1974

König, Reinhard: Geheime Gehirnwäsche, Neuhausen-Stuttgart 1986

Kremer, Emil: Geöffnete Augen, Leinfelden-Echterdingen 1984

Padberg, Lutz von: New Age und Feminismus, Asslar 1987

Pool, James und Suzanne: Hitlers Wegbereiter zur Macht, 2. Aufl., Rastatt 1982

Ravenscroft, Trevor: Der Speer des Schicksals, Zug 1974

Roszak, Theodore: Das unvollendete Tier – Eine neue Stufe in der Entwicklung des Menschen, München 1982

Ruppert, Hans-Jürgen: New Age. Endzeit oder Wendezeit? Wiesbaden 1985

Skambraks, Ulrich: Vorsicht Geistheilung, Asslar 1987

Wells, H.G.: Die offene Verschwörung. Aufruf zur Weltrevolution, Frankfurt/M.; Berlin 1986

Doreen Irvine

Die Königin der schwarzen Hexen

In einem schonungslos offenen Bericht beschreibt die Autorin ihre Verstrickung in Drogen, Prostitution und Schwarze Magie. Aber sie beschreibt auch, wie sie nach langen Kämpfen und verzweifelter Auflehnung schließlich frei wurde. Durch die Kraft des Blutes Jesu wurden ihre Sünden abgewaschen, und sie konnte sich selbst von den vielfältigen Bindungen lossagen.

Taschenbuch. 224 Seiten. Best.-Nr. 15 572